혁명과 자연

윌리엄 워즈워스

혁명과 자연
윌리엄 워즈워스

박령 지음

도서출판 동인

책머리에___

  자연시인으로서 워즈워스를 읽고 해석하는 다양한 관점이 있을 것이다. 이 책은 20대 초반의 풋풋한 나이에 시인이 겪은 프랑스 혁명의 충격적인 체험이 역설적으로 워즈워스를 자연시인으로 만드는 데 뿌리와 같은 역할을 하였으며, 워즈워스의 시적 삶에서 '혁명'과 '자연' 사이에는 지속적인 깊은 연관이 있음을 주장하고자 한다. 혁명 체험 직후 짧은 기간 동안 워즈워스는 모순적인 역사현실 속의 인간고통을 노래하는 일종의 참여시인이었다. 그러나 이른바 '도덕적 위기'를 겪으면서 시인으로서 자기 정체성을 구축하기 위하여 워즈워스는 어린 시절 자연 체험의 기억에 의식적으로 매달리게 된다. 그 과정에서 '자연 신화'를 만들어내고 자연 깊숙이 삶의 뿌리를 내려 자연 사랑을 노래하는 시인으로 거듭 태어난다. 워즈워스가 자연시인으로서 자리를 굳혀가는 과정은 어떠한 형태로든 시인의 의식 깊숙이 남아 있는 혁명 체험의 상흔을 지워가는 과정이기도 하다.

  프랑스 혁명 체험 직후 워즈워스가 쓴 글이나 행적을 통해, 또한 『묘사적 스케치』 및 기타 초기 몇몇 시편들에서 우리는 참여시인으로서 워즈워스의 면모를 생생히 만날 수 있다. "솔즈베리 시편"에서는 '도덕적 위기'를 겪으면서 변모해가는 워즈워스의 현실인식과 그 상상적 변용의 과정을 접할 수 있다. 우리에게 익숙한 워즈워스 식 사랑시 "루시 시편"은 이 책의 관점에서 다시 읽으면 '자연에 바치는 사랑시'인 측면이 강하다. 자연으로 돌아가는 과정에서 워즈워스는 「틴턴 사원」을 집필하면서 '자연 신화'를 구축해간다. 그리고 거의 전 생애에 걸쳐 시인의 의식과 시적 노력을 점유한 정신적 자서전『서곡』에서 우리는 워즈워스가 혁명 체험으로 인한 상처를 딛고 일어서서 힘겹게 자기 정립을 이루고 자연시인으로 스스로를 끊임없이 다져나가는 기나긴 시적 과정을 읽을 수 있다.

이 책은 기왕에 발표된 필자의 학위논문과 연구논문들이 책의 목적에 부합되도록 새로운 틀 속에서 엮어지고 수정되어 이루어진 것이다. 사실 이 책은 상당히 여러 해 전에 나올 수도 있었을 터이었지만, 필자의 오랜 게으름으로 인해 이제야 한 권의 책으로 태어난다. 뒤늦게 책을 내겠다고 결정한 것은 '혁명'과 '자연'의 연관을 통한 워즈워스의 시 읽기가 워즈워스 연구에 있어 충분히 나름의 역할을 담당할 수 있으리라는 판단에서 비롯된 것이다. 더불어 이 책이 혁명 체험으로 인해 워즈워스가 겪은 오랜 내면적 고뇌에 대한 하나의 작은 기념비의 구실을 할 수 있기를 바라며, 후학들에게는 유의미한 학문적 참조항이 되기를 바라는 마음 간절하다.

워즈워스를 공부하는 과정에서 특히 자서전적 글 읽기에 눈뜨게 해주신 이성원 선생님, 언제나 변함 없는 시적 열정의 스승이신 황동규 선생님께 뒤늦게나마 깊이 감사드린다. 또한 무능한 엄마를 버텨내면서 늠름하게 장성해준 아이들에게도 고맙다. 끝으로, 지난 20여 년 간 아쉬움 없이 삶을 공유했던 고 이경수 선생님께 여전한 그리움으로 부족한 이 책을 바친다.

2008년 7월
박 령

차례

1. 프랑스 혁명의 체험

I. 워즈워스와 프랑스 혁명

케임브리지 재학 시절 프랑스 혁명에 관한 이야기를 이미 들었겠지만, 워즈워스(William Wordsworth, 1770-1850)가 처음으로 혁명의 기운을 직접 느끼게 된 1790년 친구 존스(Jones)와 함께 알프스를 여행하면서이다. 이 무렵 워즈워스는 누이동생 도로시(Dorothy)에게 보내는 편지에서 "온 국민이 혁명에 따른 기쁨으로 열광해 있을 때 우리가 그곳을 지나갔음을 너에게 상기시켜야겠다. 당시는 프랑스에 머무르기에 최고로 흥미로운 시기였으며, 우리는 전적으로 이 원인으로 인하여 흥미를 주는 많은 즐거운 장면들을 보았다"고 말한다[1]. 이는 혁명의 소용돌이 속에 있는 프랑스를 처음으로 보는 자의 들뜬 기분을 조심스럽게 전해주는데, 이때 워즈워스는 방관자로서나마 분명 혁명의 열기를 몸소 느꼈을 것이다.

1790년 버크(Edmund Burke)는 『프랑스 혁명 고찰』(*Reflections on the Revolution in France*)을 출판한다. 이 책은 혁명을 비판하는 버크와 프랑스의 새 헌법을 찬양하는 폭스(Charles Fox) 사이에 불화를 촉발하며, 이로 인해 당시 영국 지식인들은 혁명 찬반 논쟁을 벌이게 된다. 이 무렵 워즈워스는 런던에 체류하면서 당시의 주요 시사 논평들을 읽고 정치 논쟁에도 참여하여 논쟁의 주역들을 알게 되고, 이러한 과정에서 혁명정신에 동조하게 되어 영국에서도 그러한 종류의 개혁이 일어나기를 기대하는 사람들의 견해에 접하게 된다. 1791년 런던에서 워즈워스는 처음으로 나름의 정치적 인식을 갖게 되며 그해 11월 혁명과 연관된 정치적 문제를 스스로 판단해 보기 위해 다시 프랑스로 가기로 결심한다(Gill 56).

파리에서 그는 "국민의회"의 일원과 알게 되어 회합에 참석하기도 하고(*EL* 68), 블르와(Blois)에서 혁명을 지지하는 클럽인 "헌법의 친구들"의 회합에 참석하여 보피(Beaupuy)를 만나게 된다. 보피의 영향으로 워즈워스는 혁명사상에 본격적으로 빠져든다. 1792년 10월 워즈워스는 파리로 돌아가 수주일 머물면서 왕의 투옥, '9월 대학살' 등 혁명의 결정적인 사건들에 접하게 되고 혁명이 돌이킬 수 없는 역사적 현실임을 몸소 체험한다. 혁명의 열기에 젖어든 워즈워스는 이 무렵 혁명의 이상주의와 개혁의 열기가 영국에서도 휘몰아치기를 기대하면서 귀국한다.

영국으로 돌아온 후 워즈워스는 개혁의 열기에 대한 영국 정부의 탄압과 영국-프랑스 간의 전쟁에 실망한다. 혁명 초기에 프랑스인들의 결단을 기꺼이 받아들였던 랜더프(Llandaff)의 주교 왓슨(Richard Watson)이 1793년 1월 한 설교문의 부록에서 혁명을 비난하는데, 왓슨은 그 글에서 프랑스에서의 왕의 처형, 귀족제도의 폐지, 교회 재산의 몰수, 그 과정에서의 폭력 등을 공격한다. 그는 공화정이 "대다수의 민중에게 가장 억압적인 것"이며 "외관상의 자유로 민중을 속이고," "모든 폭정 중 가장 극악한 형태의 폭정, 즉 민중과 동등한 자들에 의한 폭정"으로 민중을 고통스럽게 한다고 주장한다[2].

왓슨의 글에 대한 반박문으로 워즈워스는 「랜더프 주교께 드리는 공개서한」("A Letter to the Bishop of Llandaff")을 쓴다. 그는 "한 공화주의자의 정신"으로 글을 쓴다는 것을 밝히면서(*Prose* I 3), 루이(Louis) 16세의 처형을 옹호하고 혁명 과정에서의 폭력은 진정한 자유를 위한 방법적인 폭력으로서 정당하다고 주장함으로써 다음과 같이 왓슨의 글을 공격하기 시작한다.

> 저런! 당신은 혁명의 시간이 진정한 해방의 활동기가 아님을 모를 정도로
> 인간 본성에 대해 그토록 무지하단 말씀입니까? 슬프게도, 인간은 그토록
> 완고하고 그토록 뒤틀려 있어서 자유는 독재를 뒤집어엎기 위해 너무나
> 자주 바로 그 독재의 무기를 빌리지 않을 수 없으며, 평화롭게 통치하기
> 위해 폭력으로 자기를 확립하지 않을 수 없는 것입니다. … 정치적 미덕은
> 도덕적 미덕의 희생으로 발전되죠. 동정의 달콤한 감정들은 반역자들을
> 처단해야 할 때는 분명 위험한 것이지만 너무 자주 전적으로 억제되지요.
> (*Prose* I 6)

이어서 워즈워스는 부유한 교회의 재산을 몰수하여 국민들의 가난을 덜어주는 데 사용하는 것은 당연한 일이라고 주장한다. 또한 프랑스인들이 어떠한 형태의 군주체제 하에서도 자유를 보장받을 수 없음을 느끼고 만장일치로 공화정을 선택했다고 주장한다. 그는 공화정이 어떠한 형태의 정치체제보다도 덜 압제적이라고 말하면서 군주정은 권력을 한 사람의 손에 맡김으로써 수행해야 할 의무와 수행의 힘 사이의 불균형을 초래한다고 주장한다(*Prose* I 14).

워즈워스는 민중이 약간의 교육만 받으면 주권을 행사할 충분한 힘을 갖게 된다고 하면서, 보통선거를 할 것, 정부의 책무를 일깨우기 위해 선거를

자주 할 것, 그리고 공직자의 재임기간을 단축할 것을 주장한다. 또한 세습적 귀족제도와 군주제도, 장자상속법 등을 폐지할 것을 주장한다. 죄와 벌 사이의 균형이나 소송의 단순성과 경제성을 위해서, 노동보다 토지의 이익을 선호하는 독점법의 제정을 막기 위해서, 법 전반의 개혁을 주장하기도 한다. 그러나 재능과 근면성이라는 미덕을 반영한다는 믿음으로 사유재산의 상속권은 인정하기도 한다.

이 글은 비록 독창성이 결여되어 있고, 계급의 구별 없이 국민을 단지 압제자와 피압제자로 나눔으로써 민중에 대한 이해가 너무 추상적이긴 하지만(Turner 36), 그 시대로서는 무척 급진적인 글이었다고 할 수 있다[3]. 이 글은 워즈워스가 프랑스에서의 혁명 체험을 통해 받은 정치교육의 결과를 반영하는 것으로서, 23세의 워즈워스의 정치사상을 가장 총체적으로 진술하고 있다. 이 글을 읽은 사람이라면 누구나 이 글의 필자가 당대의 가장 급진적인 진보주의자 중 한 사람이었음을 감지하게 된다. 그런데 전쟁 이후 이러한 선동적인 글을 쓰는 것은 반역죄에 해당되는 것이었으므로 이 글은 워즈워스의 생전에는 출판되지 않는다.

1793년 10월 31일 워즈워스가 동조했던 지롱드 당원들(Girondists)이 교수형 당하고 루소(Rousseau)의 제자인 브리소(Brissot)가 처형당하자 혁명 지지자들은 비탄에 빠진다(Legouis 242). 프랑스에서 이른바 '공포정치'가 시작된 것이다. 그런데 공포정치의 진행과 더불어 「랜더프 주교께 드리는 공개서한」에서 정당한 것으로 받아들였던 폭력에 대한 워즈워스의 견해가 바뀌게 된다. 워즈워스는 1793년 10월 7일 프랑스에서 온건파 언론인 고르사스(Gorsas)의 처형을 목격했다고 노년에 카알라일(Carlyle)에게 말하는데, 이 말이 사실이라면 이 사건은 그에게 지울 수 없는 정신적 충격을 안겨주었을 것이다(Gill 77-78). 공포정치의 충격은 워즈워스로 하여금 세계 개선의 방법으로서 혁명을 부정하게 만든다. 1794년 6월 친구 마슈즈(William Mathews)에게 보내는 편지에서 워즈워스는 여전히 군주제도를 비판하고 영국 헌법의 개정을 바라지만 혁명적인 방법은 이제 부정한다.

> 나는 아무리 수정되더라도 군주적이고 귀족적인 정치체제는 안 된다고 생각하네. 모든 종류의 유전적 차별과 특권적 서열화는 필연적으로 인류개선의 진행에 역행한다고 생각하네. 따라서 나는 영국 헌법의 찬미가들에 속하지 않는 셈이네. … … 나는 국가정책의 한층 우수한 제도가 우리에게 확립될 수 있으리라 생각하네. 하지만 목표를 성취하려는 열정으로 경주가 진행될 땅의 본성을 잊지는 않는다네. 내가 비난하는 그 제도들의 파괴가 내게는 너무 급속도로 서둘러 진행되고 있는 것으로 여겨지네. 나는 혁명이라는 생각만으로도 움찔해진다네. *(EL 119-20)*

혁명적 방법을 지양하고 점진적 개혁을 주장하는 위의 글은 당시 많은 영국 지식인들처럼 워즈워스가 고드윈(William Godwin)의 영향을 받고 있음을 보여준다. 개혁에의 의지는 여전하지만 혁명적 방법의 과격함에 실망한 당시의 진보적 지식인들에게 고드윈의 수동적이고 점진적인 개혁의 주장은 혁명의 대안으로 여겨졌다. 고드윈의 '정치적 정의'는 개인의 자유로운 이성의 활동에서 나온 '개인적 판단'에 의해 구현된다. 고드윈은 대중 집회나 대중 연설은 대중의 감정을 흥분시킴으로써 '개인적 판단'을 방해하고 정부의 억압적 조처를 불러옴으로써 진실의 보급을 막는다고 주장한다(Roe 160). 고드윈은 모든 형태의 정치적 행동을 배격하고 개혁의 방법으로 '이성적 탐구'를 제시한다. 워즈워스는 고드윈의 이러한 사상을 그대로 받아들인다.

> 탐구의 자유가 내가 바라는 모든 것이라네. 탐구하기에 너무 신성한 것은 아무 것도 없다네. 출판의 자유를 제한하느니 차라리 가장 극악한 교의가

권유되는 것을 참겠네. … … … 사람들이 정치의 주제에 눈을 떠야 한다
고 내가 말할 때, 비록 사람들의 격정을 유익한 방향으로 이끌어가기 위한
것일 때조차도, 그 격정에 불을 붙이는 모든 연설들을 나는 단호히 비난한
다네. 나는 대중이 어둠 속을 걷고 있음을 안다네. 나는 각자의 손에 스스
로를 인도할 등불을 쥐어주고자 하네. (*EL* 121)

「랜더프 주교께 드리는 공개서한」에서 워즈워스는 프랑스 혁명을 옹호하
면서 영국에서도 이 같은 혁명이 일어나야 함을 암시하기도 하고 주권자로
서 민중의 지혜를 인정하였다. 그러나 1년 뒤인 1794년 그는 혁명의 폭력적
과정의 끔찍함으로 인해 정치적 행동을 부정하고 민중의 우매함을 주장한다.
이제 그는 오랜 시간이 걸리긴 하지만 '정치적 정의'가 궁극적으로 승리하리
라 믿으며 참고 기다리는 고드윈적인 길을 택한 것이다. 워즈워스는 고드윈
사상을 전파하기 위한 대중매체로서 『박애주의자』(*The Philanthropist*)의 발간
을 계획하기도 한다(*EL* 121)[4].

고드윈 사상은 그 수동성으로 인해 정치적 개혁의 실현으로 이어지지 못
하는데, 궁극적으로는 바로 이 점이 워즈워스를 정치적 개혁 자체에 대한 회
의에 빠뜨린다. 고드윈적인 추론의 방식은 매사를 쓸데없이 너무 세세하게
따짐으로써 진리에 이르는 적합한 길이 되지 못할 뿐 아니라 오히려 진리에
의 길을 가로막는 셈이 되고 만다. 1795년 9월 워즈워스는 레이스다운
(Racedown)으로 감으로써 최근 3년 동안의 정치적 관심사에서 떠나 자신의
정신이 머물 수 있는 새로운 길을 모색하기 시작한다[5].

II. 『묘사적 스케치』

워즈워스는 1792년 프랑스에서 혁명을 체험하면서 『묘사적 스케치』

(*Descriptive Sketches*)를 쓰기 시작한다. 이 시는 표면적으로는 1790년 여름의 알프스 여행을 묘사하고 있지만, 단순한 자연 묘사가 시의 주된 목적은 아니며 1792년의 강렬한 혁명 체험이 시의 전면에 깔려 있다. 프랑스, 이태리, 스위스, 사보이(Savoy), 그리고 다시 프랑스로 이어지는 여행에서 워즈워스는 혁명 체험에서 얻은 역사적 인식의 눈으로 각 나라의 자연과 문화, 그리고 그 속의 개별적 인간의 삶을 읽는다. 이 시는 정치적 억압과 구속이 그것과 무관한 것처럼 보이는 자연과 개별적 인간의 삶에 어떠한 영향을 끼치는가를 드러냄으로써 프랑스 혁명과 같은 인간해방을 향한 움직임의 필요성을 강하게 호소한다. 이러한 호소는 씩씩하고 기운찬 정신에서가 아니라 인간 고통에 대한 깊숙한 이해를 지닌 우울한 정신에서 나오는 것이기에 더 큰 힘을 확보한다.

시 속의 여행자는 우울한 마음으로 고통을 잠재워줄 "어떤 신성한 장소"(1)[6]를 찾아 길을 떠난다. 그는 혁명군에 의해 점령당한 그랜드 샤트류즈(Grande Chartreuse)사원을 보고 한숨짓는다.

> 사원의 산더미 같은 우울의 냉기 아래 눈물 흘리며
> 나는 지금도 백발의 샤트류즈 사원의 운명에 한숨짓노라.
> 두려움으로 웅크릴 때까지 준엄하게 찌푸린 얼굴로
> '침착한 이성'을 길들였던 그 힘은 지금 어디로 달아났는가?
> … … … …
> 무기의 섬광에 사원이 깜짝 놀라고,
> 불경이 전율하는 신전을 오싹케 하는구나. (53-61)

샤트류즈 사원에 혁명군이 들어온 것은 1792년 5월과 10월 사이의 일로서 (Moorman I 135-37), 위의 시구에는 1790년의 자연 체험 위에 1792년의 혁명 체험이 덧씌워져 있다. 워즈워스는 혁명의 당위성은 인정하지만[7] 혁명의 거친 손길이 쓸고 간 자리에 남은 인간적인 상처에 대해 슬퍼한다. 이로 인해 시 속의 여행자는 우울하게 된다. 프랑스를 떠나 이태리로 온 여행자는 아름답고 평화로운 자연을 보면서 위안을 느끼지만 곧 이어 이태리의 감각적 문화를 정치적 예속의 탓으로 여긴다.

> 포로의 감방을 욕되게 할 향락을 곰곰이 생각하도록
> 예속이 가라앉은 정신을 강요하면서
> 뻔뻔스런 탬버린을 그대 물가를 따라 흔들고
> 그대 섬들 사이로 북적이는 거룻배를 휘감는 동안. (158-61)

"뻔뻔스런 탬버린"이나 "북적이는 거룻배"가 나타내는 감각적이고 관능적인 문화의 가벼움과 소란스러움보다 이태리의 삶의 황폐를 더 깊이 느끼게 하는 것은 그리슨 집시(Grison Gypsy)의 일화이다. 그리슨 집시는 비인간적인 문명사회에 의해 버림받고 적대적인 자연 속에서 홀로 고통스러운 생존 투쟁을 한다.

> 사회적 고통이 몰고 오는 희망과 힘과 용기가
> 그늘과 샘으로 사막을 신선하게 하네.
> 그녀는 홀로 황량한 사막을
> 무심코 방랑한다네 두려움과 손잡고 (197-200)

"사회적 고통"을 통해 획득한 강인한 의지를 지닌 그녀는 살아남기 위해 어둠과 천둥과 폭풍우 속에서 하룻밤을 지낼 거처를 찾으려고 애쓰지만 아기의 울음소리로 인해 굶주린 늑대의 먹이가 되고 만다. 그리슨 집시의 죽음은 비정한 자연의 탓이기보다는 일차적으로는 진정한 자유와 평등이 없는 비인간적인 사회의 탓으로 그려진다. 그리슨 집시의 일화 바로 앞에 나오는 이태리 문화에 대한 관능적인 묘사는 그녀의 삶과 죽음의 처절함을 더해준다[8].

스위스 자연의 장엄함도 여행자에게 큰 위안을 주지 못한다. 어스렌 (Urseren)의 계곡엔 죽음을 상기시키는 십자가와 인간을 구하지 못하는 암자들이 늘어서 있다. 샤무아(chamois) 사냥꾼의 죽음을 생각하면서 여행자는 또 다시 인간에게 적대적인 비정한 자연을 그린다[9]. 소리도 생명도 움직임도 없이 깊은 침묵만이 흐르는 눈 속에서 샤무아 사냥꾼은 자연과 싸우다 피 흘리면서 죽는다(PW 476 주1 참조). 독수리의 먹이가 된 유골을 먼 훗날 사냥꾼의 아들이 이곳을 지날 때 보게 되리라는 시구는(406-13) 사냥꾼의 죽음의 비극성을 더해준다.

샤무아 사냥꾼의 죽음은 인간과 자연이 조화를 이루지 못함에서 비롯되며, 이는 이 시에서 자유롭지 못한 정치적 상황의 탓으로 그려진다. 여행자는 인간이 누구의 억압도 받지 않고 누구를 억압하지도 않으면서 이성에 따라 행동하여 자연의 아이로서 자연과 조화로운 관계를 맺으며 살아갔던 과거의 목가적인 스위스를 그리워한다. "누구의 노예도 아닌"(532) 지금의 스위스에는 그러나 진정한 자유가 없다. 스위스의 자연 속에는 침략자 오스트리아인들과의 전쟁의 흔적들이 곳곳에 널려 있으며(PW 478 주1) 가난으로 고통 받는 산속 움막의 한 노인의 슬픈 삶이 있을 뿐이다.

여기 궁핍이 종종 고통의 산에서
여름 문에까지 얼음 물결을 이끌고 올 것이네
또한 여기 죽음의 눈사태는
가정적인 기쁨의 작은 농가를 부술 것이네. (598-601)

"궁핍"과 "죽음의 눈사태"로 기쁨을 빼앗긴 이 작은 움막은 인류 전체의 고통스런 삶의 장을 상징한다. 노인의 아들들은 가난으로 인하여 프랑스와 네덜란드를 위해 일하는 용병으로 끌려가고 말았다(*PW* 479 주1). 이들이 처한 구속과 억압은 아들을 잃은 노인의 고통과 더불어 독재자의 압제 하에서의 인간의 비극적 삶의 상황을 극명히 보여준다. 오스트로-헝가리(Austro-Hungarian) 제국에 예속되어 있는 사보이는 "노예 중의 노예"(706)인 셈이다.

> 지친 순회의 넓은 영역에서 여러 번
> 내 순례의 충실한 발걸음은 여전히 발견한다네
> 폭군의 궁정들이 번쩍이는 보석을 펼칠 때
> 멀리 외딴 농가 옆에서조차
> 가정적인 기쁨의 백합이 시드는 것을. (719-23)

프랑스의 혁명세력을 약화시키기 위한 전쟁에 동참해서 싸우는 사보이에는 전제군주의 호화로운 삶과 대조적으로 빈민들의 삶에는 가정적인 기쁨조차 파괴되고 말았다. 그런데 이러한 인간사회의 고통과 병폐를 종교는 해결하지 못한다. 아인지들(Einsiedlen) 수도원에는 고통의 소리만이 들릴 뿐이다. 워즈워스는 이 시 속에서 종교적인 해결책에 대해 회의를 표명하는데 리우(Liu)는 이에 대해 다음과 같이 설명한다.

> 고통은 종교제도로부터의 인간의 혁명적 이야기의 탄생이다. 워즈워스는 아인지들 수도원에서의 종교적 고뇌가 인간 고통을 정화하기에 충분하기를 "상당히 소망한다," 다시 말해, 그는 그러한 낡은 "기만"이 그 자체로서 충분하지 않을 것임을 안다. 혁명에 의해 발전된 고통의 새로운 제도들만이 고통을 고통으로 정화할 수 있다. (177)

리우의 주장처럼 정치적 억압으로 인한 인간사회의 고통을 종교를 통해 치유할 수 있다는 생각이 "낡은 기만"에 불과함을 워즈워스는 잘 알고 있다. 따라서 그는 프랑스에서 일어나고 있는 힘찬 인간해방의 운동에 기대를 걸어본다.

> 또한 그대! 아름답고 혜택 받은 지역이여! 내 영혼은 그대를
> 사랑하리라, 삶이 영혼의 황금 사발을 깨뜨릴 때까지
> 죽음의 차가운 손길이 영혼의 수조 바퀴를 공격할 때까지
> 하여 헛된 회한과 헛된 욕망이 사라질 때까지. (740-43)

위의 시구는 혁명기 프랑스에 대한 시인의 열정과 희망을 잘 전해준다[10]. 그는 프랑스에서 시작되고 있는 진정한 삶의 물결이 "죽음의 차가운 손길"을 물리치며 "헛된 회한"이나 "헛된 욕망"을 무너뜨리고 새로운 세계를 열어주리라 확신한다. 비록 현재 프랑스의 농가는 전쟁 준비로 얼룩져 있지만, 시인은 그것이 미래의 해방으로 이어지는 일시적 과정에 불과하다고 보는 것이다.

> 그러나 그대는 아는 구나 농가의 난로 너머
> 농가의 문 너머로 자유가 제 힘을 펼침을
> 자연이 온통 미소 짓네 제 눈길 아래 소유하네
> 색다른 들판을 색다른 하늘을. (756-59)

이처럼 농가에 "제 힘을 펼치는" 참된 자유가 넘쳐날 때 인간은 비로소 자연과 화해하게 된다. 터너(Turner)가 지적하듯이 이 시에서 농가는 단순히 은둔의 장소가 아니라 인간해방에 대한 열망의 중심지이다(26). 군대의 "북소리 경보"나 "짧은 천둥소리," "무기의 번뜩임"(752-53) 등은 이제 그들이 몰

고 올 해방에 대한 믿음으로 인해 그랜드 샤트류즈 사원을 볼 때만큼 여행자를 우울하게 하지 않는다.

> 보라! 무해한 불길로부터의 사랑스런 탄생을!
> 스스로의 미덕과 더불어 또 다른 세상이 솟아오르네
> 자연이 전성기인 양 처녀 지배를
> 시작하고 사랑과 진리가 자연의 행렬을 만드네. (782-85)

여행자는 혁명의 불길이 부패한 인간사회를 정화시켜 새로운 인간사회가 도래하리라 믿는다. 인간이 전제적인 정치의 억압과 구속에서 해방되어 자유와 평등을 누릴 때 비로소 자연도 새로이 태어나게 되며 사랑과 진리가 꽃핀다는 것이다.

여행자는 이제 혁명이 몰고 온 자유의 물결이 정복, 탐욕, 자만, 죽음, 억압과 박해 등이 가득 찬 부패한 세상을 쓸어가고, 혁명의 "불"과 "무기"가 억압의 주체인 전제군주를 쓰러뜨려 "천년왕국"이 도래하기를 열렬히 희망한다 (792-809). 이처럼 그는 프랑스 혁명이 세계 변혁의 유일한 길임을 믿고 있다. 그러나 이러한 소망과 믿음은 여행자의 정신의 근원적인 우울함을 없애주지 못한다.

> 벗이여 오늘 밤 이 초라한 농가에서
> 육신의 질병의 죽음 같은 근심을 잊고
> 장미 빛 정상이 아침에 밝아올 때 다시 시작하세
> 슬프고 느린 우리의 다양한 여행을. (810-13)

죽음처럼 끔찍한 "육신의 질병"을 하룻밤 잊어버리고 난 뒤 아침이 오면 다시 슬픈 여행을 그는 떠나야 한다. 여행자의 슬픔은 왜 사라지지 않는 것일까. 시의 끝부분의 여행자의 우울함은 혁명을 통하지 않고서는 도저히 바꿀 수 없는 인간세상의 구조적인 부패와 악, 그리고 혁명의 과정에서 생겨난 개별적 인간고통에 대한 통렬한 인식에서 비롯된 것이다. 여행자가 계속하게 될 "슬프고 느린 다양한" 여행은 필요악으로서의 혁명의 당위성을 재삼 확인하는 여행이 될 것이다.

이상에서 살펴보았듯이 『묘사적 스케치』는 고드윈 사상으로 희석되기 이전 청년 워즈워스가 지녔던 순수한 혁명의식과 역사의식이 잘 드러난 시편이다. 유럽의 자연과 문화를 정치 사회적 맥락 속에서 보면서 워즈워스는 정치적 억압과 예속이 자연과 인간을 서로 적대시하게 만들고 인간의 삶을 피폐화시킨다는 것을 깊이 인식한다. 그래서 그는 프랑스 혁명이 인간다운 삶을 회복시켜 주리라고 기대한다. 그리고 그러한 기대와 더불어 억압적인 사회 속에서 개별적 인간이 겪는 삶의 고통에 깊이 눈뜨게 된다.

III. 「폐허가 된 농가」, 「컴버랜드의 거지 노인」, 「사이먼 리」, 「마이클」, 「결의와 독립」

프랑스 혁명에 대한 믿음이 '공포정치'에 의해 흔들리기 시작하여 고드윈적인 점진적 개혁을 받아들이다가 워즈워스는 마침내 정치적 개혁 자체에 대해 회의를 느끼며, 이는 이른바 시인의 '도덕적 위기'로 이어진다. '도덕적 위기'를 겪으면서 시인은 사회적 불의로 인한 개인의 고통을 개인적 차원에서 바라보며 심리적으로 승화시키는 방향으로 나아간다. 워즈워스의 역사의식과 사회의식이 이처럼 서서히 변모해 가는 과정을 요약적으로 보여주는 작품이 "솔즈베리 시편"(Salisbury poems)인데, 이 시편에 대한 분석은 다음 장에서 '도덕적 위기'를 중심으로 다루기로 한다.

인간 고통을 심리적으로 해결하려는 노력에서 나온 대표적 시편으로 「폐허가 된 농가」("The Ruined Cottage")를 들 수 있다. 『묘사적 스케치』에서 인간 해방의 중심지인 농가가 이 시에서는 "헐벗은 4면의 벽"밖에 남지 않은 폐허로 나온다. 또한 『솔즈베리 평원의 모험』(*Adventures on Salisbury Plain*)에 나오는 떠돌이 여인과 분명 연결되는 마거릿(Margaret)은 이미 죽었다. 이 시는 마거릿의 고통에 대한 구체적 해결책의 제시보다는 시인이 행상인 아미티지(Armytage)를 통해 그녀의 고통을 심리적으로 수용하는 방법을 배워나가는 과정에 더 큰 강조점을 둔다.

이 시에는 마거릿의 고통의 사회 역사적 배경이 구체적으로 제시되지는 않는다. 흉년과 전쟁으로 농촌경제가 피폐화되고 로버트(Robert) 같은 직조공들이 실직 당했다는 언급이 나오지만, 시인은 그들의 궁핍이 직접적으로는 로버트의 병에서 비롯된 것처럼 말한다. 로버트가 가족을 먹여 살리기 위해 군에 입대하여 말없이 떠나버리자 마거릿은 남편에게 버림받은 데서 오는 슬픔을 감당하지 못한다.

마거릿은 남편을 떠나게 만든 원인을 사회 구조적 차원에서 생각하기보다는 개인적 차원에서 떠난 사실 자체에 집착한다. 남편이 돌아오리라는 희망과 그러지 못하리라는 절망 사이에서 그녀는 마음의 평정을 얻지 못한다. 그녀는 구체적 현실 속에서 슬픔을 치유해가기를 거부하고 하늘의 도움에 의지하면서 비현실적인 희망의 포로가 되어 서서히 죽어간다. 이 과정에서도 마거릿의 비극의 원인이 되는 구체적인 현실의 상황이나 역사적 원인이 잡다한 식물에 대한 세세한 묘사로 대체되고 있다[11]. 시인은 그녀의 비극을 사회 정치적 상황으로부터 단절시켜 심리적 도덕적 차원에서 접근하는 것이다.

마거릿의 고통을 지켜보면서 슬픔을 감당하는 정신적 힘을 키워나가는 사람은 행상인 아미티지이다. 그는 오래 자연 속을 떠돌면서 여러 가지 일들을 경험하여 자연과의 친화력과 삶의 지혜를 얻었고 깊은 인간애를 지니게 되었다. 그는 "인간성 수호의 바위"이며 최상의 인간성을 대표하는 자로서 시인의 원형이기도 하다(Sheats 150). 그의 인간애는 타인의 고통을 자기 것으로 받아들이는 데서 시작한다. 그러나 마거릿의 고통에 대한 그의 공감과 위로는 그녀를 죽음으로부터 구하지 못하며, 그녀는 위로의 말에 감사하지만 거기서 회복의 힘을 얻지는 못한다.

마거릿에 대한 행상인의 이야기는 시인에게 큰 감동을 주어 죽은 자의 고통을 나누게 하고 자연 속에 보존되어 있는 "인간애의 내밀한 정신"(503)에 눈뜨게 한다. 자연은 인간에게 무관심한 듯이 보이지만 궁극적으로는 인간의 정신적 건강을 되찾아주는 힘으로 그려진다. 행상인은 시인에게 슬픔을 극복하는 힘을 자연에서 얻는다고 말한다.

> "친구여, 당신은 충분히 슬퍼했소.
> 더 이상의 슬픔은 지혜의 뜻이 아니오.
> 현명하고 유쾌해지시오 무가치한 눈으로
> 더 이상 사물들의 형상을 읽지 마시오.
> 그녀는 고요한 땅 속에 잠들어 있소 여기엔 평화가 있소.
> 나는 잘 기억하오 안개와 고요한 빗방울들로 인해
> 은빛으로 빛나는 바로 저 깃털들과
> 저 잡초들 벽에 난 높고 어린 풀잎이
> 내가 지나가는 즉시 그토록 차분하고 고요하며
> 아름답게 보이는 그토록 고요한 평정의 이미지를
> 내 마음 가득 찬 불안한 생각들 사이로
> 내 마음에 전해주었음을.
> 하여 황폐와 변화로 인한 슬픔과 절망에 대해서나
> 삶의 지나가는 광경들이 뒤에 남긴 모든 슬픔에 대해서나
> 우리가 느끼는 것은 명상이 있는 곳에

살 수 없는 헛된 꿈으로 여겨졌다오. 나는 돌아서서
행복하게 내 길을 걸었소." (508-25)

　　마거릿은 고요한 땅 속에 잠들어 있으며 그녀와 더불어 그녀의 고통과 그 고통의 원인들도 모두 잠들어 있다. 인간의 고통을 감싸안으며 자연은 평화와 평정의 이미지를 보여주고 인간에게 그와 같은 심리적 평정을 되찾도록 가르친다. "나태한 몽상가"(231)가 아닌 한 시인은 이러한 가르침을 받아 인간적 고통을 승화시켜야 한다. 행상인은 슬픔을 이야기함으로써 슬픔을 배설하고 건강한 정서를 회복한다. 자연 속의 평정을 자기 것으로 만드는 힘은 상상력에서 나온다. 인간 고통의 주된 기능은 시적 상상력을 성장시키는 것이라고 한 아브릴(Averill)의 말은 이 같은 맥락에서 이해될 수 있다(141).

　　인간 고통에 대한 워즈워스의 시적 탐색은 「폐허가 된 농가」 이후 많은 시편에서 계속된다. 그는 이제 고통을 피할 수 없는 삶의 조건으로 받아들이면서 고통을 안고 살아가는 시골사람들의 개별적 삶을 관찰한다. 크고 작은 고통과 더불어 있는 시골 하층민의 삶에서 그는 "우리 본성의 원초적 법칙들"이나 "가슴의 본질적 열정들," "기초적 감정들"을 찾고자 한다(*Prose* II 81). 1797년 이후 워즈워스의 시 속의 인물들은 그 이전의 인물들에 비해 고통을 훨씬 덜 고통스러워한다. 워즈워스는 고통 자체에 집착하기보다는 고통의 극복과 승화를 더 강조한다[12]. 인물들은 고통의 병든 포로가 아니며 강인한 정신력으로 고통을 이겨내어 시인이나 독자에게 도덕적 교훈을 주기까지 하는 인간성의 수호자로 나온다.

　　1797년에 집필된 「컴버랜드의 거지노인」("The Old Cumberland Beggar")에 나오는 거지노인은 고통의 축적물 그 자체이면서 마을 사람들이 도덕적 삶을 살게 도와주는 "조용한 충고자"(123)로 그려진다. 마을 사람들은 이 노인을 볼 때마다 오랫동안 그에게 베풀어진 자선을 생각하면서 다시 따뜻한 동정심을 회복하고 "사랑의 행위"(100)를 베풀어 "미덕, 참된 선"(105)으로 인도된다. 노인은 적어도 그들을 '느끼게' 한다. 노인으로 인해 사람들은 친절이 필요한 자에게 친절을 베풀게 되는데, 이는 "우리 모두가 하나의 인간 가슴을 지니고 있음"(153)을 알게 해준다. 노인은 이처럼 사회적 효용을 지닌 존재이지만 워즈워스는 시의 서문에서 노인이 속한 거지 계층이 아마도 곧 사라지리라 낙관하면서(*PW* 443) 노인을 인간사회의 변방에서 살고 있는 국외자인 양 그린다.

노인은 중풍 걸린 손으로 음식 부스러기도 잘 잡지 못하지만 하나라도 흘리지 않으려고 안간힘 쓰는 가여운 존재이다. 친구 하나 없는 그는 "활처럼 휘어진"(52) 허리로 땅만 보면서 언제나 홀로 떠돌아다닌다. 감각이 거의 마비된 상태여서 그는 아무 것도 보지 못한다. 그는 끊임없이 움직이지만 너무나 느리고 조용하게 움직여 농가의 잡종개도 더 이상 그를 보고 짖지 않는다. 시인은 이처럼 노인을 마치 죽음의 문턱에 걸려있는 존재인 양 그리며, 그가 온전한 인간으로 살고 있는 것이 아니기에 그의 고통 자체에 대해서 크게 분노할 필요를 느끼지 않는다. 심슨(Simpson)은 시인이 노인에 대해 분명한 슬픔을 표시하지 않기에 이 시를 읽으면서 "다소의 당혹감과 분노"를 느끼게 된다고 한다(*Wordsworth's Historical Imagination* 162). 시인은 다만 힘있는 사람들에게 그를 멸시하지 말 것을 당부한다.

> 그러나 이 사람을 쓸모없다 여기지 마시오.
> 그대 그토록 지혜롭게 활동적인 정치가여!
> 골칫덩이들을 세상에서 쓸어낼 비를 항시 손에 쥔

그대여 그대 가슴 부푼
거만한 자여 거만하게 그대의 재능과
힘 혹은 지혜를 관조하더라도
그를 세상의 짐이라 여기지 마시오! (67-73)

위의 시구에서 시인은 정치인들이 노인과 같은 거지들을 쓸어내 버리고
싶은 "골칫덩이들"이나 "세상의 짐"으로 여기는 것에 대해 항의나 분노를 표
현하는 대신, 하찮은 미물이라도 선과 무관한 것은 아니며 나름의 존재 가치
가 있다고 말함으로써 정치인들의 자비를 구할 뿐이다. 시인은 나아가 노인
을 고통의 희생자이기보다는 고통의 승화물로 그리려 한다.

그의 피가
서리 찬 공기나 겨울눈과 싸우게 하라.
황무지를 휩쓰는 특허 받은 바람이
회색 머리다발로 그의 쭈그러진 얼굴을 치게 하라. (173-76)

"서리 찬 공기"와 "겨울눈," 그리고 "황무지를 휩쓰는 특허 받은 바람"과
의 노인의 힘겨운 생존 투쟁을 시인은 담담한 어조로 거리감을 둔 채 말할
뿐이다. 이는 『묘사적 스케치』에 나오는 샤무아 사냥꾼의 자연과의 투쟁의
묘사와 대조를 이룬다. 샤무아 사냥꾼은 비정한 자연과 싸우다 죽어 가는데,
시인은 이때 참담한 심정을 표현한다. 그러나 위의 묘사에서 시인은 분명 자
연이 노인을 고통스럽게 함에도 불구하고 노인이 그 고통을 이미 이겨낸 자
처럼 그림으로써 슬퍼하지 않는다. 시인은 "자연의 눈길 속에서 그가 살아왔
듯이 자연의 눈길 속에서 죽게 하라"(196-97)고 말함으로써 노인이 곧 죽게
될 존재임을 밝힐 뿐이다. 이는 노인의 고통에 대해 시인이 충분한 심리적
거리를 지니고 있음을 말해주기도 한다. 시인은 거지계층에 대해 이미 어떻

게 구제할 수 없다고 생각하면서 곧 사라지게 되리라는 막연한 낙관을 가질 뿐이지만, 시골 하층민에 대해서는 여전히 관심 어린 애정을 갖는다. 그러나 시인이 개인적 차원에서 접근하는 탓으로 그들의 경우에도 애정의 한계는 분명하다.

「사이먼 리」("Simon Lee")의 경우 빈민중의 빈민인 노약한 사이먼 리를 위해서 시인이 해줄 수 있는 일은 나무뿌리를 잘라주는 것이다. 시인은 감사의 눈물을 흘리는 그의 모습을 보고 슬픔을 느낀다.

> 그의 눈에 눈물이 고였고
> 감사와 찬양이 그의 가슴 밖으로
> 그토록 빨리 달리는 듯하여 나는 생각했다
> 감사와 찬양이 결코 끝나지 않으리라.
> 나는 친절한 행위를 차가움으로 보답하는
> 불친절한 가슴에 대해 들은 바 있다.
> 아! 인간의 감사가
> 더 자주 나를 슬프게 했다. (89-96)

사이먼의 감사에 대해 시인은 왜 슬픔을 느끼는 것일까? 이 슬픔은 단순히 온정주의적 연민의 상투적 표현이라기(Danby 46)보다는 사이먼의 소박하고 깨끗한 마음에 대한 시인의 깊은 감동의 표현인 동시에 사이먼의 고통에 대해 자신이 해줄 수 있는 바가 너무 적다는 깊은 깨달음의 표현이기도 하다. 나무뿌리를 잘라주는 작은 베풂의 행위는 사이먼의 힘겨운 삶을 궁극적으로 가볍게 해줄 수 없다. 여기서 워즈워스는 터너의 지적대로 1798년의 자신의 "시적 정치적 모험"의 한계를 직면한다(127).

「마이클」("Michael")에서도 시인은 가정의 비극을 그것의 사회적 원인들과 구체적으로 연결시키지 않는다. 1801년 폭스에게 보내는 편지에서 워즈워스는 이 시의 사회 정치적 배경을 설명하면서 이 시가 독자의 도덕적 교화보다는 사회 변혁에 영향을 끼치기 위한 것이라고 밝히지만, 시를 구체적으로 읽어보면 레빈슨(Levinson)의 주장처럼 이 시의 중심 이야기가 갖는 사회 정치적 상황과의 관련성이 시적 의도와 전적으로 관계가 없는 것으로 여겨지게끔 시인이 화자를 통해 이를 철저히 통제하고 있음을 쉽게 알 수 있다(58-59).

마이클이 처음 땅을 물려받았을 때 그 땅은 절반이나 저당 잡힌 상태였으나 그는 열심히 일하여 빚을 갚음으로써 그 땅을 완전히 소유할 수 있게 되었기에 땅에 대한 애착이 뿌리깊다. 그래서 그는 막연히 더 나은 날이 오리라 생각하면서 땅을 팔지 않고 대신 아들 루크(Luke)를 도시로 보내기로 했다. 따라서 도시에서의 루크의 타락으로 인한 마이클 가정의 비극은 근본적으로 농촌에서의 땅 소유의 사회적 문제와 연관되어 있다. 그러나 시인은 마이클이 왜 저당 잡힌 땅을 물려받게 되었는지에 대해서는 언급하지 않는다. 또한 왜 마이클의 조카가 벌금을 물어야 하는지에 대해서도 구체적으로 밝히지 않고 "예상하지 못한 불운"(199)에 의해서라고 피상적으로 언급할 뿐이다. 도시에서의 루크의 타락이 어떠한 원인에서였는지도 워즈워스는 구체적으로 말하지 않는다.

워즈워스는 이처럼 마이클 가정의 비극의 근본적인 원인이 농촌생활 자체에 내재한 사회구조적 모순에 관련된 것일 수 있다는 암시를 극소화함으로써(Simpson, *Wordsworth's Historical Imagination* 142), 그 비극이 마이클 개인의 잘못된 결정에서 비롯된 것이라는 인상을 은연중에 준다. 그러나 그가 루크를 도시로 보내지 않고 땅을 절반이나 팔았더라도 슬픔은 여전했을 것이다.

우리의 이 들판이
낯선 이의 손에 넘어간다면 난

무덤 속에서 조용히 누워 있을 순 없을 거라는 생각이 들어.
우리의 운명은 기구한 운명이야. (230-33)

마이클에게 땅은 자신의 생명 그 자체이다. 그는 자신의 곤궁을 "기구한
운명"의 탓으로 돌리고는 죽을 때까지 양치기로서의 일을 성실하게 하면서
끈기 있게 양 우리를 지어나감으로써 고통을 승화시키려 한다. 워즈워스는
운명에 순응하면서 고통을 견디어가는 마이클의 강한 의지와, 자연과의 조화
에서 마이클이 느끼는 순수한 기쁨을 노래하기 위해서 이 시를 썼다. 워즈워
스는 마이클을 통해 "인간, 인간의 가슴, 그리고 인간의 삶에 대해"(33) 노래
하고자 한다. 그러나 마이클이 우리의 감동을 자아내기에 충분히 숭고한 '가
슴'을 지녔다 할지라도 그는 그와 다른 종류의 '가슴들'로 가득 찬 인간사회
어디에서 온전히 살아갈 수 있을까. 시인은 "미완성의 양 우리"(481)를 통해
마이클의 인간적 슬픔과 강인한 정신이 살아 있음을 노래한다. 그러나 그의
강인한 정신력은 구체적 현실변혁에 이바지하는 힘이 되지 못한다. 마이클이
죽은 후 그가 그토록 완강하게 지키려고 했던 땅은 결국 "낯선 이의 손"에
넘어가고 만다. 키어넌(Kiernan)은 민중의 정신적 미덕에서 현실변혁의 힘을
이끌어내지 못한 것이 워즈워스의 근본적인 결함임을 아래와 같이 지적한다.

근본적인 과오가 처음부터 그에게 내재해 있었다. 그는 민중을 향하고 있
었지만, 이는 1789년 이후 자라나고 꺾여버린 숭고한 희망을 성공적으로
실현할 힘을 찾기 위해서라기보다는 세상 통치자들의 '야망, 우매함, 광
기'에 비교되는 소박한 미덕을 보고 위안을 찾기 위해서였다. 그는 사회가
부정함에도 불구하고 '참된 가치,' '진정한 지식,' '정신의 진정한 힘' 등을
노동하는 빈민들에게서 찾을 수 있으며, 윗사람들의 부패에 물들지 않은
(이 점에서 그는 로베스피에르와 생각이 같다) 민중에게 있어 기본적인 인
간성이 철의 시대에도 이같이 살아남을 수 있었음에 스스로 만족하고자

했다. (165-66)

워즈워스는 민중의 소박한 미덕에서 인간 해방을 위한 능동적인 힘을 읽어내지 못하고 부정한 사회 속에서 민중이 진정한 정신적 미덕을 지니고 있다는 사실 자체에 만족하고 만 것이다. 그러한 미덕에도 불구하고 민중의 고통은 그대로 남아 있기에 고통 받는 민중에 대한 생각은 항상 강박관념처럼 그의 뇌리를 떠나지 않는다. 그들의 고통을 실질적으로 덜어줄 아무런 방책을 찾지 못한 채 고통을 견뎌내는 정신적 미덕만 강조하는 것은 어쩌면 워즈워스의 정신 깊이에 더 큰 번민을 낳았을지도 모른다. 워즈워스는 고통을 극복하는 방법을 바로 그 민중의 강인한 정신을 통해 배우고자 한다.

워즈워스는 "사람들에게 이야기하는 사람"(*Prose* II 87)으로서 자신의 한계를 어렴풋이 느끼게 되며 이는 「결의와 독립」("Resolution and Independence")에서 자신의 파멸에 대한 두려움의 형태로 나타난다. 밤 내내 폭풍우가 쏟아지고 난 후 맑게 갠 다음날 아침 워즈워스는 온갖 유쾌한 자연의 소리를 들으면서 황무지를 거닌다. 그러나 자연과의 교감에서 생긴 강렬한 기쁨의 상태에서 그는 원인을 알 수 없는 "두려움과 공상들"(27), "희미한 슬픔과 눈먼 생각들"(28)이 짙게 밀려옴을 느낀다. 이는 아마도 역사현실 속의 일상적 삶이 주는 정신적 압박으로 인한 것이며 그는 여기서 벗어나고자 한다.

옛 기억들은 모두 사라졌다
그토록 공허하고 우울한 모든 인간사들도. (20-21)

베이트슨(Bateson)이 주장하듯이 위의 시구에서 워즈워스는 인간의 행복을 사회적 책무를 잊는 일과 연결짓고 있다(161). 혁명 체험으로 인해 갖게 된 인간 고통에 대한 "옛 기억들"을 잊고 인간 세상을 떠나 자연 속에서 행복해지고자 하지만 그는 기쁨의 상태에 오래 머물지 못한다. 시인인 그는 고통받는 타인들에 대해 노래해야 할 의무를 지니고 있기 때문이다.

> 세상에서 멀리 떠나 걷는다 또한 모든 근심에서 떠나
> 허나 또 다른 날이 오리라
> 고독 가슴의 고통 고난 그리고 가난이 (33-35)

비록 지금은 세상의 모든 근심에서 벗어나 평온하게 자연과 벗하며 걷고 있지만 고통스럽고 외로운 날들이 곧 오리라는 것을 그는 예감한다. 그는 17세의 나이에 가난을 견디지 못해 절망에 빠져 자살한 시인 채터턴(Chatterton)에 대해 생각한다. "우리 자신의 정신에 의해 우리는 신이 된다"(47)고 노래하지만, 채터턴의 정신적 영광과 기쁨은 육신의 궁핍으로 인해 낙담과 절망으로 바뀌고 말았음을 그는 안다. 32세의 워즈워스는 자기도 채터턴처럼 한창때 죽을지 모른다고 생각해 본다. 이는 시인으로서의 자신의 고난과 한계에 대한 무의식적 두려움이다. 이때 그는 흰 머리칼의 '거머리 잡이' 노인을 만난다. 노인과의 조우는 과거의 체험이면서 시 쓰기 과정에서 일어나는 현재적 체험이기도 하다. 워즈워스는 그를 살아 있는 구체적 인물이라기보다는 자신의 마음속의 이미지, 즉 시적 승화물로 제시한다.

노인은 움직임이 없는 "거대한 바위"나 "바다짐승"과 같은 자연물로 묘사된다(57-63). 그는 "온통 살아 있는 것도 죽어 있는 것도 아니며 온통 잠들어 있는 것도 아닌"(64-65) 존재로 그려진다. 노인은 삶과 죽음, 꿈과 생시의 경계에 있기에 구체적 현실 속에서 살고 있는 사람이라는 느낌을 많이 주지 않는다. "고통의 어떤 무서운 압박이나 질병의 사나움"(68-69)은 이미 과거의 것이다. 그는 고통이 반복되는 오랜 삶의 행로를 통해 고통 그 자체가 되어

버려 고통에 무감각하게 되었다.

거머리를 잡는 일은 "위험하고 지긋지긋한 일"(101)이며 "견뎌야 할 많은 어려움"(102)이 있지만, 그는 오직 "신의 선한 도움"(104)에 의지하면서 "정직한 생계"(105)를 꾸려왔다고 시인은 그린다. 노인은 초자연적 힘에 의존한 채 인간 세상과 떨어져 살고 있는 존재로 그려진다. 워즈워스는 여기서 더 나아가 노인을 자신의 내면세계 속으로 끌고 들어와 내재적 인물로 변모시킴으로써 노인의 "인간적 힘"을 자신의 것으로 만들려고 애쓴다(106-12).

그러나 이러한 노력에도 불구하고 워즈워스는 "살인적 공포와 채워지지 않으려는 희망, 추위와 고통과 노동과 모든 육체적 질병들, 그리고 비참하게 죽은 위대한 시인들"(113-16)을 다시 떠올리면서 깊은 당혹감에 빠진다. 구체적 현실 속에서 살아가는 일의 고통에 대한 인식과 그 고통에서 벗어나야 한다는 의지 사이의 갈등이 워즈워스의 정신을 어지럽히고 있다. 하지만 노인의 인간적 힘을 자기 것으로 만드는 일은 결코 쉽지 않다. 워즈워스는 노인이 겪었을 더 큰 고통의 오랜 방랑을 상상해보면서 고통을 견디는 힘을 길러보려고 한다.

> 그가 그렇게 말하는 동안 그 고적한 곳
> 노인의 모습과 말 그 모든 것이 나를 어지럽혔다.
> 마음의 눈으로 그가 걷는 것을 보는 듯했다
> 지긋지긋한 황무지를 끊임없이
> 홀로 말없이 방랑하며. (127-31)

노인이 겪었을 고통을 시인이 상상하는 동안 노인은 마치 그를 비웃기라도 하는 듯이 유쾌한 어조로 당당하게 이야기를 계속한다. 노인은 "그토록 단단한 마음"(138)을 지녔던 것이다. 워즈워스는 노인과 마찬가지로 신의 도움에 의존하면서 자신도 "홀로" 고통을 승화시키기로 한다.

> "신이여," 나는 말했다, "도와주시고 단단히 받쳐주소서.
> 저는 외로운 황무지 위의 거머리 잡이 노인을 생각하렵니다!" (139-40)

거머리 잡이 노인을 생각하면서 고통과 외롭게 투쟁하겠다는 워즈워스의 이러한 "결의"와 역사현실로부터의 "독립"이 과연 진정한 정신적 건강을 그에게 안겨다 줄 것인가? 사회적 실존에서 비롯되는 고통을 넘어서서 자연 속에서 확고한 시적 자아와 정체성을 정립해나가고자 하는 『서곡』(*The Prelude*)에서의 시적 작업이 이에 대한 대답을 제공할 것이다.

이상에서 우리는 초기의 산문이나 시편들을 통해 워즈워스가 혁명 체험으로 인해 나름의 사회의식이나 역사의식을 갖게 되었으며 사회적 맥락 속에서 인간 고통을 읽고 이를 해결하고자 시적 탐색을 하였음을 살펴보았다. 그의 탐색은 그러나 1795년 이후 서서히 개인적 차원에서 진행되며 고통을 사회구조적으로 탐색하기보다는 심리적으로 극복하고 승화하는데 바쳐진다. 이러한 탐색의 과정에서 그의 상상력은 성장한다. 그러나 탐색의 방향이 바뀜으로써 인간 고통의 사회적 원인들에 대한 그의 관심은 줄어들게 되고 그의 인간애도 점점 추상적인 것이 될 소지가 있음을 부정할 수 없을 것 같다. 워즈워스의 시적 사유의 이러한 변모를 보다 구체적으로 보여주는 것이 이른바 그의 '도덕적 위기'이다.

2. 도덕적 위기: 솔즈베리 시편

I. 워즈워스와 도덕적 위기

워즈워스의 시적 자아의 형성은 프랑스 혁명의 체험에서 시작된다. 우리는 흔히 '자연시인', '인간정신의 시인', '심미적 상상력의 시인'으로서 워즈워스를 떠올리기 쉽지만, 워즈워스의 이러한 면모 이면에는 언제나 혁명사상을 지녔던 초기의 급진적 청년 워즈워스가 자리하고 있다. 그런데 초기의 '어설픈' 혁명시인에서 중기 이후의 확고한 자연시인으로의 변모는 이른바 '도덕적 위기'라고 하는 정신적 회오리를 겪으면서 이루어진다.

워즈워스가 '도덕적 위기'를 겪는 시기는 여러 비평가들이 지적하듯이 "솔즈베리 시편"[13]을 쓴 시기와 대체로 일치한다[14]. 『솔즈베리 평원의 모험』과 그 직후 집필된 『변방의 사람들』(*The Borderers*) 사이에는 분명한 정신적 차이가 엿보이기 때문이다. 워즈워스는 자신의 정신적 위기를 『서곡』에서 다음과 같이 묘사한다.

> 외형적 증거를 원하며
> 모든 사물 속에서 그것을 찾다가
> 모든 확신감을 잃고 마침내
> 모순에 병들고 지쳐
> 절망적으로 도덕적 문제를 포기했었다. (11: 301-5)

이 시구에서 시인은 모든 사유를 분석적 이성의 틀 속에 구속시켜 버리는 고드윈적 사유의 한계로 인해 도덕적 위기에 빠졌다고 말하고 있다. 워즈워스는 1850년 판『서곡』제 11권에 306-20행을 첨가시켜, 자신의 정신적 위기가 행위의 표준이 되는 선과 악의 분명한 기준을 찾지 못해서 생겨난 다분히 개인적 동기의 것임을 거듭 강조한다. 그러나 워즈워스가 도덕적 위기를 겪는 시기가『솔즈베리 평원』(*Salisbury Plain*)이나『솔즈베리 평원의 모험』을 쓴 시기와 일치한다면, 이 정신적 위기가 단순히 개인적이고 도덕적인 차원의 위기가 아니라 사회 정치적 원인에서 진행된 위기임을 알 수 있다.

워즈워스의 '도덕적 위기'를 대부분의 비평가들은 정치적 이데올로기의 혼란에서 비롯된 지적 정신적 위기로 보지만, 존스턴(Johnston)은 이에 대해 흥미로운 새로운 의견을 주장한다. 존스턴은 1794년 마슈즈에게 보낸 편지에서 워즈워스가 언론계에 종사하고 싶은 소망을 피력한 점에 주목한다. 존스턴은『박애주의자』를 중심으로 한 런던의 정치 언론계의 급진적이고 경쟁적인 분위기 속에서 자신의 위치를 확립시키는 일의 힘겨움으로 인해 워즈워스의 정신적 위기가 온 것으로 보며, 이 위기가 단순히 지적 정신적 원인으로 인한 것만이 아니라고 본다(384-407). 고드윈 사상을 전파하기 위한 매체로서 워즈워스와 마슈즈가 계획했던 잡지인『박애주의자』는 일단 그들의 손을 떠나 발간된 것으로 보인다[15].

그러나 존스턴은 워즈워스가 1795년 2월에서 8월까지 런던에 거주한 것은 이 잡지의 편집에 참여하기 위해서라고 하면서, 워즈워스가 이 잡지의 발간에 적극적으로 개입했고 여러 편의 글을 실었다고 주장한다. 로우(Roe)도 당시 정치적 억압으로 인해 이 잡지의 기고자들의 이름이 밝혀지지 않아 분명한 증거는 없지만, 이 잡지에 워즈워스의 글이 실렸을 가능성이 충분하다고 한다(276). 존스턴과 로우의 견해를 받아들인다면, 이 무렵 워즈워스는 공식적으로 알려진 것 이상으로 고드윈 사상의 전파자로서의 사회 정치적 참여를 적극적으로 했음을 알 수 있다. 따라서 그 직후 겪게 된 '도덕적 위기'도 워즈워스가 『서곡』에서 회상하는 것보다 훨씬 더 구체적이고 적극적인 사회 정치적 참여에서 생겨난 것임을 알 수 있다.

워즈워스가 1795년 9월 레이스다운으로 가서 제일 먼저 하게 된 시적 작업이 『솔즈베리 평원』을 『솔즈베리 평원의 모험』으로 개작하는 일이었다. 따라서 『솔즈베리 평원의 모험』에는 런던에서의 언론계 활동을 통해 갖게 된 시인의 새로운 정신적 풍경이 반영되어 있다고 볼 수 있다. 『솔즈베리 평원』과 『솔즈베리 평원의 모험』을 통해 우리는 청년 워즈워스가 지녔던 사회 정치적 문제의식을 보다 구체적으로 읽을 수 있을 뿐만 아니라, 그 문제의식이 어떠한 모순에 직면하여 어떠한 방식으로 해결되어 나갔는가를 읽을 수 있다. 이를 통해 우리는 1790년대 중반 이후 위대한 시편들을 낳는 '자연 시인'이나 '인간정신의 시인'으로서의 워즈워스의 '시적 자아'의 토대를 알 수 있다. 「틴턴 사원」("Tintern Abbey")이나 『서곡』에 나타난 바와 같이 청년 워즈워스의 혁명 체험이나 사회 정치적 문제의식은 위대한 시편들에서 그의 시 정신의 핵심을 그늘 지우고 있는 정신적 외상으로 남아 있다[16]. 따라서 워즈워스의 자연시를 제대로 이해하기 위해서는 '참여시인'으로서 워즈워스의 면모를 먼저 알 필요가 있는 것이다.

워즈워스의 시 정신의 가장 격렬했던 형성기에 집필된 "솔즈베리 시편"에 대한 이해는 그 시편 자체가 지닌 문제의식의 독자적 중요성뿐만 아니라, 워즈워스 시 전반에 대한 올바른 이해를 위해서도 필요한 작업이다. "솔즈베리 시편"은 워즈워스의 시적 자아 형성의 토대가 되는 '도덕적 위기'의 궤적을 시적으로 구현하고 있기 때문이다. 이 장에서는 『솔즈베리 평원』과 『솔즈베리 평원의 모험』을 비교 분석하여 워즈워스의 '도덕적 위기'의 성격을 구체적으로 살펴봄으로써, 그 정신적 위기가 시인 자신이 『서곡』에서 밝힌 것보다 훨씬 더 강도 높은 사회 정치적 참여의식에서 비롯된 것임을 밝혀 보고자 한다.

II. 『솔즈베리 평원』

『솔즈베리 평원』은 당시 억압적인 영국 정치상황에 대한 항의와 고발의 시이다. 이 시에서 시인은 모순적인 외적 현실에 대한 해결책을 나름대로 구하고 사회적 삶 속에서 자신의 '집'을 짓기 위해 우울하고 어두운 정신적 여행을 떠난다. 개인적 차원에서나 사회적 차원에서나 분명한 자신의 입지를 마련하지 못한 1793년의 우울한 시인의 정신적 풍경이 이 시의 전반에 깔려 있다. 이러한 정신적 풍경은 시인의 '도덕적 위기'의 성격을 짐작케 해 준다.

이 시의 모든 요소들, 예컨대 화자나 여행자, 떠돌이 여인, 스톤헨지(Stonehenge)와 드루이드(Druid)교도의 종교제식, 폭풍우, 초현실적인 공포의 에피소드들 등은 모두 솔즈베리 평원에서의 시인의 어두운 정신적 여행을 통합적으로 그려 보이는 데 일정 역할을 담당하고 있다. 물론 이러한 요소들이 예술적이고 심미적인 차원에서 얼마나 자연스럽게 통합되고 있느냐는 것은 다른 문제가 될 수 있지만, 적어도 통합적 비전을 제시하는 구성요소로서는 나름대로 기여하고 있다고 볼 수 있다.

시의 전반부와 후반부에 등장하는 화자는 시에 역사적 차원을 부여하면서 다른 두 인물의 삶에 대한 사회적 논평과 고발을 행하고 나름의 해결책을 제시하는 사회 비판자로서의 시인의 목소리를 반영한다. '여행자'는 마치 스펜서(Spenser)의 로맨스 속의 기사처럼 제한적인 전지적 시점으로 시의 풍경을 묘사하는 '창'의 기능을 한다(Liu 181). 여행자가 겪는 갖가지 밤의 악몽은 이 시에 심리적 차원을 부여한다. 떠돌이 여인은 모순적인 사회·정치적 현실로 인한 개인적 고통의 구체적 예로 제시되며, 고통에 대한 여인의 심리적 반응은 시인 자신의 심리상태를 반영한다. 이 세 인물의 목소리는 시인의 정신적 여정을 그려 보이는 데 통합적으로 작용한다. 기름과 물처럼 시와 통합되지 않는다는 비판을 듣기도 하는 갖가지 밤의 악몽들도 시인의 정신적 풍경을 그려 보인다는 면에서는 제 기능을 한다고 볼 수 있다.

1-4연에 등장하는 화자는 원시시대와 현대의 인간 고통을 비교하면서 시에 역사적 차원을 부여한다. 화자가 보기에 현대인은 과거에 누린 "기쁨의 기억"과 "풍요의 침상"에 누운 부유한 자들과의 불평등한 삶의 조건으로 인해 원시인보다 더 큰 고통을 겪고 있다.

5-16연에 등장하는 여행자는 고통의 또 다른 이야기를 들려준다. 여행자의 과거의 고통은 "그 또한 슬픔의 치명적인 마름병으로 젊어서 시들었다"(45연)라는 말로 추상적으로 처리되지만, 자신의 '길'과 '집'을 찾기 위해 여행자는 고통스런 방랑을 계속한다. 한숨과 갈증, 굶주림에 시달리면서 힘든 발걸음으로 인간의 자취를 찾아 밤의 폭풍우 속을 여행하는 그는 바로 이 시 집필 당시의 시인의 모습을 반영한다. "축축하고 차가운 땅"만이 자신의 침상이 되리라 예감하면서 여행자는 고대의 성을 지나다가 고대의 전쟁과 전

쟁의 망령들에 대한 이야기를 들려주는 초자연적 목소리를 듣는다. 이 목소리는 스톤헨지에서의 드루이드교도들의 희생제식의 이야기를 지옥의 장면인 양 들려주는데, 이 희생제식은 21-22연에서 떠돌이 여인을 통해 다시 반복된다. 이 희생제식은 고대의 전쟁과 관련된 것으로서 인간 고통의 적나라한 현장을 그려 보인다.

드루이드교도들의 희생제식은 원시시대의 전쟁과 연관된 것이다. 드루이드교도들은 고대의 야만적인 무사나 기사들에 의해 고용되어 그들의 전쟁을 위한 일종의 종교적 의식을 수행하는 사제의 역할을 한다. 워즈워스는 미국-영국 전쟁이나 프랑스-영국 전쟁이 일으킬 인간 고통의 참화를 희생제식의 지옥의 이미지를 통해 생생히 그려 보인다. 그런데 흥미로운 점은 22연에서 이 드루이드교도들이 숭엄한 종교의식을 거행하는 사제로 그려지며 끔찍한 살상의 장면이 신비와 경외로 가득 찬 의식으로 승화되어 묘사된다는 점이다. 드루이드교도들은 포악한 독재자인 동시에 무지한 군중의 스승이라는 이중적 이미지로 그려진다. 자노위츠(Janowitz)는 이 이중적 시각이 영국에 대한 시인의 이중적 시각, 즉 사랑과 자유의 보금자리로서의 영국과 자유의 억압자인 영국이라는, 조국에 대한 시인의 혼란스런 태도를 반영한다는 흥미로운 해석을 제공한다(Hanley 232). 이러한 혼란은 시인의 정신적 위기를 가중시키는 원인이 되었을 것이다.

스톤헨지를 지나서 여행자는 "죽음의 휴식"을 원할 정도로 고통에 지쳐 헤매다가 "죽음의 집"이라 불리는 평원의 한 폐허로 오게 되는데, 여기로 오기까지 그는 마치 스톤헨지에서의 공포가 자신의 길을 계속 따라오는 듯 자꾸만 눈길을 뒤로 돌린다. 이는 「틴턴 사원」에서 "두려워하는 그 무엇으로부터 달아나는 자처럼"이라는 시구를 연상시킨다. '죽음의 집'에서 여행자는 '떠돌이 여인'을 만나게 되며 그녀는 돌무덤 시체의 에피소드와 희생제식의 이야기를 다시 들려준다. 이 반복적 묘사는 "여인의 이야기에 비극적 위엄을 부여하기도 하지만"(Welsford 17), 더 나아가 당시 시인의 암울한 심리상태를 강조하는 공포의 이미지로 작용하기도 한다.

'떠돌이 여인'의 삶의 이야기는 사회 정치적 모순으로 인해 가난하고 힘없는 자들이 겪는 인간 고통의 현대적 예를 제공한다. 케즈윅(Keswick)의 더웬트(Derwent)강의 아름다운 강둑에서 근심 걱정 없는 백조처럼 행복하게 살던 그녀는 어느 날 "잔인한 운"과 "고의적인 악"과 탄압으로 아버지와 함께 자신들의 집에서 쫓겨난다. 그 후 사랑하는 사람과 결혼하여 한동안 행복하게 살지만, 아버지는 죽고 전쟁이 일어나 기근으로 시달리다가 어쩔 수 없이 미국전쟁에 참전하게 된 남편을 따라 온 가족이 미국으로 간다. 전쟁터에서 남편과 아이들이 모두 죽고 그녀는 홀로 배를 타고 영국으로 돌아오게 된다. 그녀는 자신의 운명을 역전시키고 자신의 삶을 파괴시킨 억압적이고 모순적인 사회적 불의를 구체적으로 분석할 사유의 힘은 없지만 전쟁의 비참한 장면을 생생하게 그려 보인다.

> 오 생존의 끔찍한 대가여!
> 삶의 모든 소중한 것을 버려야 하다니 보이지 않고 들리지 않는 채로
> 어떠한 별도 지켜 주지 않은 채로 결핍의 가장 외로운 동굴에서
> 죽을 때까지 여위어 가는 것이 훨씬 더 낫겠어요.
> 전쟁의 뒤를 따라 개같이 힘들게 걸으면서
> 자신들의 바로 그 자양분인 형제의 피를 핥는 무리와 함께
> 저주받은 생존을 연장하는 것보다
> 거만한 운명의 신의 호화로운 차 앞에
> 죽어가는 육신을 눈에 띄게 내밀고 있는 편이 더 낫겠어요.[17] (35연)

"형제의 피"를 핥으며 생명을 연장하는 것보다 차라리 외롭게 죽어가는

것이 낫겠다는 위의 시구는 전쟁의 원인에 대한 지적 분석 이상으로 전쟁의 모순을 고발하고 비판하는 충분한 역할을 한다. 여인의 이야기 속에 스며든 사회 고발은 단순히 사실을 이야기하는 차원을 넘어서서 사회적 모순과 불의로 인해 개인이 겪는 심신의 고통을 강렬하게 전해주며, 이는 인간 고통에 대한 시인 자신의 통렬한 인식과 방황을 읽게 해 준다.

고통은 단순히 과거의 것이 아니라 여인의 정신 깊숙이 각인되어 있어 여인은 영원한 고통의 삶을 살게 된다. 이러한 고통의 이야기를 가슴 속에서 풀어내는 행위가 일종의 카타르시스가 된 듯, 여인은 아침의 떠오르는 태양을 보면서 "온화한 기쁨"을 느끼기도 한다. 여행자와 함께 "외로운 오두막"을 찾아 길을 가면서, 여인은 다시 이야기를 이어간다. 영국으로 건너오는 배에서 여인은 차라리 바다를 무덤으로 삼고 싶은 생각을 하기도 한다. 조국으로 돌아와도 여인을 기다리는 것은 고난과 굶주림의 삶뿐이다.

여인은 "무수한 집들"과 "무수한 식탁들"이 있는데도 불구하고, 3년을 굶주림에 쫓겨 떠돌아다니면서 모든 희망이 사라지고 미래의 집은 무덤뿐이라고 생각한다(44연). 원인도 모르는 사회적 불의로 인해 여인은 영원한 고통을 살아야 하는 것이다. 이 고난의 남녀를 숲 속 작은 오두막으로 내려보내고 나서 화자가 다시 등장한다[18].

> 안녕, 그대들 희망이 저버린 벗이 없는 한 쌍이여!
> 그러나 다양한 길을 택하기 전에 벗이 없을 뿐
> 저 낮은 오두막에 들어가면 그대들은
> 더 거만한 저택이 거부하는 위안을 나눌 것이다.
> … … …
> 삶이 이 넓은 황무지와 같다고 생각하라
> 여기서 가장 행복한 자가 찾을 수 있는 모든 것은

단지 헛간과 끝없이 펼쳐진 황야의 한 점 녹지뿐. (47연)

　"끝없이 펼쳐진 황무지"와 같은 인생에서 그들이 얻을 수 있는 것은 고작 "낮은 오두막"에서의 우유 한 잔과 빵 몇 조각에 불과하며, 그들이 찾을 수 있는 것은 광막한 황무지 속의 "헛간" 하나 혹은 "한 점 녹지"에 불과한 것이다. 이들의 운명과는 대조적으로 "더 거만한 저택들"은 언제나 존재하는 것이다. 시인은 영국이 빈자와 부자라는 '두 개의 국가'로 나뉘어져 있음을 인식하는 것이다. 빈자들을 고통으로 몰아넣는 전쟁은 저택들에 사는 힘있는 자들의 탐욕스런 행위로 인한 것이다. 48연에서 화자는 고대의 희생제식을 다시 한번 떠올리면서 고대의 미신이 아직도 사라지지 않고 있음을 역설적으로 상기한다. 시인이 보기에 아직도 이성의 힘은 미약한 것이다.

　　　　아직도 이성의 빛은,
　　별 없는 어둠과 우렁찬 낙담의 소리와 더불어
　　폭풍우가 일어날 때, 어두운 섬광으로
　　우리 길의 공포를 드러내는 것 외에 무엇을 하는가? (48연)

　전쟁의 "폭풍우"가 솟아오를 때 이성의 빛은 "별 없는 어둠"과 "우렁찬 낙담의 소리"로 희미하게 공포의 앞길을 드러낼 뿐, 그 "폭풍우"를 가라앉히고 근절시키는 힘을 갖지 못한 것이다. 이성에 대한 이러한 회의적 태도는 이성적 사유의 힘에 기대는 고드윈 사상에 대한 분명한 믿음을 시인이 갖고 있지 못함을 드러낸다고 볼 수 있다. 49-53연에서 화자는 한 국가 내의 개인의 고통뿐만 아니라 제국주의적 침탈로 인한 국가적 차원의 고통에 대해서도 거론하면서, 페루에서의 스페인의 제국주의와 인도에서의 영국의 제국주의를 비판한다. 압제로 인한 인간 고통은 국제적 차원에서도 진행되는 것이다. 인간 고통의 광막한 바다를 생각할 때 개인적 위안은 힘없는 것일 뿐이다.

> 때 이른 타격으로 덕 있는 자들이 피 흘릴 때
> 그 같은 다정한 생각이 제공한 위안은 얼마나 연약한가.
> 말하라 국가의 통치자들이여 무기로부터
> 살인과 고통 눈물 이외에 무엇이 나올 수 있는 지를?
> 오! 전쟁이 끝없는 전쟁밖에 무엇을 낳을 수 있는 지를?
> 현자의 노동에서가 아니라면 어디서 가엾은 어둠의 인간들이
> 행복과 미덕의 보수를 얻을 수 있겠는가?
> 그의 부드러운 말이 없이는 그들 스스로를 소진시키는
> 분노가 어떻게 누그러지겠는가? (57연)

독재와 억압의 "타격"으로 "덕 있는 자들"이 피 흘릴 때 여행자가 떠돌이 여인에게 제공하는 것과 같은 "다정한 생각"에서 나온 "위안"은 단지 미력한 것일 뿐이다. 화자는 전쟁을 일으키는 통치자들의 실정을 비판하면서 "현자의 노동"을 통해 "어둠의 인간들"을 교육하여 갱생시킬 수 있다는 고드윈의 가르침에 다시 기대어 보기도 한다. 그러나 교육을 통한 인간 갱생에의 기대는 화자의 의식 속에서 다만 미약한 것일 뿐이다.

58연에서 화자는 "망명", "공포", "구속", "무력"이 "지혜"를 대신하며, "인간의 피"로 "진리"를 구현하고, "피 묻은 손"으로 독재의 힘을 빌어 "정의"를 이루며, "철의 응징"으로 죄를 다스려 "법"을 실현하는 왜곡된 현실을 개탄한다. 이 같은 일을 자행하는 "이성 없는 자들"의 뒤틀린 생각을 "현자의 노동"으로 바로잡을 수 있을 지에 대해 뚜렷한 신념을 시인은 가지고 있지 못한 것 같다. "현자의 노동"으로 다스리기에는 압제자들의 왜곡된 의식이 화자가 보기에 너무 뿌리깊은 것일 지도 모른다. 화자는 마지막 연에서 "진리의 영웅들"을 내세워 좀더 격렬한 표현을 사용하여 인간 해방을 소망해본다.

진리의 영웅들이여 행진을 계속하여
압제자의 토굴 감옥을 가장 깊숙한 밑바닥부터 쳐부수시오.
거침없이 온 힘으로 꺾이지 말고
이성의 초인적 철퇴를 교만의 탑들 위로
들어 올리시오 불결한 과오의 괴물 종족을
굴에서 끌어내어 빛을 보고 고통으로 놀라
죽게 하시오 당신의 노역을 계속하시오.
소름 평원을 찌푸리며 보는 그 영원한 더미를 제외하고는
미신의 지배가 지상에 흔적도 남지 않을 때까지. (61연)

　　앞에서 우리는 시인이 고드윈적 이성의 힘이나 현자의 노동을 통한 교육
의 힘에 의한 개혁의 가능성에 대해 믿음을 확고하게 갖고 있지 못함을 살펴
본 바 있다. 시의 결론 부분이면서, 미래의 인간해방에 대한 시인의 전망을
담고 있는 위의 시구에서 시인은 다시 한번 고드윈적 진리의 영웅들이나 이
성의 힘에 의지해 보려고 한다. 그러나 시인은 이와 더불어 고드윈적 점진적
개혁의 수동성을 넘어서 있는, 보다 힘찬 혁신적 움직임을 강렬하게 소망하
고 있다. "쳐부수시오," "꺾이지 말고," "거침없이," "초인적인 철퇴," "고통
으로 죽게 하시오" 등의 강력한 개혁의 행동을 요구하는 표현을 통해 우리는
시인이 비록 프랑스 혁명에의 믿음을 많은 부분 잃어 버렸으나, 아직도 혁명
적이고 집단적인 개혁의 움직임이 일어나야 한다고 생각하고 있음을 알 수
있다. 위의 시구는 프랑스 혁명에도 고드윈적 개혁에도 의존할 수 없으며,
독자적인 정치이론도 없이 인간해방에의 열망을 저버릴 수도 없어서 내적
분열을 경험하는 시인의 절망적인 목소리를 담고 있다고 볼 수 있다. 진리의
영웅들이 현실적 존재가 아니라 다분히 이상적이고 추상적인 존재이듯이, 이
들의 노동을 통한 인간해방도 추상적 차원의 절규이거나 시인의 개인적인
소망의 강한 토로에 그칠 뿐이다[19].

이처럼 시인은 개인적 차원에서나 사회 정치적 차원에서나 자신이 머물 '집'을 마련하지 못하고 있다. 솔즈베리 평원에서의 시인의 고통스런 정신적 여정은 인간 전체의 해방이나 시인 자신의 개인적 해방에 대한 분명한 비전을 갖지 못하고 절망을 강하게 토로하는 것으로 끝나고 말았다. 그러나 우리는 『솔즈베리 평원』을 지나면서 시인이 당대의 사회 정치적 모순에 대한 고통스런 인식을 하고 나름의 해결책을 찾으려고 진지하게 노력했음을 알 수 있다. 1790년대 중반의 워즈워스의 '도덕적 위기'는 단순히 '도덕적' 차원의 위기가 아니라, 시인의 사회 정치적 참여에서 온 세계관의 위기임을 알 수 있다. 세계개선이나 인간해방을 위한 분명한 해결 방안을 찾지 못해서 시인은 더욱 심각한 정신적 위기를 겪는 것이다. 이러한 정신적 위기는 『솔즈베리 평원의 모험』에서 좀 더 심화되고 구체화되면서 시인은 나름대로의 해결책을 모색하기 위해 보다 적극적인 탐색을 해나간다.

III. 『솔즈베리 평원의 모험』

1795년 1월 친구 캘버트(Calvert)로부터 유산을 물려받은 워즈워스는 런던 생활을 정리하고 그 해 9월 레이스다운에 정착한다. 레이스다운에서 워즈워스의 첫 시적 작업은 『솔즈베리 평원』을 개작하여 『솔즈베리 평원의 모험』을 쓰는 것이었다. 1795년 11월 20일 랭엄(Frances Wrangham)에게 보내는 서한에서 드러나듯이, 워즈워스는 "형법의 악"에 대한 고발이라는 새로운 사회 비판적 요소를 도입하여 거의 새로운 작품으로 보이도록 『솔즈베리 평원』을 크게 개작했다(*EL 145*). 『솔즈베리 평원의 모험』을 분석해 보면 『솔즈베리 평원』과의 차이가 분명히 드러나며 이는 시인의 '도덕적 위기'가 보다 심화되었음을 알려준다.

시적 성취도의 측면에서 볼 때 이 개작시가 더 나은 시라는 것은 부정하기 힘들며 보다 구체적이고 강도 높은 사회 비판을 담고 있다는 점도 분명하다. 그러나 사회적 불의를 해결해나가는 방안의 모색이라는 측면에서 볼 때, 『솔즈베리 평원의 모험』은 『솔즈베리 평원』보다 훨씬 비관적이며 사회적 문제를 사회적 차원에서 해결하지 못하고 개인적인 문제로 축소시켜 버리려는 시인의 시각의 변화를 읽을 수 있다. 길(Gill)은 『솔즈베리 평원의 모험』에서 워즈워스가 사회적 문제와 개인의 정신적 문제를 통합시킴으로써 개인과 사회에 동시에 중점을 둔 시를 썼다고 하지만("Adventures on *Salisbury Plain* and Wordsworth's Poetry of Social Protest 1795-97" 50), 그 통합이 제대로 이루어졌으며 통합에의 시도가 문제 해결을 위해 다행스러운 작업이었나 하는 점은 다시 생각해 볼 필요가 있다.

로우는 『솔즈베리 평원의 모험』에서 시인이 모순적인 철학들의 불안정하고 피상적인 화해를 성취하고 그 성취 과정에서 『서곡』 제10권에서 회상되는 도덕적 절망으로 이어지는 더 깊은 모순들을 기록한다고 주장한다(134). 시인은 이 시에서 사회적 문제와 개인의 정신적 문제를 어설프게 통합하여 더 큰 정신적 모순에 빠지고 만다고 볼 수 있다. 그러나 그 해결의 단초가 시 속에 전혀 없는 것은 아니다. 구체적인 시 분석을 통해 이를 살펴보도록 하자.

『솔즈베리 평원의 모험』에서는 『솔즈베리 평원』에서 큰 역할을 하는 화자의 존재가 사라지고, 시의 전체적인 분위기를 주도하는 초자연적 요소들, 즉 밤의 악몽이나 스톤헨지에서의 희생제식도 사라진다. 화자가 사라짐으로써 화자가 부여하던 역사적 시각과 우렁찬 사회비판의 목소리도 사라지고 만다. 초자연적 요소들이 사라짐으로써 시가 좀 더 통합적이고 사실적인 느낌을 주지만, 드루이드교도들의 희생제식이 강렬한 이미지를 통해 제공하던 전쟁의 참상에 대한 비판의 강도가 약화되어 버린다. 또한 밤의 악몽들이 제공하던 시인의 어두운 정신적 풍경이 제거되어 시인이 과거 체험에 대해 상당히 객관적인 거리를 두고 시를 썼음을 알 수 있다.

『솔즈베리 평원의 모험』의 가장 큰 변화는 『솔즈베리 평원』에서 공감 어린 청자이며 자연풍경을 도입하는 도구라는 소극적 역할에 그치던 여행자가 선원으로 변신하여 시의 중심인물이 된 점이다. 선원의 구체적 삶을 묘사함으로써 시인은 '형법의 악'을 고발하고 사회적 문제와 개인적 문제를 통합시키려고 한다. 꼬박 2년을 바다에서 노동하고 돌아오던 선원은 강제 징집 당하여 전쟁터로 끌려간다. 그는 여러 해 동안 "죽음의 사자"로서 전쟁의 살육에 가담하다가 마침내 "즐거운 해방"을 맞게 되고, 전쟁터에서 싸운 대가로 얻게 될 부로써 아내의 고통스런 세월을 보상해주리라 기대하지만 빈손으로 내쫓기고 만다. 사랑하는 가족에게 온기와 음식을 가져다주지도 못한다는 절망적인 생각으로 돌아오다가 선원은 집 가까이서 한 여행자를 살해하고 강도질을 한다. 그리고는 "살인자의 운명"을 피하기 위해 도망을 가고 떠돌이 생활을 계속하게 된다.

선원은 원래 선량한 자였지만 거듭되는 사회적 불의가 그를 궁지로 몰고 가 죄를 짓게 하였고 늘 죄의식에 시달리는 고통스런 삶을 살게 하였다. 선원은 죄의식을 일깨워주는 여러 장면들을 만난다. 교수대에 매달린 시체가 태풍에 흔들리는 것을 보고 돌덩이가 등에서 굴러 내리는 환각에 빠져 기절하기도 하고(14연), 떠돌이 여인의 고통스런 이야기로 인해 끔찍한 환각을 느끼기도 한다(45연). 또한 아버지의 폭력으로 피 흘리며 쓰러진 아이를 보고서 선원은 자신의 죄를 상기하기도 한다(73연). 선원은 사회적 불의의 희생자이지만 사회적 모순에 대한 구조적 인식을 갖지 못하고, 자신의 죄를 개인적 차원에서 볼 뿐이기에 다음과 같이 고통을 개인적으로 해결하고자 한다.

"사악한 세상이로다 세상의 법은 가혹하도다.
각자 제 형제의 양털 옷을 벗기려 기웃거리도다.
시간이 자연의 결속을 더 가까이 당기고
모든 불친절이 사라져 아주 소수에게라도
평화가 여전히 있을 필요가 있도다.
그렇지 않으면 그대는 무수한 적과 함께 해가 갈수록
고통이 증대되기를 바랄 수밖에 없으리라." (74연)

위의 시구에 나타나듯이 선원은 "세상이 사악하며 세상의 법이 가혹하다"
는 것을 알지만, 인간이 "제 형제의 양털 옷을 벗기게 만드는" 사회적 불의
에 대한 구조적 인식을 하지 못하여 사회적 모순에 대한 강도 높은 비판을
하지도 못한다. 선원이 주장하는 것은 기껏 "자연의 결속"을 당겨 개인적 불
친절이 사라지고, 가정과 같은 사적 영역에서라도 평화를 유지하는 것뿐이
다. 선원은 자신의 죄로 인해 가정의 평화를 지키지 못했기에 죄의식에 시달
린다. 선원의 죄의식을 강화시켜 마침내 선원으로 하여금 법의 심판대에 자
진 출두하게 만드는 것은 아내의 출현이다. 선원의 아내는 선원이 지은 죄로
인해 자신의 집에서 살지도 못하고 고통의 세월을 보냈다. 아내의 죽음을 지
켜본 선원은 양심의 가책을 견디지 못하고 법의 심판대로 가는 것이다.

선원은 죽음을 각오하고 기꺼이 법의 심판대로 가서 한시라도 빨리 자신
의 고통을 끝내 주기를 청원하며, 법은 선원이 모독한 '정의'의 이름으로 가
차없이 선원을 심판하고 만다. 선원의 처벌을 묘사하는 91연은 선원의 죄의
근본 원인인 사회악에 대한 언급을 전혀 하지 않으며, 오히려 선원의 죄를
이처럼 처벌하는 것이 당연하다는 느낌을 준다. 이 시가 "형법의 악"을 드러
내기 위해 썼다고 시인은 말하지만, 형법에 대한 언급은 불가해하며 선원의
마음이 선한 것으로 보이지만 그의 처벌이 잘못된 것이라는 느낌을 나타내

주지 못한다는 조나단 워즈워스(Jonathan Wordsworth)의 비판은 이러한 점에서 적절하다(57). 이 시에서 시인은 반복되는 에피소드들을 통해 "형법의 악"보다는 선원의 죄의식을 더 강조하여 애초의 의도와는 달리 선원의 죄를 사회적 차원에서 다루지 않고 개인의 도덕적 양심의 문제로 축소시키고 만다. 그리하여 사회악의 치유는 가능성이 희박한 것으로 보이며 사회개선에 대한 시인의 전망도 『솔즈베리 평원』보다 더 비관적으로 되고 만다.

> 그들은 높이 쇠창살에 그를 매달아 두었다
> 생각 없고 못 배운 방탕한 자들은
> 그의 얼굴 아래 축제의 가건물을 설치했다
> 또한 무수한 할 일 없는 자들이 찾아드는 그곳으로
> 아비들은 아내와 자식들을 데리고 왔다
> 그리고 아마도 언젠가 선원과 유사한 고통을 겪는 자가
> 하늘에 폭풍이 몰아칠 때 그곳으로 이끌려오면
> 그의 눈은 선원의 흔들리는 시신를 보고
> 한 때 선원이 그랬듯이 비참한 환각에 빠지리라. (92연)

"생각 없고 못 배운 방탕한 자들"은 사회적 불의에도 개인의 도덕적 고뇌에도 무관심한 세상사람들을 말하며, 이들은 선원의 시신 아래서 무심히 주연을 벌인다. 이러한 자들로 이루어진 사회는 개선의 여지가 없어 보인다. 아내와 자식들을 동반한 아버지들의 등장은 선원이 가정을 파괴한 죄를 지었음을 분명히 드러내기 위해서이다. 개인적 가정적 차원에서 선원의 유죄는 뚜렷한 것임이 드러난다. 또한 선원의 시신은 같은 죄를 지은 자들에게 그들의 종국적인 운명, 즉 법의 심판을 상기시켜 주는 역할을 한다. 한때 선원이 그랬듯이 이들도 선원의 시신을 보고 무서운 환각에 빠진다는 것은 사회적 악이든 개인적 악이든 인간 사회의 악은 끝없는 순환 속에 있다는 것을 이야

기한다.

이처럼 마지막 연에서 형법의 악에 대한 구조적 비판이 차단되고 선원의 죄는 개인적 차원에서 단죄된다. 그리하여 죄와 처벌의 끝없는 순환이 암시됨으로써 악의 제거에 대한 시인의 탐색은 무척 비관적으로 끝나고 만다. 더구나 바람에 흔들리는 선원의 시신은 무섭고 암울한 느낌을 전해 주어 이 무렵 시인의 정신적 어둠을 읽게 해 준다. 시인은 이제 『솔즈베리 평원』에서와 같이 추상적 차원에서라도 "진리의 영웅들"에 기대지 않는다. 사회개선을 위해 시인이 기댈 수 있는 '언덕'은 전혀 보이지 않는다. 이 무렵 시인이 겪는 '도덕적 위기'는 사회악에 대한 분명한 인식을 하고 있지만 그 해결에 대한 전망이 차단되어, 사회적 죄와 개인적 죄를 적절하게 통합시켜 그 해결책을 제시하지 못한 시인의 정신적 위기라고 볼 수 있다. 이러한 점에서 볼 때 이 시가 자신감이 있는 시이며 『묘사적 소묘』에서 시작된 정의의 탐색이 이 시에서 처음으로 낙담과 절망에 빠지지 않는다는 터너의 해석은 너무 안이한 해석으로 여겨진다(58).

이 시에서 시인이 인간 고통의 해결책으로 유일하게 제시하는 것은 개인적인 따뜻한 위로나 공감을 통해 상처를 심리적 차원에서 치유하는 것이다. 인간 고통의 심리적 치유와 그 효과는 선원과 떠돌이 여인의 상호 교류를 통해 드러난다. 떠돌이 여인의 이야기는 전체적으로 『솔즈베리 평원』의 경우와 유사하나 좀 더 확대되고 구체화되어 있어 떠돌이 여인을 통한 사회비판의 강도는 더 높아졌다고 볼 수 있다. 우선 여인은 아버지의 가산 몰락의 원인에 대해 좀 더 구체적인 인식을 한다. 34-35연에 잘 드러나듯이, 『솔즈베리 평원』에서 간단히 한두 마디로 처리되던 이웃 부자의 횡포가 이 시에서는 좀 더 자세하게 묘사된다. 시골 빈민들이 자연과 더불어 조화롭게 살아가는 마을에 부유층의 저택이 들어서서 빈민들의 보금자리인 오두막을 하나하나

삼켜 버린다. 시골사람들은 자신들의 소유가 아닌 풀밭도 마음대로 돌아다닐
수가 없게 된다. 여인의 아버지는 자신의 오랜 일터를 사랑하기에 이웃 부자
의 탐욕스런 욕망에 저항하여 그의 제의를 받아들이지 않는다. 그래서 그는
오히려 "잔인한 위해"의 "먹이"가 되어 부의 횡포로 인해 가산을 탕진하고
살던 집에서 내쫓기고 만다. 이처럼 여인은 부유층의 탐욕스런 소유욕에 대
한 비판적 인식을 분명히 하고 있다.

여인은 과거의 고통을 '이야기함'으로써 거기에서 벗어나려고 노력한다.
47연에서 여인은 환각에서 깨어난 선원에게 이야기를 하는 행위가 자신의
마음의 짐을 가볍게 할 것이라고 말한다. 여인의 이야기에서 전쟁터의 공포
나 군대의 불친절한 대우 등이 강화되어 있고, 전쟁 후 영국으로 돌아온 뒤
의 여인의 삶이 『솔즈베리 평원』에서는 한 연으로 가볍게 처리되었으나 개
작시에서는 10개의 연으로 확장된다. 영국으로 돌아온 후 여인은 헛간에서
잠을 자고 굶주림으로 병에 걸려 구민병원으로 실려 가지만 회복되자 다시
거리로 내쫓긴다. 여인은 집시 무리에게서 정신적 물질적 위안을 얻고 그들
의 평등한 공동체적 삶과 인간미에 이끌리기도 하지만, 그들의 여유로운 낮
의 삶이 한밤의 절도로 인한 것임을 알고 그들을 떠난다. 그 후 떠돌이 생활
을 계속하면서 여인은 자신의 가장 큰 고통이 바로 인간적 존엄성이 손상된
점이라고 생각한다(61연). 계속되는 삶의 고통으로 인해 여인은 "맑고 열린
영혼", 즉 정신적 건강을 잃고 만 것이다.

고통스런 과거로 인한 마음의 짐을 '말하기 행위'를 통해 경감시킨 후 마
음껏 눈물을 흘림으로써(63연) 카타르시스가 된 듯, 여인의 정신적 상처는 상
당 부분 치유된 것으로 보인다. 64연에서 여인은 선원에게 거친 폭풍우의 밤
이 끝나고 밝아오는 새벽을 보러 오라고 권한다. 이때 여인과 선원의 심리
상태는 대조를 이룬다.

그의 시든 뺨은 잿빛으로 물들었다.
그는 나아가며 슬픔과 공포로 전율했지만
그녀는 새로운 기쁨 새로운 위안을 느꼈다.
혹은 종달새가 가까이 지저귈 때 열리는 동녘으로부터
그녀의 지친 생각에로 명상적인 활기가 다가왔다. (64연)

여인의 고통스런 이야기를 듣고 죄의식과 고통으로 창백하게 전율하는 선원과는 달리 여인은 "새로운 기쁨 새로운 위안"을 느끼면서 활기를 되찾는다. 두 사람이 외로운 오두막을 찾아 길을 떠날 때도 여인은 "가볍고 유쾌한 발걸음"으로 길을 걸으면서 애정 어린 말로 선원의 마음의 평화를 회복시키려고 애쓴다(66연). 75연에서 펼쳐지는 밝고 유쾌한 목가적 풍경은 바로 이처럼 밝아진 여인의 심리상태를 반영하는 것이다. 여인은 정신적 건강을 회복하여 자연과 일시적인 화해를 하는 것이다. 시골 여관에서 음식과 휴식을 취한 여인은 이제 선원을 두고 혼자 떠날 수 있는 용기를 갖게 된다. 여인은 죽어 가는 선원의 아내를 동정할 수 있는 힘을 지니며 씩씩한 목소리로 다른 사람들에게 도움을 청하기도 한다. 자신의 고통의 무게마저 견디지 못해 한숨과 신음 속에 잠들었던 여인은 선원과의 공감 어린 인간적 교류를 통해 자신을 지탱할 수 있는 정신적 힘을 얻게 된다. 이제 시인은 안심 놓고 여인을 시의 밖으로 떠나보낸다[20].

이처럼 시가 진행될수록 여인의 정신은 밝고 가벼워져 점점 더 큰 고통에 시달리는 선원과 대조를 이룬다. 선원은 소수의 개인들 사이의 따뜻한 인간적 애정으로 고통을 이겨낼 것을 설교하지만, 정작 자신은 죄의식에 짓눌려 고통을 이겨내지 못하고 고통에서 벗어나기 위해 법의 심판대에 의존한다. 그러나 여인은 선원이나 여관 주인 부부와의 따뜻한 인간적 교류로 인해 고통을 이겨내고 보다 건강한 삶을 위해 씩씩한 발걸음을 옮긴다. 시인이 이후의 시들에서 추구하게 되는 '인간 정신의 힘'은 이 시에서는 상당 부분 여인에 의해 구현된다. 시인이 추구하는 정신적 강인함의 단초를 여인은 보여 준다[21].

선원과 여인이 대조를 이루게 되는 원인을 우리는 물론 선원이 저지른 죄에서 찾을 수 있다. 둘 다 사회적 불의의 희생자라는 점은 마찬가지이지만, 여인은 그 불의가 낳은 악의 순환구조에 가담하지 않았고, 선원은 자신이 저지른 죄를 통해 악의 순환구조에 적극 가담한 셈이 되고 말았다. 선원이 처벌을 받는 것은 일면 당연하다. 그러나 그 처벌의 사회적 의미가 언급되지 않은 채, 그것이 '법'이라는 왜곡된 사회적 정의에 의해 이루어지기에 이 시의 결론 부분은 비극적이고 절망적이 되고 만다. 이러한 사회적 절망 속에서 떠돌이 여인이 회복하게 된 개인의 정신적 건강도 언제든 다시 잃을 가능성을 안고 있다.

고통을 이겨내는 강인한 정신의 힘을 워즈워스는 인간 고통에 대한 나름의 해결책으로 제시하고 있지만 이는 진정한 해결책이 되기 힘들다. 개인적 차원에서 고통을 이기고 승화시키는 여인의 이야기와, 사회적 불의의 큰 틀을 체념으로 받아들이면서 '순교자'인양 지상적 삶을 포기하고 바람에 흔들리는 끔찍한 시신으로 남아 후세의 사람들에게 왜곡된 교훈을 주는 선원의 이야기는 시 속에서 통합되지 못한 채 인간사회의 엄연한 모순적 현실로 남아 있다. 사회적 문제를 사회적 차원과 개인적 차원에서 동시에 다루고자 했지만, 이 두 차원의 이야기는 시 속에서 통합되지 못한다. "형법의 악"이나 "전쟁의 참화"라는 사회적 문제를 제대로 다루기 위해서는 선원의 '죄의식'이 시의 중심 주제가 되어서는 안 될 것이다.

시인의 '도덕적 위기'는 사회적 문제를 사회적 차원에서 해결할 전망을 갖지 못하고 개인의 정신적 문제로 보려 했기에 『솔즈베리 평원』에서보다 『솔즈베리 평원의 모험』에서 더 깊어진다고 볼 수 있다. 떠돌이 여인이 시의 후반부에서 보여주는 정신의 힘도 교수대에 매달려 흔들리는 선원의 시신이 있는 한, 인간 고통에 대한 해결책으로서는 미력한 것에 지나지 않는다. 그러나 이러한 모순으로 인한 '도덕적 위기'를 극복하고 시인은 '자연시인,' '인간정신의 시인'으로 다시 태어난다. 시인은 어떠한 방식으로 이 위기를 극복한 것일까?

IV. 맺는 글

『솔즈베리 평원』과 『솔즈베리 평원의 모험』을 비교 분석해 본 결과 우리는 1790년대 전반기의 시인의 '도덕적 위기'가 단순한 도덕적 차원의 위기가 아니라 시인의 사회 정치적 참여의식에서 촉발된 세계관의 위기임을 알 수 있었다. 이 정신적 위기는 『솔즈베리 평원』에서 『솔즈베리 평원의 모험』으로 갈수록 더 심화되었다. 『솔즈베리 평원』에서 시인은 비록 사회 개혁에 대한 확고한 믿음을 갖고 있지 못하지만, 사회적 문제를 사회적 차원에서 해결해야 한다는 정치적 태도를 견지하고 있었으며 우렁찬 목소리로 개혁에의 열망을 토로해 보기도 한다.

『솔즈베리 평원의 모험』은 사회비판 시로서는 『솔즈베리 평원』에 못지않으며 비판의 강도는 더 높아졌다고 볼 수 있다. 그런데 이 개작시에서 시인은 사회적 문제를 개인적 차원에서 해결하려는 태도를 지닌다. 사회개혁에 대한 전망이나 믿음은 거의 사라지고 사회적 불의로 인한 개인의 고통을 정신적으로 승화시킴으로써 해결하려는 쪽으로 방향을 선회하게 된다. 사회악의 개선이라는 면에서 시인은 절망하며, 사회적 문제를 사회적 차원에서 해결할 수 있는 길이 차단되어 시인의 정신적 위기는 한층 깊어진다고 볼 수 있다.

1796년 10월에서 이듬해 봄까지 『변방의 사람들』을 씀으로써 시인은 이 정신적 위기를 벗어난다. 그 이후의 시편들을 보면 시인은 『솔즈베리 평원의 모험』에서 사회 정치적 문제라는 하나의 시적 주제를 종결짓고, 그 이후 계속해서 몰두하게 되는 새로운 시적 주제에 대한 탐색을 시작했음을 알 수 있다. 이 새로운 탐색은 『변방의 사람들』에서 시작된다. 1년 사이에 어떻게 이러한 타결이 일어나고 시인의 정신적 변모가 무엇을 통해서인가는 분명하지 않지만, 『변방의 사람들』이나 그 이후의 시편과 『솔즈베리 평원의 모험』을 비교해 보면 시인은 사회적 문제를 포기하고 개인적인 인간 고통의 문제에 천착함으로써 '도덕적 위기'에서 벗어난 것 같다.

『변방의 사람들』에서 시인은 고드윈적 분석적 이성주의를 버리고 선과 악이라는 개인의 도덕적 양심의 문제에 천착함으로써 자신의 독자적인 사상을 보다 자신 있게 펼쳐 보인다. 그 이후 「폐허가 된 농가」나 「틴턴사원」, 「결의와 독립」에서 알 수 있듯이, 시인은 자연이 인간에게 제공하는 정신적 위안을 상상적으로 수용함으로써 인간 고통을 승화시켜 나가는 새로운 길을 모색한다. 솔즈베리 시편에 나오는 선원이나 떠돌이 여인 등 사회적 불의의 희생자들은 이후의 시편에서는 고통을 이겨냄으로써 참 지혜를 획득하는 정신적 훈계자로 승화된다. 이들을 승화시키는 과정에서 시인의 심미적 상상력도 깊어지며 위대한 '자연시인'으로 시인은 스스로를 새롭게 탄생시킨다.

시인이 1790년대 중반 이후 이른바 '자연시인'으로 새롭게 태어난다고 해서 "솔즈베리 시편"들이 보여 주는 정치의식이 이후의 자연시들과 무관한 것은 결코 아니다. 『서정 민요집』(*Lyrical Ballads*) 이후 시인이 끊임없이 그리고 있는 가난하고 힘없는 시골 하층민들의 개인적 고통의 이야기는 바로 그 뿌리가 시인이 젊은 시절 지녔던 사회 정치적 참여의식에 있다. "1793년 이후의 시인의 정신적 발전을 돌이켜 보면, 그의 상상적 시의 가장 큰 특징적인 인식과 전략들은 사회 정치적 저항에서 발전되어 나온 것이며, 그 과정에서 정치적 명제는 시인의 글쓰기의 지배적인 양식으로 상상적으로 수용된다"라는 로우의 말(142)은 이러한 맥락에서 볼 때 워즈워스의 자연시의 의미를 제대로 읽기 위한 단초를 제공한다. "솔즈베리 시편"이 보여 주는 시인의 정신적 위기의 성격을 바로 알 때 우리는 「틴턴 사원」이나 「결의와 독립」, 『서곡』 등에 함축되어 있는 시인의 정신적 갈등의 실체를 비로소 바로 이해할 수 있는 것이다.

3. 자연에 바치는 사랑시: 루시 시편

I. 서론

1798년 9월 워즈워스는 누이동생 도로시와 절친한 문학동료 코울리지 (Coleridge)와 함께 독일로 간다. 독일어를 배운다는 뚜렷한 목적이 있었던 코울리지는 독일에 도착하자 모든 것에 매료되며 당시 학문의 중심지였던 괴팅겐(Gottinggen)에서 독일 학문을 배우며 적극적이고 열정적인 생활을 한다. 그러나 워즈워스는 여행의 뚜렷한 목적이 없었으며[22], 독일어 공부에 대한 욕구도 미온적인 것이었고 독일에 도착하자마자 경제적 어려움으로 인해 초조한 생활을 한다. 독일에 도착한지 얼마 안 되어 워즈워스와 도로시는 코울리지와 헤어져 고슬라(Goslar)로 간다. 워즈워스가 보기에 고슬라는 생활비가 싸다는 것 외에는 아무런 매력이 없는 곳이었다. 고슬라에서 그들은 독일 사람들과 교류가 거의 없는 고립된 생활을 하게 된다.

그들은 사람들을 맞이할 수 없었고 초대받아 나가지도 않았는데, 코울리지가 추측하기로 그것은 도로시가 워즈워스의 정부로 여겨졌기 때문이었다. 문학적 이득과 관련하여 독일어를 배우려는 모든 희망은 내던져졌고, 특히나 추운 겨울의 시작은 그들을 집안에 가두었으며, 그들은 봄의 해방을 열망했다. (Gill 158)

코울리지의 추측이 맞다면 고슬라에서의 워즈워스의 격리된 생활은 부분적으로 도로시의 탓이기도 했다. 그것은 당시 독일에서는 결혼했거나 결혼하기로 되어 있는 여성만이 정식으로 소개될 수 있었으며 '누이'라는 말은 '정부'(mistress)라는 말로 받아들여졌기 때문이다(Gill 159). 따라서 언어 장벽뿐만 아니라 도로시로 인하여 워즈워스는 더욱 독일 사람들과 교류하기 힘들었던 것으로 보인다. 더구나 날씨가 너무 춥고 눈이 많이 와서 그들은 돈이 안 드는 산책도 제대로 할 수 없었다. 그들은 그야말로 타국에서 꼼짝없이 갇힌 셈이 되었다[23]. 그러나 이런 역경은 워즈워스에겐 시적 기회를 제공했다.

코울리지의 부재, 작은 독일 도시에서의 일상생활의 고립, 자신의 어린 시절과의 연결고리인 도로시의 존재, 책이나 외적 흥미의 결여, 이 모든 것이 똑같이 결합되어 그의 정신이 자신의 체험들을 보통 이상으로 맑게 비추는 거울이 되게 했다. (Moorman 421-22)

무어먼(Moorman)의 말처럼 외부세계로부터 고립된 고슬라 체류는 워즈워스로 하여금 자신의 내면세계를 깊이 들여다보고 거기서 시적 창조력의 원천을 찾게 하는 드문 계기를 제공했다고 볼 수 있다. 이러한 상황에서 도로시는 워즈워스를 인간사회와 연결시켜주는 유일한 존재이며, 더구나 자신의 어린 시절의 소중한 자연 체험을 되살려주는 매개적 존재라고 볼 수 있다.

육체적인 고통과 불편에 다소 시달리기도 했지만 워즈워스는 창작열로 스스로를 불태우면서 고슬라의 역경을 헤쳐나갔다. 워즈워스는 고슬라에서의 시 창작이 자기방어적인 글쓰기였다고 코울리지에게 말한다(Gill 159). 고슬라에서의 고립과 소외의 삶에서 워즈워스가 시인으로서 자신의 존엄성을 지켜나가기 위한 유일한 길은 자신의 내면세계 깊은 곳에서 시적 창조력을 찾는 것이었으며, 따라서 어린 시절 강렬했던 영국의 자연 체험이 그의 주된 시적 제재가 된 것은 자연스런 일로 생각할 수 있다.

고슬라에서 워즈워스는 아름다운 서정시들을 여러 편 쓴다. 4편의 "루시 시편"(Lucy poems), 「루시 그레이」("Lucy Gray"), 루스(Ruth) 이야기, "마슈즈 시편"(Mathews poems), 「시인의 묘비명」("A Poet's Epitaph"), 「덴마크 소년」("The Danish Boy"), 「나무열매 줍기」("Nutting"), 1798-1799년의 『2부 서곡』(Two-Part Prelude)의 바탕이 되는 어린 시절의 여러 아름다운 시편들 (스케이트 타기, 보트 훔치기, 도요새 덫 씌우기, 위낸더 소년 등의 에피소드들), 『서곡』제12권의 유명한 두 개의 "시간의 점들"(spots of time) 등 워즈워스의 아름답고 유명한 시편들이 모두 고슬라에서 집필된 것은 특이한 일로서 워즈워스 학자들의 주목을 받을 만하다.

고슬라에서의 워즈워스의 시 창작의 정확한 시간적 순서에 대한 분명한 기록은 없지만 스텔지그(Stelzig)의 주장대로 고슬라 시편들의 대부분은 "상실과 회복"의 주제를 반복해서 다루고 있다(90). 비단 "루시 시편"뿐만 아니라 대부분의 고슬라 시편들에는 모든 등장인물들이 이미 죽은 자들이라는 점도 특이한 일이다. 이러한 면에서 볼 때 대부분의 고슬라 시편들을 우리는 일종의 '묘비명'으로 읽을 수 있다. 그러면 왜 워즈워스는 고슬라에서 하필 일련의 묘비명들을 쓰게 되었는가? 워즈워스의 시적 삶 전체에서 고슬라의 삶을 두고 볼 때 우리는 고슬라 시편들의 성격을 비교적 분명히 읽을 수가 있을 것이다.

1798년 7월 「틴턴 사원」의 집필과 『서정 민요집』의 출판 확정 후 (이 책은 애초의 계획보다 많이 늦어져 1798년 10월 4일 출판된다), 1798년 9월 16일 워즈워스 일행은 영국을 떠나 독일로 갔으며 이듬해 5월 1일 영국으로 돌아온다. 영국으로 돌아온 후 워즈워스는 1799년 11월 도로시와 함께 그라스미어(Grasmere) 지방에 정착하게 되고 그곳에서 일생의 대작인 『서곡』을 거의 전 생애에 걸쳐 개정을 거듭하면서 집필해나간다. 워즈워스는 「틴턴 사원」에서 자연시인으로 새로 태어나겠다는 의지를 밝힌 후, 『서곡』 집필을 통해 자연을 예찬하는 시인으로서 자신의 시적 자아를 일관되게 공고히 구축해나간다. 따라서 고슬라에서의 시적 삶은 「틴턴 사원」의 시적 선언을 실천하는 그라스미어 정착으로 이어지기 직전의 과도기적 단계에 위치한 것이라 볼 수 있을 것이다.

프랑스 혁명을 직접 목격하고, 혁명의 대의에 공감하고, 억압과 착취와 폭정으로부터 인간 해방을 열망하고, 사회적 불의로 인한 인간 고통을 통렬하게 노래하고, 그 해결책을 모색하던 참여시인 워즈워스는 1793년 이후 '도덕적 위기'를 겪으면서 서서히 사라져 간다. 1795년 경 '도덕적 위기'에서 서서히 회복되기 시작한 워즈워스는 고통스런 역사현실에서 떠나 자연의 아름다움과 인간에 대한 자연의 사랑을 예찬하고, 자연과 조화롭게 살아가는 인간 정신의 기쁨을 노래하는 새로운 시적 자아를 공고히 구축하기 위한 힘겨운 노력을 계속해나간다. 이러한 새로운 시적 자아를 구축하기 위해서 워즈워스는 혁명 체험의 정신적 산물들을 제거하고, 혁명 체험 이전 어린 시절의 소중한 자연 체험의 기억들을 되살릴 필요가 있었다. 고슬라 시편들의 '비가'적 성격과 '상실과 회복'의 주제는 바로 당시의 워즈워스가 새로운 시적 자아를 구축하기 위해서 무엇을 버리고 무엇을 취하려 했나를 비교적 분명히 알려준다고도 볼 수 있다.

워즈워스에게 손상되지 않은 자연애는 그의 정신을 분열시키는 혁명 체험 이전 그가 어린 시절 경험했던 자연애이며 워즈워스는 바로 그 자연애를 회복하고자 했다. 고슬라에서 쓴 400여행에 이르는 어린 시절에 대한 무운시들은 이러한 노력의 증거라고 볼 수 있다. 혁명 체험을 통해 자연의 사랑을 배반한 경험이 있는 그는 역으로 자연이 자기를 버린 적이 있다고 느끼며, 이를 극복하고 자연애를 회복하기 위해 끈질기게 어린 시절의 자연 체험에 매달린다.

"루시 시편" 역시 이러한 시적 노력과 『은둔자』(The Recluse)와 『서곡』의 시인으로 태어나기 위한 시적 구도의 일부로서 읽을 수 있다. 다시 말해 역사 현실이나 인간사회로부터 돌아서서 자연으로 회귀하는 행위의 또 다른 기록으로서 "루시 시편"을 읽을 수 있다는 것이다. "루시 시편"의 죽음이나 상실이 이러한 맥락에서 읽힐 때 우리는 워즈워스의 전체적인 시적 삶과 이 시편의 참된 관계에 눈뜰 수 있을 것이다. 이러한 참조틀 속에서 "루시 시편"을 읽을 때 우리는 기본적으로 "루시 시편"이 워즈워스가 인간에 대한 사랑을 죽이고 자연에 대한 사랑으로 귀의하는 이야기로 읽을 수 있을 것이다. 다시 말해 "루시 시편"은 워즈워스가 줄기차게 써 나가는 '자연에 바치는 사랑시'의 시작인 셈이다.

II. 루시의 정체성

"루시 시편"에 대한 대부분의 비평은 루시의 정체성에 대한 논의에서 출발한다. 물론 루시의 정체성을 밝혀내는 것이 시 이해에 필수적인 것은 아니지만, 시 해석의 방향을 결정하기 위해서는 이러한 논의에서 출발할 필요가 있다. 워즈워스 비평가들이 실존인물로서 거론하는 루시의 후보는 대체로 다음과 같다.

1. 시인이 어린 시절 사랑을 약속했던 미지의 소녀이다.
2. 시인의 아내가 된 메리 허친슨(Mary Hutchinson)이다.
3. 시인이 어린 시절 사랑했으리라 추측되는 1796년 죽은 메리의 동생 마거릿 허친슨이다.
4. 시인이 한때 열렬히 사랑했던 프랑스 여인 아네뜨 발롱(Annette Vallon)이다.
5. 시인이 어린 시절 정말 사랑했을 수도 있는 이스웨이트(Esthwaite) 지역의 어느 메리이다.
6. 시인의 누이인 도로시이다.

이처럼 루시의 후보로 등장하는 인물은 여러 명이지만, 루시가 실존인물에서 나왔다면 가장 가능성이 많은 인물은 시인의 누이인 도로시이다[24]. 물론 루시가 도로시라고 확정할 수는 없다[25]. 그러나 도로시가 시 속에서 루시라고 불리는 분명한 시적 자료는 워즈워스가 1802년 쓴 「모든 사랑스런 것들 사이에 내 사랑이 있었네」("Among All Lovely Things My Love Had Been")라는 시이다. 1795년 아마도 레이스다운에서 일어났던 일로서 시인과 도로시가 함께 개똥벌레 유충의 아름다움에 찬탄했던 경험에 바탕을 둔 이 시에서 시인은 도로시를 "나의 루시"라고 분명히 부르고 있다(PW 486). 이 시의 전체적인 분위기나 이미지, 그리고 시적인 정황은 루시 시편 중 하나인 「기이한 슬픔의 격정을 나는 알았네」("Strange Fits of Passion Have I Known")를 강하게 연상시킨다. 비록 집필 시점은 뒤바뀌었지만 「모든 사랑스런 것들 사이에 내 사랑이 있었네」는 「기이한 슬픔의 격정을 나는 알았네」의 루시가 살아 있을 때의 이야기인 듯한 인상을 강하게 준다[26]. 물론 한두 편의 시적 자료를 가지고 루시의 정체성을 확정할 수는 없는 일이다. 그러나 일생에 걸쳐 시인의 삶의 동반자였으며, 「틴턴 사원」에서 시인이 밝힌 바처럼 어린 시절 시인의 자연 체험의 공유자였고, 유난히 감수성이 예민하여 시인의 시적 삶에 적지 않은 영향을 끼쳤을 것으로 생각되는 도로시가 루시일 가능성이 가장 많은 것으로 여러 비평가들이 추측하는 것은 자연스런 일인 것 같다.

루시가 도로시라고 가장 강력하게 주장하는 비평가는 베이트슨인데 그의 주장은 "루시 시편" 독자에게 매우 흥미로운 참조항이 된다. 베이트슨은 루시를 도로시라고 볼 경우 루시의 설명되지 않는 때이른 죽음과 이 사랑시들의 기묘한 성적 사랑의 배제[27]라는 두 가지 문제점이 생긴다고 보고 이를 다음과 같이 설명한다.

> 도로시와의 위험한 관계가 그녀를 상징적으로 죽임으로써 이제 잠재의식
> 적으로 해결되었다는 것이 적어도 가능한 일이다. 그토록 소중하게 사랑
> 받았던 루시는 이제 죽었다. 죄의식의 가능성은 죄의 대상을 제거함으로
> 써 잠재의식적으로는 피하게 되었다. 루시의 성적 묘사의 결여도 도로시
> 와 동일시가 일단 이루어지면 역시 이해할 수 있게 된다. 정서적 친밀성이
> 잠재의식적으로라도 육체적 토대를 지녀서는 안 된다. (153)

누이에 대한 이성애가 주는 죄의식에서 벗어나기 위해서 일종의 심리적 억압기제로서 워즈워스는 시 속에서 루시를 죽게 했으며, 연인에 대한 성적인 욕망이 표현되지 않은 것은 그것이 넘어서는 안 될 선이기 때문이라는 식의 위의 설명은 루시 시편의 독자에게 무척 흥미로운 설명이며 일리가 없지도 않다[28]. 그러나 댄비(Danby)는 루시 시편이 도로시에 대한 '근친상간적 욕

망'의 심리적 억압에서 나온 것이 아니라고 하면서 그 예로서 「인적 없는 길에 그녀는 살았네」("She Dwelt Among the Untrodden Ways")를 든다. 댄비가 보기에 이 시의 2연에 나타난 건강한 정서는 억압적 심리상태와는 거리가 멀다는 것이다(83). 그밖에도 많은 비평가들이 루시가 실존 인물이라면 도로시일 가능성이 많긴 하지만 도로시와 루시를 동일시하는 것에 대해서는 반대한다. 그것은 구체적인 증거가 없을 뿐 아니라 시의 의미를 축소시키기 때문인 것 같다.

사실 루시의 정체성을 밝히는 것이 시의 이해를 위해 반드시 필요한 것은 아니다. 우리는 루시를 워즈워스가 만든 시적 인물로 읽으면 되는 것이며, 그럴 경우 시의 의미는 더 확대된다. 하트만(Hartman)이나 스텔지그, 머리(Murray), 듀런트(Durrant), 노이즈(Noyes) 등 대부분의 비평가들은 루시를 워즈워스 자신이 만들어낸, 시인 자신의 내면에 있는 그 무엇을 투사시키는 허구적인 시적 인물로 보는데, 이것이 시를 이해하는 더 안전한 길이기도 하다. 예컨대 하트만은 루시를 인간적 존재로 보지 않고 "장소의 정령", 더 나아가 "모든 영국적인 장소들의 수호정령"으로 본다(*The Unremarkable Wordsworth* 43). 이와는 달리 듀런트는 정체성이 분명하지는 않지만 루시가 분명 인간의 정체성을 지니고 있다고 본다. 그렇지 않을 경우, 시 속에 나오는 인간적 삶과 자연 배경 사이의 대조가 무시되며 이는 시의 의미를 빈곤화시킨다고 본다(138). 루시를 한 인간 이상의 존재로 보는 노이즈의 설명도 기본적으로는 시인의 인간에 대한 사랑과 자연에 대한 사랑을 분리시키지 않는 것 같다(73).

지금까지 우리는 루시의 정체성에 관한 논의들을 살펴보았다. 비록 우리가 루시의 정체성을 확정지을 수는 없다 하더라도 이러한 논의들은 각기 하나의 열린 가능성으로서 시 이해에 도움을 주리라 생각된다. 특히 도로시의 관련성은 시의 부분 부분을 이해하는 데 유익한 시사점을 제공해 준다. 우리가 루시를 어느 구체적인 실존 인물로 밝히지 못한다 하더라도 우리는 적어도 루시를 인간적 존재로 읽을 필요가 있다. 하트만이나 노이즈처럼 루시를 인간의 범주에서 벗어난 존재로 확대시키는 것은 어떤 면에서는 시의 의미를 넓혀주는 것 같지만, "루시 시편" 속에 분명히 내재해 있는 자연과 인간 사이의 갈등과 긴장을 무화시켜버림으로써 시의 핵심적 의미를 갉아먹는 데 기여할 수도 있기 때문이다.

이 책에서는 루시가 워즈워스 내부의 인간에 대한 일반적 사랑이나, 좀 더 좁게는 그러한 인간애의 가장 강렬한 표출인 이성애의 대상이 되는 인물에 대한 상징으로 등장한다고 본다. 그라스미어에서 자연시인으로서 시적 자아를 공고히 구축하기 위해서 워즈워스는 루시라는 인물로 상징되는 인간애를 시 속에서 반복적으로 죽이는 연습을 함으로써, 그 사랑의 대상을 자연의 품으로 보내어버림으로써, 영원히 인간을 품어주는 자연의 사랑을 스스로에게 확실시하고자 했다는 것이 이 책의 주장이다. 그러나 워즈워스의 시적 삶에서 우리가 읽을 수 있는 이러한 논리는 물론 시의 면밀한 분석을 통해 시 자체의 내적 논리의 지지를 받아야 할 것이다.

III. 자연에 바치는 사랑시

"루시 시편"이란 보통 워즈워스가 고슬라에서 쓴 4편의 시, 즉 「기이한 슬픔의 격정을 나는 알았네」, 「인적 없는 길에 그녀는 살았네」, 「삼 년을 그녀는 자랐네」("Three Years She Grew"), 「선잠이 내 정신을 봉했네」("A Slumber Did My Spirit Seal")와 1801년 영국에서 쓴[29] 「모르는 사람들 사이를 나는 떠다녔네」("I Travelled among Unknown Men") 등 5편의 시를 말한다[30]. 워즈워스는 이 다섯 편의 시를 크게 두 범주로 나누어 「기이한 슬픔의 격정을 나는 알았네」와 「인적 없는 길에 그녀는 살았네」, 그리고 「모르는 사람들 사이를 나는 떠다녔네」는 "애정에 기초한 시편"에 속하게 하고 「삼 년을 그녀는 자랐네」와 「선잠이 내 정신을 봉했네」는 "상상력의 시편들"에 속하게 한다.

이러한 분류에 따라 시인은 1815년 이후 「선잠이 내 정신을 봉했네」를 루시 시편 중 마지막 시편으로 자리매김한다(Ferguson 177). 시인의 이러한 분류는 많은 비평가들에 의해 존중되며 듀런트는 전기적이고 심리적인 추측에 의해 이끌리기보다는 시인이 만든 시의 배열에 따라서 시를 읽는 것이 더 낫다고 하기도 한다(136). 퍼거슨(Ferguson)도 시편들 사이의 연속성의 성격과 한계는 워즈워스의 마지막 배열을 따를 때 가장 분명히 드러날 수 있다고 한다(177). 그러나 시인 자신의 배열이 절대적인 기준이 될 필요는 없으며, 나름의 시 읽기를 위해서 독자가 반드시 따라야 할 필요도 없다. 이 책에서는 나름의 이해에 바탕을 두고 원래 시 창작의 시간적 순서에 따라 「모르는 사람들 사이를 나는 떠돌았네」를 마지막 시로, 「선잠이 내 정신을 봉했네」를 네 번째 시로 읽고자 한다.

루시 시편은 모두 사랑과 죽음에 대한 시이다. 따라서 이 시들은 '사랑시'인 동시에 '묘비명'이며, 이 둘을 연결시켜서 말하자면 '사랑의 묘비명'들인 셈이다. 시인은 자기 내부에 살고 있는 연인을 시 창작 과정을 통해 죽게 하고 그 죽음을 자연에 대한 사랑으로 승화시켜 확고한 자연애의 시인으로 다시 태어나기 위한 준비를 하는 것이다. 연인의 죽음에 대한 시를 한 편만 쓰지 않고 다섯 편이나 반복적으로 써야 했던 것은 시인의 이러한 정신적 노력의 힘겨움을 반영하는 것이기도 하다.

루시 시편은 발라드나 로맨스의 형식을 취하고 있다[31]. 로맨스 속의 탐색 기사처럼 루시 시편의 화자는 이미 죽은, 그러나 마음속에 아직도 살아 있는 연인을 찾아 내면적 여행의 길을 떠난다. 화자는 루시를 시 속에서 다시 죽게 하여 자연의 일부로 태어나게 함으로써 그녀가 살고 있는 자연에 대한 사랑에 귀의하는 식의 시적 탐색 여행을 떠나는 것이다. 이러한 면에서 볼 때 이 다섯 편의 시들은 상호보완적이며, 루시의 죽음을 추적하고 극복해나가는 과정이라는 측면에서 창작 순서에 따라 시를 읽을 경우 연작시의 주제가 점점 발전적으로 전개됨을 알 수 있다.

「기이한 슬픔의 격정을 나는 알았네」에서 화자(혹은 시인)는 마치 로맨스의 탐색 기사처럼 말을 타고 어두운 밤길을 통해 연인의 집으로 향한다[32]. 화자가 이 이야기를 들려줄 무렵 루시는 이미 죽고 난 뒤이지만 루시가 죽기 이전의 상태에서 이야기를 시작함으로써 화자는 루시의 죽음에 대한 최초의 인식에 이르는 과정을 마치 현재의 이야기인 것처럼 생생하게 그려 보인다. 화자는 처음부터 자신이 루시의 죽음에 대한 이야기를 하리라는 것을 시사한다.

> 기이한 슬픔의 격정을 나는 알았네
> 하여 감히 말하려 하네
> 그러나 단지 연인의 귀에만
> 한때 내게 일어났던 일을. (1-4)

위의 시구에서 "기이한," "슬픔의 격정," "감히," "단지 연인의 귀에만" 등의 표현은 화자의 마음이 연인의 죽음에 대한 과거의 인식의 충격에서 아직 벗어나지 못하고 있음을 보여준다. 루시는 이미 과거에 죽었고, 그 죽음에 대해 화자가 이야기를 들려주는 이유는 아직도 시인의 가슴 속에 살아 있는 루시에 대한 기억을 시 속에서 승화시키기 위해서이다. 다시 말해 화자(시인)는 자신의 정신적 성장을 위한 일종의 "통과제의"(rites de passage) (Hartman, *Wordsworth Poetry 1787-1814*, 157)로서 루시 시편을 쓰고 있는 것이다. "have known"의 현재완료 시제는 시인의 격한 슬픔의 여전한 현재성을 강하게 시사해준다.

이 시에는 말의 움직임과 달의 움직임이라는 두 개의 동작이 병치되어 나온다. 말의 움직임은 루시를 향한 화자의 움직임이다. 넓은 풀밭과 "내게 그토록 소중한 길," 과수원 구역, 그리고 언덕을 지나 멈추지 않고 부지런히 발굽을 들어 올리는 말의 움직임 등은 루시에게 빨리 가고 싶은 화자의 다급한 마음을 담고 있다. 화자는 가면서 마치 최면에 빠진 사람처럼 감미로운 꿈을 꾸면서 내내 달을 응시한다. 달은 마치 화자가 인간의 한계를 넘도록 화자에게 최면을 거는 듯하다. 달을 응시하는 넋 잃은 화자의 마음은 루시에 대한 꿈같은 사랑을 반영한다. 이 시에서 달은 루시와 연결된다[33]. 루시의 오두막으로 서서히 내려오는 듯한 달은 어느 시점에서 루시의 오두막 지붕 뒤로 갑자기 뚝 떨어져버린다. 시인을 달콤한 꿈속으로 인도하던 달이 갑자기 떨어져버리자 시인은 자신의 '빛'인 루시의 죽음을 예감하고 강한 두려움을 느낀다.

> 어떤 분별없고 변덕스런 생각이 미끄러져 들어오겠는가
> 연인의 머리 속으로!
> "오 어쩌나!" 나는 혼자 외쳤네
> "루시가 만일 죽는다면!" (25-28)

연인을 만나러 길을 떠난 화자는 연인의 죽음을 충격적으로 예감한다. 이 체험의 현재성을 강조하는 듯 위의 시구는 과거 시제로 되지 않고 이야기하는 현재적 시점을 담고 있다. 시인은 이러한 죽음의 인식이 비단 과거의 일일뿐만 아니라 이야기를 들려주는 현재적 시점에서 일어나고 있는 화자의 정신적 체험임을 분명히 한다. "분별없고 변덕스런 생각"이라든지, "오 어쩌

나!" "만일 루시가 죽는다면!" 등의 표현은 루시의 죽음에 대한 화자의 인식의 현재성을 강조한다. 위에서 화자는 아직도 연인의 죽음에 대해 분명한 거리감을 갖지 못하고 강한 슬픔을 느낀다. 이는 시의 초고에 있었던 아래 시구에서 더욱 분명히 드러난다.

　　나는 그녀에게 이 이야기를 했네. 그녀의 밝은 웃음이
　　내 귀속에 울리고 있네
　　하여 내가 그 밤을 생각할 때
　　내 눈은 눈물로 흐려진다네.

　루시의 웃음이 생생히 귓가에 들릴 만큼 시인은 아직도 루시를 마음에서 떠나보내지 못하고 있다. 그녀에 대한 생각에 눈물 흘리며, 격한 슬픔에 젖어 있는 시인은 첫 번째 '통과제의'의 마지막 단계에 이르러서도 루시의 죽음에 대해 심리적 거리를 갖지 못하고 있다. 그러나 다음 시인 「인적 없는 길에 그녀는 살았네」에서 시인은 루시의 죽음에 대해 조금 더 거리를 갖게 된다.

　앞의 시에서는 루시에 대한 묘사가 "유월의 장미처럼 신선한"이라는 단 하나의 행에 그치고 시의 대부분이 루시에 대한 화자 자신의 사랑 이야기로 이루어졌지만, 「인적 없는 길에 그녀는 살았네」에서는 루시에 대한 묘사가 비교적 많이 나온다. 그러나 이 묘사는 루시를 살아 있는 인물로 구체적이고 적극적으로 묘사하지는 않는 것 같다. 퍼거슨은 화자가 사랑의 대상을 묘사하려고 애쓰나 그 사랑은 '없음'(absence)으로만 이루어져 있을 뿐이기에 시가 난해하다고 말한다(184). '없음'으로밖에 존재하지 않는 연인에 대한 묘사를 화자는 다음과 같이 시작한다.

인적 없는 길에 그녀는 살았네
　다브강이 샘솟는 곳 가까이에
칭찬하는 이 아무도 없고
　사랑하는 이 거의 없는 처녀였다네. (1-4)

위의 시구에서 여러 번 반복되는 '없음'의 표현들("untrodden, none, few")은
우리가 루시를 살아 있는 구체적인 인물로 느끼지 못하게 하며, '없는' 루시
에 대한 화자의 안타까운 마음을 더불어 읽게 한다. 그녀는 살아 있을 때도
인간세상으로부터 떨어져 인간적인 교류를 거의 나누지 못한 채 자연 속에
서 홀로 살았다. 그런데 "인적 없는 길"은 사실 길이 아니다. 길이란 사람들
이 밟고 다녀서 만들어지기 때문이기에 "인적 없는 길"이란 표현은 모순어
법적인 표현이라 할 수 있다. 이처럼 루시는 인간이면서도 인간으로서 살기
보다는 자연 속에서 살았기에 인간세상의 관점에서 보면 모순을 담고 있다
(이는 인간사회를 떠나 자연으로 돌아가는 워즈워스의 삶에서도 읽을 수 있
는 모순이기도 하다). 2연에서 루시는 좀 더 구체적으로 묘사된다.

눈에서 반쯤 가려진
　이끼 낀 돌 옆의 한 송이 제비꽃!
별처럼 아름답구나 단 하나가
　하늘에서 빛나고 있을 때. (5-8)

위의 시구에 나오는 "제비꽃"과 "별"은 영시에서 가장 유명한 비유적 표
현의 하나로서, 루시의 본질을 묘사하는 압축적이고 핵심적인 표현이다. "제
비꽃"은 그냥 피어 있는 것이 아니라 "이끼 낀 돌"에 반쯤 가리어져 사람의
시선을 피하는 듯하다. 그러나 이것은 단지 시선을 피하고자 하는 루시의 소

극성을 표현하는 것이 아니라 어떠한 접촉도 위협할 수 없는 루시의 때 묻지 않은 순결과 본질을 표현하기도 한다(Danby 84). 소박한 아름다움을 지니고 다소곳이 피어 있는 제비꽃은 루시를 자연의 일부로 보게 한다. 그러나 루시는 이러한 소박한 아름다움으로만 묘사되지는 않는다. 루시는 하늘에 홀로 빛나는 단 하나의 별처럼 인간의 시야를 지배하는 찬란한 빛을 내는 존재이기도 하다. 이 별빛은 인간이 도전할 수 없는 고요함, 독특한 아름다움, 그리고 자기 충족성을 지니고 있다(Danby 84).

그러나 제비꽃과 별 사이의 거리는 굉장히 멀게 느껴진다. 이 두 이미지는 어떻게 보면 대립적인 것으로도 느껴진다. 그러나 세상 사람들에게는 소박한 제비꽃에 불과한 루시가 연인인 화자에게는 유일한 별과 같은 존재라고 생각한다면 이 대립적 성격은 이해될 것이다[34]. 그러나 이 두 이미지 사이의 거리는 여전히 남아 있다. 이와 관련하여 이 두 이미지들을 하나의 이미지로 연결시키는 베이트슨의 아래와 같은 설명은 유익한 참조항을 제공한다.

> 독자는 제비꽃을 내려다보고 별을 올려다보는 것으로 시작하는데, 그 과정에서 그 두 병렬적 이미지는 하나의 단일한 풍경, 아마도 제비꽃과 이끼 낀 돌을 구별하기가 특히 어려운 황혼의 풍경을 형성한다. 두 이미지의 혼합은 나아가 상징적인 결과를 지닌다. 어떤 의미에서, 그것이 단지 피상적인 것일지라도, 제비꽃은 루시를 상징하고 별도 그렇다. 그리하여 이제 그 두 이미지가 이 엄청난 새로운 이미지의 맨 극단을 형성하여 루시는 어쩔 수 없이 그 두 이미지 사이의 간격 전체를 차지하게 된다. 루시는 저녁 풍경 전체이다. (33)

시를 읽으면서 땅 위의 제비꽃과 하늘 위의 별을 그려볼 때 그 둘 사이의 공간이 독자의 의식 속에서 하나의 풍경으로 연결되고 루시는 그 풍경 전체를 메우는 거대한 이미지로 확대된다는 흥미로운 해석이다. 루시를 통해 땅과 하늘은 연결되며, 루시는 우주 공간 전체에 걸쳐 스며있는 거대한 우주적 존재로 실존하게 되는 것이다. 아이러니하게도 루시는 이러한 확장된 공간적 이미지를 통해 더욱 자연스럽게 '죽음'의 존재로 그려진다.

> 아무도 모르게 그녀는 살았으며 아무도 알 수 없었네
> 루시가 언제 있기를 그만 두었는지.
> 그러나 그녀는 무덤 속에 있네 그리고 아,
> 나에게 그 차이란! (9-12)

위의 시구에서 시인은 루시가 죽은 사실을 비교적 담담하게 말한다. 아무도 모르게 살았기에 그녀가 언제 죽었는지 아는 사람이 없는 것은 당연하다. 시인은 '죽음'이라는 분명한 표현을 사용하지 않고 "있기를 그만두었다"는 부드러운 표현을 사용한다. 「기이한 슬픔의 격정을 나는 알았네」에서의 격한 슬픔이나 죽음에 대한 강한 거부감은 표현되지 않는다. 그러나 루시의 죽음에서 화자가 느끼는 커다란 공허감과 적막감은 엄청나다. 그녀가 무덤 속에 있기에 화자에게 그녀의 죽음이 안겨다 주는 "차이"란 너무나 큰 것이어서 화자는 말을 잇지 못한다. 이 "차이"라는 말은 "온 세상이 바뀌었다," "그녀 혹은 화자의 존재 자체가 온통 달라졌다"라는 의미가 담긴 '커다란' 말이다. 루시가 죽음으로써 화자의 현실인식은 크게 달라졌으며, 자연 속에서 살다가 자연으로 돌아갔다는 식으로 자위하면서 루시의 죽음을 시인이 쉽게 극복할 수 있었던 것은 결코 아니다. 루시의 죽음으로 인한 가슴 속의 공백을 시인은 어떻게 메울 것인가. 이러한 공백 메우기 작업을 시인은 자연과 루시의 관계를 보다 면밀히 관찰함으로써 시작한다. 다음 시에서 이러한 과정을 살펴보자.

「삼 년을 그녀는 자랐네」에서 시인은 루시의 죽음을 자연과의 관계 속에서 다시 정의하면서 루시의 죽음에 대한 '묘비명'을 '자연에 바치는 사랑시'로 바꾸어 놓는 준비를 서서히 해나간다. 이 시의 총 42행 중 35행은 자연이 또 다른 화자의 역할을 하는데, 자연의 목소리를 직접 사용함으로써 화자는 루시의 아름다운 성장이 자연의 직접적인 양육행위의 결과임을 분명히 한다. 자연의 대표적 생명력인 "태양과 소나기"를 맞으며 루시가 자라나 세 살이 되었을 때 자연은 가장 사랑스러운 꽃인 루시를 키워서 언젠가 자신의 신부로 맞이하겠다고 선언한다. 이때 자연은 자애로운 어머니가 아니라 플라토닉한 남성으로 등장한다(Ferguson 189). 자연은 그러한 계획에 맞추어 자신의 모든 힘을 동원하여 루시를 양육한다.

> 나 자신이 내 사랑에게
> 법과 충동이 될 거야 또한 나와 함께
> 그 소녀는 바위와 평원에서
> 땅과 하늘에서 숲과 정자에서
> 불붙이고 억제하는
> 내려다보는 힘을 느낄 거야. (7-12)

"법과 충동," "바위와 평원," "하늘과 땅," "숲과 정자," "불붙이고 억제하는" 등의 표현에 나타난 바와 같은 자연의 대립적 요소들은 역동적인 상호작용을 통해 복잡한 과정을 거쳐 루시의 성숙이라는 변증법적 합에 이르게 된다. 듀런트에 의하면 이 대립적 요소들의 상호작용은 루시의 교육과정에서 자연의 일부인 루시의 상상력이 자연에 대해 능동적으로 반응하고 있음을 보여준다고 한다(158). 이러한 대립적 요소들은 루시의 성장에 대한 뒤따르는 연들에서도 반복된다. "새끼 사슴"의 활동성과 무생물의 "침묵과 고요"(17), "떠도는 구름"(19)과 "폭풍의 움직임"(22), "한밤의 별들"(25)과 제멋대로 춤추는 "작은 개울들"(28) 등과 같은 대립적 요소들은 루시의 성장이 복합적이고 역동적인 신비스런 창조의 과정임을 드러내 보인다. 이러한 과정을 거쳐 루시는 성숙에 이를 것이다.

> "그리하여 기쁨의 생생한 느낌이
> 그녀의 형상을 당당한 높이로 들어올릴 거야
> 그녀의 처녀 가슴은 부풀어 오를 거야
> 그러한 생각을 나는 루시에게 줄 거야
> 여기 이 행복한 작은 골짜기에서
> 그녀와 내가 함께 살 동안." (31-36)

이처럼 루시는 자연의 생명력이 부여하는 살아 있는 "기쁨"의 힘에 의해 풍요로운 처녀로 성장한다. 자연과 루시는 마치 신혼부부인양 지낸다. 위의 시구에서 루시는 다른 시와는 달리 살아 있는 구체적인 한 여성으로 육감적으로 묘사된다. 그런데 루시가 완벽한 성숙에 이르렀을 때 자연은 루시를 신부로 맞이한다. 즉 루시는 죽어서 자연과 일체가 되는 것이다. 이는 자연의 관점에서 볼 때는 별 차이가 없다. 작은 골짜기에서 자연과 더불어 행복하게 살았던 루시는 자연의 품속으로 완전히 흡수되어 역시 행복한 삶을 살게 될 것이다(물론 이것은 루시 자신의 생각이 아니라 자연의 생각이긴 하지만). 그러나 루시의 죽음에 대한 화자의 인간적인 관점은 이와는 다르다.

> 이처럼 자연은 말했네 일이 끝났다고
> 얼마나 빨리 나의 루시의 운행은 끝났는가!
> 그녀는 죽어서 내게 남겼네
> 이 히이스 이 고요 그리고 조용한 풍경을

있어 왔지만 결코 더 이상
있지 않을 것에 대한 추억을. (37-42)

　자연의 계획이 실현되어 루시가 자연으로 돌아갔을 때, 복잡하고 오랜 과
정처럼 보였던 루시의 성장과정은 자연의 시간 속에서는 한 순간에 불과한
것이었다. 그토록 빨리 루시의 "운행"은 끝났던 것이다. "얼마나 빨리 나의
루시의 운행은 끝났던가!"라는 표현 속에는 루시의 죽음에 대한 화자의 안타
까움이 잘 드러나 있다. 자연이 기쁨으로 루시를 길러준 데 대해 화자가 지
금껏 느꼈던 기쁨은 어이없이 부서져 버렸다. 지금껏 화자는 자연이 루시를
영원히 자기 곁에 머물게 하리라는 환상을 가졌지만, 이제 환상은 부서지고
화자는 죽음이라는 자연의 섭리에 눈뜨게 된 것이다.

　연적으로서 자연에 대해 화자는 약간의 원망을 느끼는 것 같지만, 루시의
성장과정을 지켜보면서 자연의 깊은 사랑을 관찰한 화자로서는 자연이 루시
를 데려간 행위가 일정 부분 정당한 것임을 인정하지 않을 수 없다. 적어도
루시는 "이 히이스 이 고요 그리고 조용한 풍경"을 화자에게 사랑의 유산으
로 남겨 주었다. 자연은 루시의 죽음 이후에도 화자를 저버리지 않았던 것이
다. 루시의 죽음 이후 화자에게 남겨진 "고요한 풍경" 속에서 화자는 인간에
대한 자연의 변함 없는 사랑이라는 긍정적인 가치를 이끌어내려고 노력한다.
그러나 그럼에도 불구하고 루시에 대한 "추억"은 지금 루시와 함께 사랑을
나눌 수 없다는 깊은 인간적인 상실감을 느끼게 한다. 시인은 자연에 대한
사랑과 인간에 대한 사랑이라는 모순적인 문제를 사랑하는 루시가 자연으로
돌아갔고 루시의 죽음 이후에도 자연은 자신에게 남아 있다고 생각함으로써
극복하려고 하지만, 아직도 탄탄한 자연애를 확립하지는 못한 것 같다. 이는
루시의 죽음이 남긴 "고요" 속에 강한 비극성이 담겨 있다는 사실을 무시할

수 없기 때문이다(Durrant 165).

일종의 '축혼시'(epithalamium)면서 '비가'이기도 한 「삼 년을 그녀는 자랐네」에서는 앞의 두 시들보다 자연에 대한 시인의 사랑이 좀 더 진전되어 있는 것을 알 수 있다. 시인은 자연이 루시를 양육하는 과정을 자세하게 묘사함으로써 인간에 대한 자연의 사랑을 보여주며, 루시의 죽음을 자연의 관점에서 보고 극복하려는 자세를 보여준다. 그러나 마지막 연에서 드러나는 바와 같이 아직도 시인의 내면에서 자연의 사랑과 인간의 사랑은 서로 충돌하고 있으며, 시인은 사랑하는 루시를 기꺼운 마음으로 자연으로 돌려보내지 못하고 있다. 즉, 시인은 아직도 인간적인 사랑을 완전히 떨쳐버리지 못하고 있다. 그러나 이 시에서는 연인의 죽음에 대한 시인의 슬픔과 안타까움이 앞의 두 시들에서보다 훨씬 더 절제되어 나온다. 적어도 시인의 마음속에서 자연 사랑과 인간 사랑의 균형이 이루어지려는 것이다. 루시를 보다 기꺼운 마음으로 자연 속으로 보내게 될 때 시인의 자연 사랑은 보다 탄탄하게 되며 자연시인으로서의 시적 자아도 보다 공고해질 것이다. 다음 시에서 시인의 또 다른 시적 탐색을 살펴보자.

1798년 12월 「선잠이 내 정신을 봉했네」를 워즈워스가 코울리지에게 보냈을 때 코울리지는 이 시를 "가장 숭엄한 묘비명"이라고 말하면서 도로시가 죽을지도 모르는 순간을 상상하면서 워즈워스가 이 시를 쓴 것이라고 생각한다(Gill 159). 이 시는 "루시 시편" 중 가장 묘비명다운 시이며, 가장 압축적인 시로서 「삼년을 그녀는 자랐네」의 주제를 요약적으로 표현한다. 이 시의 표면적인 단순성은 난해성의 원인이 되기도 한다. 시의 전문을 읽고 이야기해 보자.

선잠이 내 정신을 봉했네
　　나는 인간의 두려움이 없었네
그녀는 지상적인 세월의 손길을
　　느낄 수 없는 사물로 보였네.

그녀는 이제 움직임도 힘도 없네
　　듣지도 보지도 않네
지구의 자전 속에서 굴렀네
　　바위와 돌과 나무와 더불어.

　1연에서 시인은 루시가 너무나 사랑스러워서 혹은 자연이 부여한 무한한 생명력으로 가득 차 있기에, 인간의 한계를 벗어나 있는 존재로 루시를 이상화한다. 여기서 "선잠"은 루시에 대한 시인의 사랑의 황홀경인 동시에 그 사랑으로 인해 시인이 갖게 된 일시적인 미몽의 상태를 말한다. "선잠"에 빠진 시인은 변화와 죽음이라는 인간의 한계에 대한 "두려움"을 갖지 못한다. 시인은 루시를 "지상적인 세월의 손길을 느낄 수 없는 사물"로 여긴다. 즉 시인은 루시를 영원한 생명을 지닌 자연세계 속의 사물로, 인간의 유한한 삶을 살지 않는 존재로 보는 것이다. 시인은 루시에 대한 사랑에 눈멀어 루시의 인간적 한계에 눈뜨지 못하는 것이다.

　그러나 2연에서 루시의 죽음으로 인해 이러한 "선잠"에서 벗어났을 때 시인은 비로소 루시가 유한한 인간적 존재였음을 깨닫게 된다. 죽어서 루시는 1연에서 시인이 꿈꾸던 "사물"의 상태로 환원된 것이다. 루시는 비로소 자연세계와 일체가 되어 "지구의 자전"과 더불어 끝없이 회전하는 영원한 생명력을 부여받은 고귀한 존재가 되었다고 시인은 상상한다. 그래서 시인은 루시의 죽음을 오히려 기뻐하는 것일까?

비평가들은 끊임없이 이 서정시 속의 시인의 태도에 대해 논의해 왔다. 바위와 돌과 나무와 더불어 루시가 구르는 것이 즐거운 일일까 아니면 우울한 일일까? 분명 모든 부정어들—"움직임도 없고," "힘도 없고," "듣지도 보지도 않네"—은 다소의 회한을 시사한다. 그러나 자연과의 순환적 조화와 교류는 워즈워스의 시에서는 항상 기쁨이 부여된다. 그 서정시의 공명하는 힘은 아마도 바로 반대감정 병존 자체의 긴장에서 비롯되는 것이다. (Schapiro 110)

샤피로(Shapiro)의 주장처럼 2연에서는 루시의 죽음에 대한 인간적인 회한과 루시에게 영원한 생명력을 부여한 자연에 대한 긍정이 긴장 속에 고요히 병존하고 있다. 루시의 죽음에 대한 시인의 아쉬움은 격한 슬픔이나 커다란 공허감으로 표현되지 않고, 작은 인간 존재를 따뜻이 품어 주는 자연의 거대한 힘에 대한 은근한 예찬으로 승화된다. 여러 편의 루시 시편을 반복적으로 쓰는 시적 탐색과정에서 시인은 인간의 죽음을 슬픔 없이 자연에 대한 사랑으로 바꾸는 '시적 상상력'을 얻게 된 것이다. 보다 견고해진 자연 사랑을 가진 시인은 이제 다음 시에서 자연 사랑을 직접적으로 노래한다.

「모르는 사람들 사이를 나는 떠다녔네」는 루시가 죽은 후 많은 시간이 지난 다음에 집필된 듯한 인상을 준다. 이 시는 실제로 다른 "루시 시편"보다 몇 년 뒤인 1801년에 집필된 시이다. 루시의 죽음에 대해 많은 거리감을 지닌 듯, 시인은 이 시를 루시의 죽음에 대한 '묘비명'이 아니라 자연에 대한 '사랑시'로 시작한다. '영국'을 청자로 하는 이 시는 영국의 자연에 바치는 사랑시로 시작된다.

모르는 사람들 사이를 나는 떠다녔네
　　바다 너머 대륙에서

영국이여! 나는 그때까지 몰랐노라
　　내 그대에게 어떠한 사랑을 품었는지를. (1-4)

위의 시구에 나타나듯이 화자는 영국으로 돌아온 후 영국을 떠나 대륙을 떠다녔던 과거의 여행을 회상하면서 영국에 대한 사랑을 노래하고 있다. 화자는 그 사랑을 영국을 떠나 "모르는 사람들 사이"에 있었을 때 가장 강하게 느꼈음을 고백한다. 2연이 보여주듯이 영국의 자연을 떠난 과거의 삶은 "그 우울한 꿈"과 같은 것으로서 시인에겐 자신이 몸담아야 할 현실이 아니었던 듯하다. 이제 시인은 다시는 영국을 떠나지 않으리라 다짐한다[35]. 시인은 영국에 대한 자신의 사랑이 여전히 자라나고 있다고 고백한다. 이러한 사랑은 추상적인 차원에 머문 것이 아니라 마치 인간에 대한 사랑인양 구체화되어 있다. 왜냐하면 영국은 "나의 욕망의 기쁨"인 루시가 살았던 곳이기 때문이다. 사랑하는 루시가 "물레"를 돌리던 곳도 영국의 "난로가"였던 것이다. 여기서 시인의 모국에 대한 사랑은 연인에 대한 사랑과 불가분 결합된 것임이 드러난다.

그대의 아침은 보여주었고 그대의 밤은 감추었네
　　루시가 놀았던 정자를
또한 루시의 눈이 바라보았던
마지막 푸른 들판도 그대의 것이라네. (13-16)

위의 시구에 드러나듯이 이 시에는 연인의 죽음에 대한 직접적인 언급이 없다. 루시는 살아 움직이는 모습으로(비록 과거시제이긴 하지만) 구체적으로 묘사된다. 물레를 돌리고, 정자에서 뛰어 놀고, 푸른 들판을 바라보는 루시는 아직도 영국의 자연 속에 살아 있는 존재이며 아직도 시인의 "욕망의 기쁨"인 것이다. 시인은 루시의 죽음에 대한 인간적인 슬픔을 극복하고, '시적 상상력'의 힘으로 자연 속에서 루시의 영원한 생명력을 느낄 수 있게 된 것이다. 이러한 상상력으로 인해 시인은 보다 확고한 자연 사랑을 이루게 된 것이다. 이제 루시의 죽음에 대한 '묘비명'은 '자연에 바치는 사랑시'로 비로소 전환되고, 시인의 인간 사랑은 자연 사랑으로 탈바꿈하게 된 것이다.

IV. 맺는 글

"루시 시편"은 큰 감동을 주는 동시에 묘한 흥미를 느끼게도 하는 시편이다. 포우(E. A. Poe)가 말하는 가장 감동적인 예술적 소재인 "때 이른 미인의 죽음"이 바로 이 시편의 주제이다. 그런데 "루시 시편"의 경우 흥미로운 점은 이 시들이 1798년 겨울 고슬라에서 주로 집필되었다는 점과 시 속의 연인인 루시에 딱 맞아떨어지는 인물을 시인의 전기적인 삶에서 찾기 힘들다는 점이다. 이 책에서는 이 두 가지 사실과 '묘비명'인 동시에 '사랑시'이기도 한 독특한 시 형식에 유의하여 워즈워스의 시적인 발전 전체의 틀 속에서 이 시편들을 읽어보았다. 즉, 고슬라에서의 암울한 타향살이를 끝내고 그라스미어의 자연에 정착하여 본격적인 자연시인으로 태어나기 위해 워즈워스가 거쳐야 할 일종의 '통과제의'로서 이 시편들을 읽었다. 탄탄한 자연시인으로 새롭게 태어나기 위해 워즈워스는 루시로 대표되는 유한한 인간 사랑을 항구적인 자연 사랑으로 승화시켜야 했던 것이다. 여러 편의 "루시 시편"을 쓰는 과정에서 시인은 루시의 죽음에 대한 '묘비명'을 자연에 바치는 '사랑시'로 바꾸어 나가는 것이다.

「기이한 슬픔의 격정을 나는 알았네」에서 시인은 루시의 죽음에 대한 격한 슬픔을 아직도 품고 있다. 이 슬픔은 「인적 없는 길에 그녀는 살았네」에서 많이 해소되며 여기서 시인은 루시의 죽음에 대한 격한 감정적인 반응에서 벗어난다. 연인의 죽음을 인정하지만 아직도 시인의 가슴 속에는 연인의 죽음으로 인한 커다란 공백이 자리한다. 「삼 년을 그녀는 자랐네」를 쓰면서 시인은 자연과의 관계 속에서 좀 더 구체적으로 연인의 죽음을 정의하고, 그 공백을 자연에 대한 사랑으로 메우려는 시적 노력을 시도한다. 루시를 그토록 큰 사랑으로 키워준 자연이 루시를 데려가는 일에 시인은 무작정 항의할 수 없으며, 죽어서도 루시는 아름답고 영원한 생명력을 지닌 자연을 시인에게 남겨주었음을 깨닫게 된다. 그러나 루시에 대한 '추억'은 여전하다. 「선잠이 내 정신을 봉했네」에서 시인은 루시의 존재를 자연의 일상적인 움직임 속에서 생생히 느낄 수 있는 시적 '상상력'을 얻는다. 「모르는 사람들 사이를 나는 떠다녔네」에서 시인은 마침내 '자연에 바치는 사랑시'를 쓴다. 그리고 자연 속에 영구히 살아 있는 루시를 느낌으로써 시인의 인간 사랑과 자연 사랑은 하나의 사랑으로 결합된다. '묘비명'은 새로운 '사랑시'로 승화된 것이다.

이처럼 시인은 유사한 주제의 시를 다섯 편이나 반복해 쓰면서 인간 사랑과 자연 사랑을 결합시키려고 애썼다. 그런데 "루시 시편" 속의 인간 사랑은 이미 죽어 있는 인간에 대한 사랑이라는 점에서 무척 자의적인 사랑일 수 있으며, 진정한 사랑과 거리가 있을 수도 있다. 「삼 년을 그녀는 자랐네」에서 나타난 것처럼 루시가 살아 있을 때 자연과 시인은 루시의 연인으로서 서로 적대적인 관계일 수도 있기 때문이다. 즉 자연의 사랑과 인간의 사랑은 상호 대립적이 될 수도 있는 것이다. 워즈워스가 '도덕적 위기'를 거친 이후 그라스미어의 자연으로 돌아간 것은 인간사회에 대한 관심과 상호작용하는 인간 사랑으로부터 거리를 두고 자연 속에서 보다 자의적이고 자기충족적인 인간 사랑을 하겠다는 시인의 자기중심적인 결단을 반영하는 것으로도 볼 수 있다.

4. 자연으로의 회귀

I. 자연 신화의 구축: 「틴턴 사원」

워즈워스의 시적 삶에서 1798년은 '경이로운 해'라고 할 수 있겠다. 낭만주의 문학의 효시라 할 수 있는 『서정 민요집』의 초판이 나온 것도 이 해이며, 이 시집의 마지막을 장식하는 「틴턴 사원」, 그리고 "시간의 점들"로 일컬어지는 『서곡』의 주요 에피소드들, "루시 시편" 등 많은 아름다운 시편들이 쏟아져 나온 것도 이 해이다. 이러한 시편들은, 노이즈가 적절히 지적하듯, 1798년 워즈워스가 "정치적 기대에 대한 환멸에서 벗어나 희망과 영혼의 평화를 되찾을 수 있는 방법"(93)을 열렬히 추구한 과정의 소산으로 읽을 수 있을 것이다.

그런데 1798년에 집필된 여러 시편들에서 읽을 수 있듯, 도덕적 위기를 거친 후 워즈워스는 "희망과 영혼의 평화"를 위해서 '혁명'을 버리고 '자연'을 시적 정신의 새로운 축으로 선택하였다. 따라서 워즈워스의 경우 자연이라는 소위 '창조적 정신의 원천'은 자연스럽게 주어진 것이라기보다는 시인의 '의지적 선택'이었다고 할 수 있다. 1798년 워즈워스는 '자연 신화'라는 일종의 '시적 허구'를 구축하기 위하여 특별한 노력을 기울이지 않을 수 없었던 것이다. 베이트슨에 의하면 1798년 봄 워즈워스는 외적 사물에 대한 관심에서 떠나 내적 세계를 향해 돌아서서 점점 그 자신 속에 함몰되는데 이러한 새로운 주관성의 현저한 예가 되는 작품이 바로 「틴턴 사원」이라고 한다(140).

'작은 『서곡』'이라 일컬어지는 「틴턴 사원」은 이러한 맥락에서 볼 때 워즈워스의 '자연 신화'의 토대가 구축되는 과정의 이야기로 읽힐 수 있으며, 길이 적절히 지적하듯이 이 작품은 워즈워스의 "모든 작품의 기초가 되는 시적 허구"를 보여주기도 한다(154). 이 시는 워즈워스의 가장 본질적인 면모가 담긴 미래의 시편들을 예시해주며 현재와 미래를 위한 활력을 과거로부터 끌어오려는 결연한 의지를 지닌 정신의 움직임을 보여주기도 한다. 이 시는 기본적으로 시인이 역사현실로부터 자연과 내면세계로 돌아섬을 선언하는 시라고 볼 수 있다.

이 시에는 역사현실에 대한 구체적인 언급이 빠져 있거나 다소 왜곡되어 있다. 틴턴 사원을 처음 방문한 해인 1793년은 시인의 혁명 체험이 가장 강렬하게 남아 있었던 해이며, 이 시를 쓴 날로 되어 있는 7월 13일은 '프랑스 혁명 기념일'(Bastille Day)의 전날이다[36]. 이 날을 워즈워스가 시의 부제에 굳이 밝혀둔 것은 프랑스와 틴턴 사원이 자신의 의식 속에서 연결되어 있기 때문이다(Roe 273). 그런데 이 시의 중요한 배경이 되는 혁명이나 틴턴 사원 자체에 대한 언급이 정작 시 속에는 전혀 나오지 않으며, 1793년의 시인의 정신적 체험이 왜곡되어 나오기도 한다.

워즈워스는 1793년과 1798년 두 차례 와이(Wye)강 유역을 방문하여 이 경험에 토대를 두고 「틴턴 사원」을 집필하였다. 그런데 이 5년 간 워즈워스의 개인적 삶이 크게 달라진 것은 없었다[37]. "기쁨 없는 낮의 많은 형상들," "외로운 방들," "마을과 도시의 소음," "무익하고 초조한 움직임," "세상의 열병," "고단한 시간들," "이 모든 불가해한 세상의 무겁고 진저리나는 무게," "험한 입들, 성급한 판단들," "이기적인 사람들의 냉소" 등 시 전편에 산재해 있는 어구에서 드러나듯, 자연 바깥의 인간사회에서의 시인의 삶은 여전히 고달프고 피곤했다. 이러한 고단한 세상살이의 무게를 시인은 자신이 해결할 수 없는 "신비의 짐"으로 여긴다.

시인은 이 "신비의 짐"을 벗어 던지고 마음의 평화와 위안을 자연에서 구하고자 하며 나아가 시적 창조력의 원천이 자연임을 '의지적'으로 노래하고자 한다. 정신적 상처를 고요히 회복시켜주는 "감미로운 느낌들," 친절과 사랑의 행위들로 이끌어주는 "또한 기억되지 않는 기쁨의 느낌들," 육신을 잠재우고 "살아 있는 영혼"이 되게 하여 "조화의 힘과 환희의 깊은 힘으로 고요해진 눈"으로 "사물의 핵심"을 들여다보게 하는 "축복받은 기분"은 자연이 우리에게 주는 선물이라고 시인은 노래한다. 나아가 시인은 자연 속에서 신적 존재를 느낀다고 노래한다.

> 그리고 나는 느꼈노라
> 고양된 사유의 기쁨으로
> 나를 동요시키는 '있음'을
> 한층 깊이 침투해 있는 무언가에 대한
> 숭엄한 감각을
> 그것의 거처는 지는 해들의 빛이며
> 둥근 대양이며 살아 있는 대기이며
> 푸른 하늘이며 인간의 정신 속인 것을
> 모든 사유하는 것들과

모든 사유의 대상들을 다그치고
모든 것들 속으로 구르는
움직임 그리고 정신을 느꼈노라. (94-102)

해와 대양과 대기 등 우주만물에 침투하여 생기를 부여하는 어떤 초월적
존재의 "있음," 그 "숭엄한 감각"을 느낌으로써 시인은 그 자신 "고양된 사
유의 기쁨"으로 동요된다는 것이다. 이 초월적 존재의 실체가 무엇인가. 그
것이 범신론적 존재인가 기독교의 신인가 하는 점은 크게 중요하지 않다. 중
요한 것은 시인이 자신을 '시인'이게 하는 창조력의 원천을 자연 속에 내재
한 어떤 근원적인 '힘'으로부터 끌어낼 수 있다고 '주장'한다는 점이다.

그리하여 나는 아직도
풀밭과 숲과 하늘의 연인이라네
이 푸른 지구에서 우리가 바라보는 모든 것
눈과 귀의 모든 힘찬 세계의 연인이라네
눈과 귀가 반쯤 창조하고
지각하는 것의 연인이라네
기꺼이 기쁨으로 인지한다네
자연과 감각의 언어 속에서
내 가장 순수한 사유의 닻을
내 가슴의 보모요 안내자요 후원자를
내 모든 도덕적 존재의 정수를. (102-11)

그런데 "그리하여"라는 말에서 느낄 수 있듯이 위의 시구에 나타난 시인
의 주장은 다분히 '선언적'이다. 물론 시인이 자연 속에서 자신의 "가장 순수
한 사유의 닻"이라든지 "가슴의 보모요 안내자요 후원자," "모든 도덕적 존
재의 정수"를 "기쁨으로 인지한다"는 것을 전적으로 부정할 수는 없다. 그러

나 그렇다 하더라도 이른바 자연이 시인에게 베풀어준다고 하는 모든 것은 온전한 현실이기보다는 시인의 희망사항일 가능성이 많다는 것을 무엇보다도 '우울함'과 '슬픔'이라는 시의 지배적인 정서를 통해 짐작할 수 있다. 그리하여 시인이 과거의 자연 체험에 대한 '기억'과 '선언적 언어'의 힘에 의존하여 시 창작과정을 통해 '자연 신화'를 현재적으로 구축하고자 함을 알 수 있는 것이다.

그러나 이러한 현재적 구축 행위는 시인의 의도만큼 성공적이지는 않다. 피리(Pirie)가 지적하듯이 이 시는 전체적으로 볼 때 자기주장에 대한 자신감이 부족한 것이다(269). 이와 관련하여 오너레이토(Onorato)도 이 시에서 시인은 기쁨을 이야기하지만 시는 기쁘지 않은 상태를 담고 있으며, 시 전체를 통해 시인은 자신이 체험하고 있는 깊은 회의를 억압하기 위해 시 속에서 그 회의를 표현하고 담고 해소시키고자 한다고 지적하는데(39-42), 이러한 주장은 시 전편에 깔려 있는 반복적인 회의와 불안의 표현들에 의해 뒷받침된다. "이것이 다만 헛된 믿음이라 할지라도," "나는 감히 그렇게 희망한다," "비록 내가 그 같은 가르침을 받지 않았다 할지라도," "아마도," "어쩌면," "나는 믿고자 한다" 등의 회의와 불안의 표현들이 자연의 힘에 대한 시인의 '선언적 주장들' 사이에 편재하여 시인의 주장을 해체시키는 역작용을 하고 있음을 쉽게 알 수 있다.

이 같은 '자신 없음'의 반복적 표현들은 기본적으로 자연의 힘에 대한 시의 주장이 다분히 '신화'적 성격, 다시 말해 '허구'적 성격을 띠고 있음을 읽게 해준다. 시인은 나아가 '자연 신화'를 구축하기 위하여 시의 첫 부분의 풍경 묘사에서부터 객관적 현실을 주관적으로 변형시키기도 한다. 첫 단락에 그려진 물과 절벽, 숲과 농가의 풍경은 구체성과 특수성이 취약한 보편적 풍경으로 묘사되며, "나는 듣는다," "나는 본다," "나는… …. 바라본다," "나는 본다" 등 반복되는 주관적 감각작용의 표현들은 묘사의 주관성과 상징성을 읽게 한다. 다시 말해 시의 풍경은 객관적 풍경이라기보다는 시인의 마음의 풍경인 것이다.

이 시의 허구적 성격은 부제에 밝힌 집필 날짜의 부정확성에서 시작되는 과거의 삶의 재구축 행위에서도 드러난다. 시인은 현재의 목적에 부합되는 방향으로 1793년의 정신적 체험을 왜곡시켜 그리는 것이다.

<blockquote>
그때 노루처럼
산 위를 뛰어다녔네
깊은 강가에서 고적한 개울가에서
어디든 자연이 이끄는 대로. 사랑하는 것을
찾는 자이기보다는 두려워하는 그 무엇으로부터
달아나는 자처럼. 그때 자연은
… …
내게 모든 것이었기에. 그릴 수 없네
그때의 나를. 소리치는 작은 폭포는
격정처럼 나를 따랐네. 키 큰 바위는
산과 깊고 우울한 숲은
그들의 색채와 형상은 그때 내겐
욕망이었네 감정이며 사랑이었네. (65-70, 75-80)
</blockquote>

위의 시구에서 시인은 1793년의 자연 체험을 마치 소년시절의 체험인양 그리고 있다. "노루처럼" 자연의 일부로서 자연과 일체가 되어 여과 없는 "욕망"과 "감정"과 "사랑"을 느끼면서 즉자적인 행복을 경험하는 것으로 그리고 있는 것이다[38]. 그러나 1793년 23세의 시인은 당시 사회 정치적인 번민과 개인적 고난으로 인해 아무리 자연 속에 있었다 하더라도 그러한 온전한 행복을 느끼기는 힘든 상태였으며, 급진적인 정치관을 지녔던 그 무렵의 시

인에게 자연이 "모든 것"이었다고 보기는 힘들다.

이어서 시인은 1798년 자연 속에서 "고요하고 슬픈 인간애의 음악"(91)을 듣는다고 하지만, 레이스다운 시절과 알폭스덴(Alfoxden) 시절을 보내면서 점점 더 자연의 힘을 예찬하게 된 시인이 인간 해방을 열렬히 희망했던 1793년에 비해 1798년에 인간 고통에 대한 공감적 상상력을 더 많이 갖게 되었다고 보기도 힘들 것이다.

시의 목적에 부합되는 방향으로 경험을 재해석하기 위해 시인이 사용하는 또 하나의 방편이 "환치"(displacement)(McGann 84)의 전략이다. "환치"란 구체적인 사회 상황을 지워버리고 그것을 내면화시켜 주관적으로 만든 다른 상황으로 바꾸어놓는 것을 말한다. 워즈워스는 '환치'를 통해 구체적인 사회 역사적 현실을 지워낸다. 다음 시구는 '환치'의 좋은 예로 종종 지적된다.

>   또한 연기 화환이
> 올라오네 고요히 나무들 사이로!
> 집 없는 숲 속에 유랑의 거주민들이나
> 홀로 불가에 앉아 있는
> 어떤 은자의 동굴이 있음을
> 어렴풋이 알려주듯. (17-22)

폐허가 된 사원은 1790년대엔 보통 거지나 떠돌이, 추방자들이 즐겨 찾는 생존의 거처였다[39]. 그런데 시인은 그들이 자연 속에서 평온하게 살아가고 있는 것으로 묘사하여 그들의 실제적인 고난과 궁핍을 지워버리고 있다. 시인은 그들의 삶을 낭만화 함으로써 1793년이나 98년의 그들의 실제 상태를 그리는 것이 아니라 더 앞선 시대에 있어서 그들이 누렸던 전원적인 생활을 그리고 있다[40]. 구체적 현실이 시적 필요에서 생겨난 정신적 풍경에 의해 '환치'된 것이다.

'환치'를 통해 시인은 강력한 정신세계를 구축하고자 한다. "이 육신의 숨결"이 멎어 "육신이 잠들고 살아있는 영혼이 되어," 감각의 빛을 잠재워 얻어진 내면의 눈으로 시인은 "사물의 핵심"을 들여다보고자 한다(43-49). 이러한 정신적 힘을 자연에서 얻는다고 말하고 싶기에 시인은 '환치'의 전략을 사용한다. 그러나 거듭 말하지만 이러한 시적 공식은 확신보다는 회의 위에 세워진 것이며, 시인은 시를 씀으로써 확신에 이르고자 한다. 시인이 자신의 과거를 의도적으로 변형시키는 것은 현재적 난관을 극복하고 이상적인 미래를 지향하기 위해서이다.

> 현재적 기쁨을 느낄 뿐만 아니라
> 미래의 해들을 위한 활력과 양식이
> 이 순간에 있다는 즐거운 생각을 하며
> 여기 서 있는 동안. (62-65)

현재적 삶을 위한 정신적 자양분을 과거의 자연 체험이 자신에게 공급해주었다고 시인은 말하고 싶은 것이다. 이는 시인에게 미래의 평화를 위한 바탕을 현재적 자연 체험으로부터 끌어낼 수 있다는 확신이 필요하기 때문이다. 그런데 시인의 이 같은 소망의 표현은 달리 말하면 시인이 현재 자연으로부터 충분한 기쁨을 얻지 못하고 있음을 반증한다고도 볼 수 있다.

소년시절과는 달리 자연에서 즉각적이고 열정적인 기쁨을 느끼지 못하며, 따라서 자연과의 온전한 통합을 이루지 못하는 시인은 끝으로 그러한 통합을 이루었던 과거의 자신의 모습을 누이 도로시에게서 찾고자 한다. 자연이 순수한 영혼의 길잡이라고 선언한 뒤 이를 뒷받침하기 위해 시인은 누이 도로시를 부른다. 도로시는 자연과 조화로운 관계에 있었던 과거의 자아를 현재의 자아와 이어주는 매개의 역할을 한다[41]. 그리하여 셋째 단락에서 "숲이 무성한 와이강"을 부를 때처럼 마지막 단락에서 시인은 열렬한 사랑의 어조로 도로시를 부른다.

> 그대 나의 가장 소중한 친구여
> 나의 소중하고 소중한 친구여 그대의 목소리에서
> 나는 나의 이전의 가슴의 언어를 포착하고
> 그대의 격렬한 눈의 세찬 빛 속에서
> 나의 이전의 기쁨을 읽노라. 오! 그러나 잠시라도
> 그대에게서 한때의 나의 모습을 볼 수 있기를
> 나의 소중하고 소중한 누이여!
> 또한 나는 이같이 기도하노라
> 자연은 자신을 사랑했던 가슴을
> 결코 배반하지 않았음을 알기에. (116-24)

도로시에 대한 일종의 '사랑시'로도 읽힐 수 있는 위의 시구에서 시인은 도로시의 음성과 눈빛에서 과거의 자신을 보면서, "자연은 자신을 사랑했던 가슴을 결코 배반하지 않았다"고 강력하게 말한다. 그러나 시 전편을 관류하는 자연의 사랑에 대한 회의와 불안은 오히려 이 구절 속에서 한때 자연으로부터 버림받았던 경험을 지닌 시인의 쓰라린 마음을 읽게 해 준다. 시인은 아직 자연의 사랑을 온전히 획득하지 못하여 이러한 선언적 언어의 힘을 통해 자연 사랑을 회복하고자 하는 것이다.

이는 자연의 사랑이 도로시의 미래의 삶에 커다란 정신적 부로 작용하기를 바라는 시인의 간절한 소망이 "어쩌면 그때 그대는 잊지 않으리라"라는 말을 반복함으로써 다소 힘없게 표현되는 원인이 되기 한다. 그리하여 피리

가 적절히 지적하듯이,

> 이토록 시험적으로 동요하는 시는 가장 확실하지 못한 결론을 제시할 수
> 있을 뿐이며, 궁극적으로는 실망스럽게도 투명하지 못한 채 남는 미래를
> 향한 몸짓을 보여준다. 시의 마지막 단락은 도로시의 '미래의 해들'에 대
> 한 애매모호한 '기도'이다. (275)

그리하여 시의 마지막 부분에서 틴턴 사원에서의 도로시의 현재적 자연
체험이 "더욱 소중한" 것이라는 시인의 말은 오히려 도로시가 미래에 자연
사랑에서 충분한 위안을 찾을 수 없을지도 모른다는 불안감의 표현으로 읽
히는 것이다. 결국 시의 첫 단락에서의 지배적인 "비가적 분위기"(Hartman
26)가 끝까지 사라지지 않는 것이다.

로우는 이 시가 근본적으로 명상적 철학시와 혁명 체험이 교차되는 전이
의 시라면서 다음과 같이 말한다.

> 그러나 더 근본적으로 보면, 그리고 더 긴 시각에서 보면, 「틴턴 사원」은
> 초기의 그의 정치적 철학적 견해의 더 격렬한 흔들림을 조용히 재현하는
> 전이의 순간을 표현한다. 명상적 철학시와 그 10년의 혁명 체험이 교차한
> 다는 것이 「틴턴 사원」을 이해하는 열쇠이다. (270)

이 시의 바탕엔 혁명 체험과 이전에 워즈워스가 지녔던 정치적 철학적 생
각들의 흔들림이 깔려 있다. 정치적 변혁으로 세계를 바꿀 수 있다고 생각했
던 워즈워스는 '도덕적 위기'를 거친 후 자연과의 교류를 통해 인간의 정신
적 변혁을 추구하는 정신주의자로 돌아서게 된다. 이 시는 바로 이 '돌아섬'
을 '선언'하는 시이다. '환치'를 통한 구체적 현실의 주관적 변형은 이 선언
을 시적으로 구현한다. '도덕적 위기' 이전에 자신의 정신적 축을 이룬 역사

현실에 대한 인식을 지워내고 그는 그 자리에 자연 사랑과 개별적 정신, 즉 그의 '자아'라는 새로운 축을 세우려 하는 것이다.

> 그리하여 그 시는 굉장한 이득인 것 같지만 실로 가장 깊고 안타까운 손실로 끝난다. 1793년과 1798년 사이에 워즈워스는 세계를 잃고 단지 자신의 불멸의 영혼을 얻었을 뿐이다. 이 위대한 시가 위대한 것은 그것이 이 사건뿐만 아니라 이 사건의 구조를 명확하고 솔직하게 극화하기 때문이다. (McGann 88)

맥건(McGann)의 주장처럼 「틴턴 사원」은 역사현실에서 내면세계로 돌아서는 시인의 일생일대의 세계관의 전환을 선언하는 시라고 할 수 있다. 「틴턴 사원」에서 시인은 자신의 모든 미래의 시편들의 토대가 되며 자연시인으로서의 자신의 가장 본질적인 면을 보여주는 '자연 신화'를 시 창작과정을 통해 구축해 간다. 그러나 그러한 구축작업은 시인의 의도만큼 성공적으로 수행된 것 같지는 않다. 시인은 자연의 사랑과 그 사랑이 주는 기쁨을 끊임없이 이야기하지만, 확신에 찬 듯한 시인의 주장에도 불구하고 그 사랑에 대한 회의와 불안의 분위기가 시 전체를 관류하고 있음을 알 수 있는 것이다. 그러나 시인은 여기에서 멈추지 않는다. 시인은 어린 시절의 자연체험을 『서곡』의 전반부에서 집중 탐구함으로써 '자연 신화'를 더욱 구체적인 것으로 확대 발전시키는 것이다.

II. 『서곡』의 탄생

(1)

워즈워스의 시적 삶에서 『서곡』이 가지는 특별한 의미나 중요성에 대해 새삼 거론할 필요는 없을 것이다. 『서곡』은 많은 워즈워스 비평가들에게 으뜸가는 연구의 대상이 되어왔다. 이는 워즈워스의 정신의 움직임이 『서곡』에서 가장 총체적으로, 그리고 가장 분명하게 드러나고 있기 때문일 것이다. 『서곡』에 대한 종래의 많은 비평적 작업들은 그것을 기본적으로 일종의 "성장사"(Bildungsgeschichte)로 보고(Abrams 96)[42] 시인 자신이 그려보이고자 하는 '한 시인'의 자아의 발전과정을 충실히 쫓아가는 데 바쳐졌다. 이때 비평가들의 주된 관심사는 시인이 상징들로 치장하여 신비의 베일 속에 숨겨놓은 많은 형이상학적인 의미들을 밝혀내는 것이었다. 예컨대 자연, 자연에서 발견되는 '있음,' '시간의 점들,' 상상력 등의 의미를 시인이 상정한 시적 자아 성장과의 연관 속에서 밝혀내는 것이었다.

이들의 비평에서는 시인의 혁명체험은 자연에 대한 관심사의 "인간적 배경"(Hartman, *Wordsworth's Poetry* 39)에 지나지 않았다. 그런데 이들의 비평적 작업은 자서전적 글쓰기의 성격을 특별히 고려하지 않음으로써 시인의 정신의 움직임을 단선적으로 보여줄 뿐이다. 이들은 『서곡』에서 워즈워스가 그리고자 하는 자아성장의 과정을 설명하는 데 주력하기에 『서곡』을 써나가는 시적 체험을 통해서 워즈워스의 자아가 어떻게 변모되는지를 읽는 일은 소홀히 한다. 또한 이들은 주로 시인이 말하고자 하는 바를 읽으려고 애쓸 뿐, 그가 말하지 않으려고 하는 바가 무엇인지를 읽는 일에는 큰 관심을 기울이지 않는다. 시인의 자아의 총체적인 모습을 바로 알기 위해서는 후자를 더불어 읽어낼 필요가 있을 것이다.

1980년대에 들어서 활발해진 비평의 한 방법으로서 자서전적 글쓰기의 성격과 전략을 바탕으로 『서곡』을 읽는 비평가들은 텍스트 상의 시인의 시적 체험을 고려하면서 자아의 발전 과정을 읽어나가기에 종래의 워즈워스 비평가들에 비해 『서곡』에서의 시인의 정신의 움직임을 좀 더 복합적으로 그려

보인다. 그런데 이들은 주로 자서전 비평의 일환으로서『서곡』을 다루기에 워즈워스라는 한 특수한 자아가 지닌 문제점을 구체적으로 다루지 않는다. 이들은『서곡』을 집필하는 과정에서 노정되는 시인의 자아 형성을 주로 자서전적 글쓰기의 성격이나 글 쓰는 주체의 언어에 대한 관심을 중심으로 접근할 뿐 워즈워스라는 한 시인의 사회 역사적 실존의 핵심적인 의미를 건드리는 데까지 나아가지는 않는다. 그리하여 이들의 비평에서도 시인의 혁명 체험은 자아 형성의 중요한 요인으로 간주되지 않는다.

이 책에서는 이미 여러 비평가들에 의해 논의되어온 자서전적 글쓰기의 성격과 전략들이『서곡』에서의 시인의 자아 형성을 바로 읽는 데 필요한 것으로 보고 이를 수용하면서, 텍스트 밖에서의 워즈워스의 사회 역사적 실존과의 연관 속에서『서곡』에서의 시인의 자서전적 삶을 읽어보려고 한다. 워즈워스 개인이나 그가 속한 집단의 사회 역사적 삶에 가장 큰 영향을 끼쳤다고 볼 수 있는 사건은 바로 프랑스 혁명이다. 프랑스 혁명은 워즈워스 개인이나 영국 낭만주의 전체의 "정신적 상처의 핵심"이 된다고 볼 수 있다 (Mcconnell 60).

1804년 워즈워스는 혁명 체험을 배제시킨 상태에서 5권짜리『서곡』을 썼다. 하지만 프랑스에서의 체험이나 혁명이 가져다 준 고통과 근심을 설명하지 않고 그 시를 끝낸다는 것은 자신의 정신과 상상력의 발전에 대한 불충분한 묘사에 그칠 뿐임을 그는 깨달았을 것이다(Moorman II, 12). 또한 제5권의 "스노우던"(Snowdon) 비전에서 상상력의 힘찬 회복을 그릴 필요가 있었음에도 불구하고 그것을 손상시킨 요인이 무엇이었는지는 시 속에 드러나 있지 않았기에 그는 그 요인이 된다고 스스로 생각하는 혁명 체험을 포함시켜서『서곡』을 1805년 13권 짜리로 확장시킨 것이다. 최종판인『1805 서곡』의 혁명 편 바로 앞에 놓인 제8권에서 혁명 당시까지의 삶을 정리하는 회상의 공간을 마련하고, 혁명 편 바로 뒤의 제12-14권에서 상상력의 손상과 회복에 대해 이야기하는 것을 보더라도 자신의 정신적 삶에 끼친 혁명 체험의 강한 충격을 그 스스로도 인정하고 있음을 알 수 있다. 따라서 워즈워스의 정신적 삶에 가장 큰 영향을 끼친 전기적 사건을 혁명 체험이라고 보는 것은 충분히 가능한 한 관점이 되며, 『서곡』에서의 워즈워스의 시적 체험을 혁명 체험과의 연관 속에서 보는 것은 『서곡』을 읽는 또 하나의 의미 있는 틀이 될 것이다.

(2)

프랑스 혁명의 체험은 워즈워스의 정신 속에 지우기 힘든 상흔으로 남아있다. 혹스헤드(Hawkshead) 시절에서 케임브리지 시절에 이르기까지 워즈워스는 소박한 역사의식이나 순진한 정치의식밖에 없었다. 그러한 그가 가장 예민한 나이인 20대 초반에 혁명이라는 거대한 역사의 물결에 휩쓸리게 되며, 「랜더프 주교께 드리는 공개서한」이나 『묘사적 스케치』라는 강력한 혁명사상이 담긴 글을 쓸 정도로 열렬한 혁명주의자가 되었다. 1790년대 전반기의 그의 문학적 삶은 역사현실 속의 민중들의 고통스런 삶에 대한 구체적 인식과 현실변혁을 통해 삶의 개선에 이를 수 있다는 믿음을 나름대로 보여준다. 그러나 역사현실의 모순을 바로 보려는 노력은 그의 경우 너무 힘에 부쳤으며 이는 마침내 그를 이른바 '도덕적 위기'에 빠뜨린다. 그는 역사현실에 대한 사회 정치적 관심을 거둠으로써 그 위기에서 어느 정도 벗어날 수 있었는데, 이는 그 시대 영국사회의 보편적 현상이기도 했다.

> 1798년은 영국에서 비관주의가 널리 퍼진 해였다. 보수주의자들은 유토피아적인 꿈들을 비웃었고 개혁가들은 사회를 개선할 어떠한 가능성에 대해

서도 환멸을 품었으며 프랑스와의 전쟁은 위기상태에 도달해 있었다. 이
러한 국가적 우울의 와중에서 스스로 터무니없는 정치적 기대에 대한 환
멸에서 벗어난 워즈워스는 희망과 영혼의 평화를 되찾을 수 있는 길을 남
들과 나누어 가지기를 열망하였다. (Noyes 93)

정치적 믿음의 좌초로 인한 암울함과 흔들림을 딛고 일어서서 희망과 정
신적 평화와 행복을 되찾기 위해 워즈워스는 삶의 방향을 바꾸어야 했었다.
이러한 방향 전환을 모색한 결과 알폭스덴 시절 워즈워스와 코울리지가 구
상해낸 것이 『은둔자』라는 작품이었다. 코울리지의 『워즈워스 회고록』
(*Memoirs of Wordsworth*)에는 『은둔자』의 일부로서의 『서곡』 집필에 동의하는
다음과 같은 글이 실려 있다.

친애하는 벗이여, 당신이 『은둔자』를 계속하기를 간청합니다. 또한 당신
이 프랑스 혁명의 완전한 실패로 인류 개선의 모든 희망을 저버리고 거의
쾌락주의적인 이기심에 빠져 그것을 가정적 애착이니 몽상적 철학에 대한
환멸이니 하는 부드러운 말들로 가장하는 무리들에게 보내는 무운시를 쓰
기 바랍니다. 그것은 커다란 득이 될 것이며, 『은둔자』의 일부가 될 수 있
을 것입니다. 현재 내 기분으로는 어떠한 작은 시의 출판도 전적으로 반대
합니다. (Beatty 237)

위의 인용은 『서곡』과 『은둔자』의 집필 동기를 동시에 알려준다. 그것은
혁명의 실패로 인류 개선의 희망을 저버리고 이기적인 쾌락주의에 빠져 정
신적 건강을 잃은 대다수의 사람들에게 "몽상적 철학"이 혁명을 대신할 수
있는 인류 개선의 한 방법임을 알리기 위한 것이다.
혁명 체험이 남긴 정신적 상처를 치유하기 위해 "인간, 자연, 그리고 사회"
를 보는 새로운 관점을 제시하겠다는 원대한 포부가 담긴 체계적인 철학시

로 계획된 『은둔자』의 1300여행을 1798년 3월 워즈워스는 썼다[43]. 르주이 (Legouis)를 비롯한 대부분의 비평가들은 레이스다운 시절에 겪은 '도덕적 위 기'를 그가 이미 벗어났다는 증거를 이 사실에서 찾는다. 그러나 이 회복은 『서곡』 제11권에서도 나타나듯이 논리적 과정에 의해 서서히 이루어진 것이 아니라 갈등하는 감정의 갑작스런 분출로 인해 이루어진 것일 뿐이다. 코울 리지가 워즈워스의 철학적 사유 능력을 실제 이상으로 높이 평가하여 쓰도 록 부추긴 『은둔자』는 그 무렵 구상 자체가 아직 피상적인 단계에 머물러 있 었다. 또한 『은둔자』를 쓰는 일이 일생일대의 야망이었지만 그는 왠지 처음 부터 이 최고의 야망을 이루는 데 실패하리라는 예감을 가졌다(Gill 122).

따라서 1798년 이후 '도덕적 위기'를 벗어났다고 해서 분명한 모습의 새로 운 세계가 그에게 열린 것은 아니었다. '도덕적 위기'의 극복은 단지 그가 삶 의 방향을 전환하고 고통에서 벗어나겠다고 결심했다는 것 이상의 의미를 갖지 못하기에 그것이 진정한 극복이었다고 보기는 힘들다. 그의 낙관주의는 상황의 객관적 반영이라기보다는 상황에 대한 그의 강한 반발에서 나온 것 이다(Legouis 387). 말하자면 그는 상황이 너무 고통스러워서 행복해지기로 결심한 것이며 이를 실현하기 위해선 행복한 상황을 그 스스로가 만들어내 어야 했다.

1798년 워즈워스는 「틴턴 사원」를 씀으로써 행복해지기 위해 자연으로 돌 아갈 것을 선언한다. 스스로 선택한 행복한 삶을 위해 구체적인 현실변혁에 의 고통스런 노력을 그만두기로 한 것이다. 그러나 「틴턴 사원」에서 워즈워 스는 기쁨과 확신보다는 불안과 회의의 상태를 이야기한다. 또한 고슬라 체 류의 암울함으로 인해 알폭스덴 시절 겨우 회복한 마음의 평정을 다시 잃게 된다. 이때 워즈워스는 어린 시절 자연과의 교류에 대한 많은 기억의 단편들 을 시로 쓴다. 영국으로 돌아온 후 그는 1799년 그라스미어에 정착함으로써 오랜 방황을 끝내고, 자신의 '근원'으로 돌아와 스스로 선택한 삶을 살면서 시인의 소명을 다하겠다는 뜻을 분명히 한다(Gill 5). 스스로 선택한 삶에서 『은둔자』는 가장 핵심적인 시적 작업임이 분명하다.

그라스미어에서 워즈워스는 코울리지의 권유로 다시 『은둔자』를 쓸려고 했으나 그렇게 하지 못한다. 그 대신 고슬라에서 쓴 단편들을 연결시켜 자서전적 시인 『서곡』을 쓰기로 마음을 정하는데 이는 『은둔자』를 쓸 수 있는 시적 자아가 확립되어 있지 못하다는 인식에서 비롯된다. 워즈워스는 버몬트 (George Beaumont)경에게 『서곡』을 쓰게 된 이유를 아래와 같이 밝힌다.

> 잘 아시겠지만, 제가 이 일을 하게 된 것은 자부심에서가 아니라 참된 겸손에서입니다. 저는 어떤 더 힘이 드는 제재를 다룰 준비가 되어 있지 않아서, 또한 저 자신의 힘에 대한 자신이 없어서, 이 작품을 시작했습니다. (EL 489)

스스로 인정하듯이 『서곡』은 『은둔자』를 쓸 수 있을 정도의 시적 창조력이 없다는 자각에서 비롯된 것이다. 이는 '도덕적 위기' 이후 그의 시적 자아가 『은둔자』를 쓸 만큼 통합되지 못했음을 말해준다. 혁명 체험이나 그로 인한 '도덕적 위기'의 상처가 너무 깊고 커서 행복에 대한 의지나 삶의 방향을 전환하겠다는 결심과는 별도로 그 상흔은 남아 있으며 이것이 그의 자아 통합을 가로막는 요인이 된다고 볼 수 있다. 『서곡』을 씀으로써 워즈워스는 그 상흔을 지워내고 『은둔자』를 쓸 수 있는 힘을 지닌 시적 자아를 정립해야 할 필요가 있다. 그 과정의 기록인 『서곡』 집필의 의의는 뒤에 집필될 『은둔자』속에서 찾을 수 있다.

이 시는 그것이 속하는 더 크고 더 중요한 작품을 내가 완성할 때까지, 앞으로 많은 해 동안, 그리고 나의 생애에는 결코 출판되지 않을 것입니다. 이 더 큰 작품 중에서 나는 한 권과 여러 개의 흩어진 단편들을 썼습니다. 그것은 도덕적이고 철학적인 시입니다. 그 제재는 자연, 인간, 그리고 사회에서 가장 흥미로우며 시적 예증에 가장 적합한 것으로 여겨지는 그 모든 것입니다. 이 작품에 나는 내 삶의 한창때와 정신의 주된 힘을 바칠 작정입니다. (*EL* 370)

1804년 3월 드 퀸시(De Quincey)에게 보내는 위의 편지에서 워즈워스는 『서곡』이 『은둔자』를 위해서 쓰는 작품임을 분명히 밝히고 있다[44]. 『서곡』은 『은둔자』라는 건물에 들어가기 위한 '현관'으로서 있을 뿐이다(*EL* 497). 이 '현관'은 과연 『은둔자』의 건물로 그를 바로 이끌어줄 것인가. 이는 『서곡』을 씀으로써 워즈워스가 과연 통합된 시적 자아를 정립하고 참으로 온몸으로 그 자아에 이르는가 하는 문제와 직결된다. 통합된 시적 자아의 정립을 향한 그의 정신의 움직임을 제대로 읽기 위해서는 『서곡』이 자서전 문학작품의 하나라는 점에 주목할 필요가 있다[45].

(3)

자서전 문학에 대한 본격적인 비평적 논의는 1950년대에 시작된다. 초기의 자서전 비평은 장르로서의 자서전의 성격 규정에 주력했다[46]. 장르비평은 결국 자서전이 하나의 문학 장르로 좁혀지기에는 너무나 복잡한 성격을 지닌 그 무엇이라는 결론으로 끝난다. 최근의 자서전 비평은 자서전을 문학 장르가 아니라 글쓰기나 글 읽기의 양식으로 본다. 드 만(de Man)은 자서전이 하나의 장르나 양식이 아니라 모든 텍스트 속에서 어느 정도 존재하는 "읽기나 이해의 전략"이라고 주장한다.

> 그러므로 자서전은 장르나 양식이 아니라 모든 텍스트 속에 어느 정도 존재하는 읽기나 이해의 전략이다. 자서전적 순간은 서로를 반영하고 대체함으로써 서로를 결정하는 읽기 과정에 연루된 두 주체 사이의 협력으로서 일어난다. 그 구조는 유사성과 더불어 차별성을 함축하는데 그것은 그 둘 다가 주체를 구성하는 대체적 교환에 의존하기 때문이다. 이 거울 같은 구조는 자기 자신을 이해하는 주체가 바로 자기임을 작가가 선언하는 텍스트 속에 내재화된다. (921)

이 같은 드 만의 주장은 자서전을 모든 텍스트에로 확대시킨다[47]. 자서전 속에서 우리는 작가의 두 주체, 즉 글 쓰는 주체와 쓰여지는 주체를 만난다. 이 두 주체가 어떠한 방식으로 서로를 투사시키며 서로를 결정하는가를 탐색하는 일이 자서전 읽기의 주된 작업이다. 자서전은 과거의 자아를 해석하고 그려내는 작업을 통해 현재의 자아를 변모시켜 이상적인 미래의 자아를 만들어가는 문학적 공간이다. 몽테뉴(Montaigne)의 "내가 책을 만들었다기보다는 책이 나를 만들었다"(Pascal 195)는 말은 자서전 문학 특유의 창조적 기능을 잘 지적하고 있다.

그러면 자서전 속에서 탐구되고 만들어지는 자아는 어떠한 것인가. 자아에 대한 고전적 이론가들은 영원불변의 어떤 절대적인 '참된 자아'를 상정하였다. 이들에게 중요한 자서전적 과제는 어딘가에 있을 '참된 자아'를 되찾는 것이다. 그러나 이러한 유령과 같은 자아의 개념은 "주체란 주어져 있는 그 무엇이 아니라 있는 것 뒤에서 첨가되고 만들어지며 투사된 그 무엇이다"라는 니체(Nietzsche)의 주장(Jay, *Being in the Text* 28)에 의해 무너지고 만다. 자아는 어떠한 형태로든 이미 형성되어 있는 것이 아니라 우리가 존재함과 더불어, 나아가 우리의 자서전적 작업과 더불어 비로소 형성되기 시작하는 것이다.

… 나의 존재는 그 기원에 있어 텍스트 곧 내가 쓰게 될 서사의 존재에 다름 아니다. 서사텍스트 쓰기는 일종의 존재론적 주장이 될 것이다. 즉 나는 나 자신이 텍스트로서 존재하게 한다. 따라서 나는 아직 존재하지 않으며 텍스트로서 태어나려 한다. (Marin 605)

　　마린(Marin)의 위와 같은 주장은 80년대의 많은 자서전 비평의 바탕을 이룬다[48]. 그런데 텍스트 속의 자아탐구 작업은 생각만큼 쉬운 일이 아니다. 그것은 글 쓰는 주체인 작가의 자아와 글쓰기의 대상이 되는 인물로서의 자아 사이의 필연적인 간극 때문이다. 아우구스티누스(Augustine)의 다음과 같은 고백은 자기 자신을 읽는 일의 어려움을 말해 준다.

　　나는 참으로 이 일을 힘껏 한다. 나 자신이 내 작업의 대상이다. 나는 나 자신에게 작업하기 힘들며 많은 땀을 요구하는 토양이 된다. … 기억하는 것은 나이며, 나는 정신이다. … 나 자신보다 나에게 더 가까운 것은 무엇인가?…[그러나] 나 자신의 기억의 힘을 알지 못하지만, 그것에서 떠나서는 나 자신을 이름 지을 수조차 없다. (245)

　　이처럼 글쓰기의 대상으로서의 아우구스티누스는 글 쓰는 작가 아우구스티누스에게는 가장 가까우면서도 쉬이 다가갈 수 없는 일종의 수수께끼와 같은 존재로 여겨진다. 텍스트 속의 자아 탐구의 주된 대상은 보통 자신의 과거의 자아인데 우리는 항상 현재만을 체험할 수 있을 뿐이다. 따라서 자서전 속에 그려지는 과거는 현재적 정신활동인 기억 속의 과거이다. 기억은 체험을 단순히 기계적으로 보관하는 곳이 아니라 그 자체가 창조적 힘을 지닌 "발견의 도구"(Gunn 81)이다. 기억은 현재의 생각이나 의지를 과거 체험의 이미지 속으로 되돌려 투사시켜 현재의 목적성에 부합되는 방향으로 과거를 창조적으로 재해석하는 정신작용이다. 자서전 작가는 끊임없이 과거의 자아를 재해석해내어야 하기에 자서전적 글쓰기는 '쓰기'를 통한 '읽기'가 된다. 현재적 시각으로 과거를 '읽음'으로써 기억은 단절된 과거의 자아와 현재의 자아 사이의 연속성을 만들어간다. 따라서 기억을 통해 자서전은 과거로 회귀하는 것이 아니라 미래를 향해 나아간다[49].

해체주의적 자서전 읽기는 자서전적 글쓰기를 글쓰기 자체의 성격과 연결시켜 작가의 자아 통합에의 노력은 텍스트 속에서 이루어질 수 없는 것이라고 주장한다. 해체주의자들은 글 쓰는 주체와 쓰여지는 주체 사이의 차이를 '기표'(signifier)와 '기의'(signified) 사이의 차이와 일치하는 것으로 보고 '기표'가 '기의'를 온전히 담을 수 없듯이 자서전 작가는 자기의 자아를 텍스트 속에서 온전히 구현시킬 수 없다고 주장한다. 커언즈(Kearns)는 자서전적 글을 "글쓰기의 대상이 되는 자아와 항상 다른 글 쓰는 자아, 다시 말해 글쓰기의 행위 속에서 현존하는 동시에 항상 지연되는 자아"(17)를 있게 하는 시도로 간주한다. 글 쓰는 자아는 쓰여지는 자아 속에 항상 온전히 담길 수 없음으로 인해 자서전은 결국 자아의 부재로 끝나고 만다는 것이다.

글 쓰는 주체는 쓰여지는 주체 속에 '없음'의 상태로 담길 수 있을 뿐이라는 해체주의적 인식은 자서전이 글쓰기를 통한 살아가기라는 자서전 특유의 성격과 연관되어 있다. 자서전 작가는 일종의 "회전문"[50]을 통해 글 쓰는 주체와 쓰여지는 주체 사이를 끊임없이 오간다. 작가가 작품 속으로 들어가는 문은 글 쓰는 자기 자신에게로 되돌아 나오는 문이 된다. 자서전 작가의 글쓰기 작업은 삶의 일부이며 자서전을 씀으로써 작가의 현재적 자아가 변모되기도 한다. 현재적 자아는 끊임없는 변모의 과정 속에 있기에 결코 완성된 형태로 자서전 속에 담길 수 없다.

"종결"과 "총체화"를 거부하는 자서전은(de Man 922) 미래를 향해 열려 있는 글이다. 자서전은 결국 자서전 작가의 삶의 일부로 남게 되며 작가 자신에게는 현재적 자아를 설명하고 변모시키는 수단이 된다. 따라서 자서전 읽기에서 중요한 것은 어떠한 모습의 완성된 자아가 그려져 있는가 하는 것보다는 작가가 어떠한 방향으로 자신을 변모시켜나가려 했는가 하는 점이다. 이를 살펴보기 위해서는 작가가 처한 현재의 "자서전적 상황"[51]이 어떠한 것인가에 대한 탐색에서 출발해야 한다. 자서전이 보여주는 것은 결국 변형되는 과거의 자아나 이루어질 수 없는 이상적인 미래의 자아라기보다는 그 두 자아 사이에 찢겨진 모습으로 있는 현재의 자아인 것이다. 과거의 자아에 대한 그리움과 미래의 자아에 대한 열망을 안고 몸부림치는 현재적 자아의 갈등과 분열이 어디에서 출발하며 어떻게 해결되는 지를 (그것이 작가의 의도대로이든 아니든 간에) 살펴보는 것이 자서전 읽기의 주된 과제가 된다. 그 과정을 살펴봄으로써 우리는 작가의 총체적인 정신의 움직임을 그려볼 수 있다.

무의식의 구조와 언어의 구조를 연결시킴으로써 라깡(Lacan)은 자서전 읽기에 유효한 또 하나의 참조항을 제공해준다. 세계와 자아 사이의 분리를 인식하지 못하는 "절대적 주체"(163)의 상태에 있던 갓난아기는 이른바 "거울단계"(mirror stage)를 거치면서 타자로서의 자기의 모습에 눈뜬다. 타자가 내면화된 이 제2의 자아를 라깡은 "moi"라고 부르는데(160), "moi"는 소외된 주체인 무의식의 자아이다. 의식의 주체인 'I'는 'moi'와의 합일에 대한 '욕망'을 갖지만 이는 궁극적으로 충족될 수 없는 것이다(191-92). 의식의 주체와 무의식의 주체 사이의 필연적인 분열을 라깡은 언어에 있어 기표와 기의 사이의 틈과 연결시킨다. 기의는 무의식에 기표는 의식에 해당된다. 무의식은 의식의 담화를 통해 이야기하며 그것에 영향을 끼친다. 라깡은 의식의 담화를 방해하며 그 담화 내의 왜곡과 간극을 야기하는 무의식의 담화를 상정한다(262). 무의식의 담화와 의식의 담화의 총합이 말의 의미를 이룬다.

따라서 글 읽기에서 중요한 또 하나의 작업은 이 숨은 무의식의 담화를 해독해내는 일이다. 이를 위해서는 억압된 자아가 어떠한 것인가를 읽을 필요가 있다. "억압된 것은 무의식의 원형이다"라고 프로이드(Freud)는 말한다 ("The Ego and the Id" 15). 무의식은 때로는 의식의 상태로 올라오기도 하고 (이것을 프로이드는 전의식이라 한다) 때로는 억압을 받아 무의식의 상태로 남아 있기도 한다. 무의식은 끊임없이 의식과 상호작용하는데 억압과 저항이 그 상호작용을 형성한다. 자서전 작가는 보통 현재의 갈등을 해소하기 위해 글을 쓰므로 자서전을 쓰는 행위는 실제적인 심리치유를 대신하기도 한다. 이 점에서 자서전 쓰기는 프로이드의 "말하기를 통한 치유"(talking cure)와 연관된다. 자서전의 경우처럼 "말하기를 통한 치유"에서도 환자는 기억된 과거의 사실에 의존하지 않는다.

> … 환자는 잊고 억압한 것을 기억하지 않고 행한다. 그는 그것을 기억으로서가 아니라 행위로 재생산한다. 그는 물론 자기가 그것을 반복하고 있다는 것을 알지 못한 채 그것을 반복한다. (Freud, "Remembering, Repeating and Working-Through" 150)

환자는 언어의 매개적 힘을 통해 현재 속에서 과거를 창조적으로 추체험함으로써 심리적인 치유를 한다. 자서전의 경우에서도 이와 마찬가지로 작가는 현재의 갈등의 원인이 되는 과거의 사건을 텍스트 속에서 글쓰기를 통해 추체험함으로써 억압된 정서를 해방시켜 자신의 심리치유를 꾀한다. 이를 효과적으로 하기 위해서 유사한 과거 체험의 반복적 재현이 필요해진다. 과거의 체험을 재현하는 과정에서 작가는 자신의 억압된 자아와 대화를 하게 되며 의식의 주체와 무의식의 주체 사이의 갈등을 최소화하여 통합된 자아에 이르려고 애쓴다.

이상에서 우리는 자서전 문학과 관련된 비평적 논의들 중『서곡』을 제대로 읽는 데 필요한 글 읽기의 전략들을 살펴보았다. 자서전은 작가가 처한 현재의 자아 분열의 위기를 극복하기 위하여 현재적 자아를 설명하고 변호하는 글이다. 현재의 목적성에 부합되는 방향으로 과거를 창조적으로 재현해내는 일을 반복함으로써 작가는 미래의 이상적인 자아의 정립을 지향한다. 그러나 언어 자체의 내재적 한계로 인해, 또한 의식의 자아와 무의식의 자아 사이의 필연적 갈등으로 인해 자아 통합에의 길은 험난하다. 작가가 비록 작품 내에서 자아통합을 이루지 못하더라도 우리는 작가가 의도하는 통합된 자아의 모습을 추측해볼 수 있을 것이다. 어지러운 '회전문'을 끊임없이 들어가고 되돌아 나오는 자서전 작가를 만나기 위해 우리도 일종의 '회전문'으로 들어간다.

(4)

『서곡』에서 워즈워스의 핵심적인 과제는 혁명 체험으로 인해 단절된 과거의 자아와 현재의 자아 사이의 연속성을 이끌어내어 이상적인 미래의 자아를 정립하는 일이라고 생각된다. 그라스미어에서의 삶이 자신의 진정한 시적 소임을 다하기 위한 필연적인 선택임을 설명하고『은둔자』를 쓰기에 적합한 시적 자아를 정립한다는 현재의 목적에 부합되는 방향으로 워즈워스는 과거의 삶을 재해석해야 할 필요가 있었다. 길은 워즈워스가 다음과 같은 세 가지 신념을 철저하게 증명할 수 있도록 그 자신의 기억을 형성시켰다고 주장한다.

> 첫째 신념은 어떠한 그릇된 길을 더듬어왔고 어떠한 과오를 범해왔다 할지라도 어떤 근원적인 차원에서 그가 자기 운명을 성취해 왔다는 것이다.

방랑과 혼란스런 세월의 우발적 상황 하에서 워즈워스의 '참된 자아'는 살아남았으며, 그것을 위협하는 모든 것들에 의해 침해당하지 않았을 뿐 아니라 강화되었다는 것이다. 둘째 신념은 상상력이 충만한 은둔의 삶은 진실로 창조적인 삶이며, 학문적 경쟁이나 혁명적 행동주의의 세속적 세계가 아니라는 것이다. 그리하여 생애에 일찍부터 어떻게 이 진실을 알게 되었으며 자기에게 주어진 증거들이 얼마나 무시할 수 없는 것이었는가를 입증하는 일이 워즈워스에게는 매우 중요하다. 셋째 신념은 자연의 보호 하에서 얻은 워즈워스의 체험들과 교육이 그를 인간의 예찬자로, 키츠 (Keats)의 표현에 따르면, "인간 가슴 속을 생각하도록" 그를 형성시켰다는 것이다. 그는 거듭해서 자연애가 인간애로 이어진다고 이야기되는 발전적인 결론 속에다 자기 체험들을 자리매김한다. (6)

길이 주장하는 이 세 가지 신념은 『서곡』에서 워즈워스가 입증하고자 하는 바를 요약적으로 잘 보여준다. 그러나 이러한 신념을 시적으로 실현시키는 일은 쉽지 않다. 이 세 가지 신념은 자체 내에 이미 문제를 안고 있다. 첫째, "참된 자아"란 관념적이고 실체가 없는 것으로서 이는 워즈워스가 자서전적 작업을 통해 탐색하고 정립해나가야 힐 대상이기에 처음부터 '참된 자아'라는 허구를 가정해놓고 거기에 자신의 온 생애를 끼워 맞추는 일은 애초에 상당한 무리를 안고 있다. 둘째, "상상력이 충만한 은둔의 삶"의 진정한 가치는 『은둔자』를 씀으로써, 그 속에서 혁명을 대체할 만한 새로운 세계관을 제시함으로써 입증되는 것이며 『서곡』을 씀으로써 온전히 입증되는 것이 아닐 것이다. 셋째, 자연애가 인간애로 이어진다는 생각은 워즈워스에게 인간애가 무엇을 의미하는 것인가 하는 물음을 낳는다. 앞의 장들에서 살펴본 바와 같이 자연에서 배운 추상적이고 관념적인 인간애는 그 인간애의 주체에게는 정신적인 부가 될 수 있을지언정 그 인간애의 대상에게는 구체적 도움을 주지 못할 수도 있기 때문이다.

길이 요약한 바와 같은 워즈워스 자신의 시적 구도에도 불구하고 기본적으로『서곡』은 시인이 완전히 떨쳐버리지 못한 역사의식이나 사회의식을 잠재움으로써 혁명 체험의 상처를 치유하고 아직도 자신의 의식 깊은 곳에 남아 있는 '도덕적 위기'를 극복해가려는 과정의 기록이라는 것이 이 책의 관점이다.『서곡』집필을 통해서 워즈워스는 역사현실로부터 돌아서는 자신을 옹호하기 위해 일종의 자기 방어기제로서 끊임없이 자연과 인간정신의 힘을 노래하면서 그렇게 노래하는 자신의 자아를 이상화한다.

그런데 이러한 시적 노력은 워즈워스가 그만큼 정신 깊은 곳에서 역사현실의 압박을 강하게 받고 있음을 반증한다고 볼 수 있다.『은둔자』의 시인으로 새로 태어나기 위해 '이상적 자아'를 정립하려는 시인의 의도는 그러나 시 속에서 온전히 실현된다고 보기 힘들다. 또한『서곡』은 '이상적 자아'의 정립을 향한 워즈워스의 시적 작업이 그의 때 이른 시적 쇠퇴와 무관하지 않음을 보여주기도 한다.

이 책의 다음 장들은 이러한 기본적인 사유의 틀을 바탕으로 '혁명'과 '자연'의 연관 속에서『서곡』전체를 구체적으로 분석하고 있다. 제5장에서는 제1-5권을 대상으로 「틴턴 사원」에서 시작된 '자연 신화'가『서곡』에서 어떻게 발전되어가고 있나를 살펴본다. 제6장에서는 제9-11권을 대상으로 자아 통합의 토대를 마련하기 위해 그가 혁명 체험을 텍스트 속에서 어떻게 재해석하고 변형시키는지를 살펴본다. 제7장에서는 혁명 체험을 변형시킨 상태에서 인간애를 자연과의 연관 속에서 재정립하는 과정을 제7-8권을 통해 살펴본다. 제8장에서는 이러한 과정의 서술을 요약적으로 반복하여 '이상적 자아'의 정립을 마무리하고자 하는『서곡』제12-14권에서의 워즈워스의 시적 노력을 다룬다.

『서곡』을 이러한 방식으로 읽어봄으로써, 우리는 30대 초반이라는 젊은 나이에 워즈워스가 자서전을 써야 했던 이유와 그 과정에서 그의 시정신이 '노화'되어버린 이유를 동시에 알 수 있을 지도 모른다. 워즈워스라는 커다란 낭만적 정신이 왜 때 이른 시적 쇠퇴에 이르렀는가를 바로 아는 일은 낭만주의 문학의 성격 규정을 위한 또 하나의 참조항이 될 수 있을 것이고 나아가 이는 자서전 독자로서의 우리의 자아성찰을 위해서도 필요한 작업이 될 것이다.

5. 자연 속의 '있음' 혹은 '없음': 『서곡』 1-5권

I

『서곡』의 「유쾌한 서문」("Glad Preamble")에서 워즈워스는 「틴턴 사원」에 나타난 바 있는 그러한 이유로 인해 자연으로 돌아옴을 알린다. 거대한 도시의 어렵고 힘든 삶을 떠나 새처럼 자유롭게 그라스미어의 자연으로 돌아온 그는 마치 낙원으로 돌아온 것 같은 기분을 느끼면서 더 이상 고통스런 삶을 살지 않으리라 다짐한다.

> 대지가 온통 내 앞에 있구나.
> … …
> 나 길 잃지 않네. 다시 숨 쉬네!
> … …
>
>   그건 떨쳐버렸네

나 자신의 부자연스런 자아의 짐도
많은 지긋지긋한 나날의 육중한 무게도
내 것 아니네, 날 위해 만들어진 것 아니라네.
긴 평화의 달들……
……
평안과 교란되지 않는 기쁨의 긴 달들이
앞으론 내 것이라네. (1: 14-27)[52]

　　인간사회의 갈등과 모순을 해결해보고자 기울였던 힘겨운 시적 노력을 이
제 그는 "부자연스런 자아의 짐"으로 규정하고 자신의 몫이 아닌 것으로 여
기며 자신의 소임은 다른 곳에 있다고 스스로에게 다짐해 보인다. 정신을 소
진시키는 그 힘겨운 일이 그에게는 감당하기 어려울 정도의 "육중한 무게"
로 여겨진 것이다. 그는 이제 고통을 버리고 행복을 선택한다. "평화"와 "평
안"과 "교란되지 않는 기쁨"의 날들을 살면서 그는 『은둔자』를 쓰고 싶었다.
『은둔자』는 자연으로 돌아온 자신의 행위가 참된 시적 소임을 다하기 위한
필연적인 대 결단이었음을 입증해줄 것이기 때문이다. 그는 인간사회를 바로
볼 수 있는 새로운 길을 『은둔자』 속에서 열어 보이고자 했으며 이것이 그의
시적 야망이었다. 그러한 시를 쓸 수 있으리라는 「유쾌한 서문」에서의 소망
은 그러나 곧 좌절된다.

　　　　그러나 하프는
곧 사취당하고 단결한 조화의
무리는 낙오한 소리들로 뿔뿔이 흩어졌네
그리곤 이윽고 완전한 침묵이! (1: 96-99)

그러나 난 낙담했네. 희미한 빛이
때로 동녘에서 번득이다가 사라지며

견고한 아침으로
무르익지 않는 하늘로 나를 비웃네. (1805, 1: 134-37)

　　　그러나 무형의 구조가
자기를 밝히는 바로 그 태양 앞에서 녹아내리고
안개는 대기 속으로 흩어지네! (1: 225-27)

『은둔자』라는 분명한 시적 목표가 있고 시인이 갖추어야 할 여러 자질들이 있음에도 불구하고(1: 150-57), 상상력의 "빛"은 시의 "아침"으로 밝아오지 못한다. 이처럼 반복되는 시적 좌절은 『은둔자』를 쓸 힘을 지닌 시적 자아가 아직 정립되어 있지 못하기 때문이다. 워즈워스는 역사현실로부터 자연과 정신세계로 돌아섰지만, 1790년대 전반기 동안 정신의 축이 되어온 역사의식과 정치적 변혁에의 믿음을 대체할 만한 새로운 정신의 축을 아직 구축하지 못한 것이다. 알폭스덴 시절 '도덕적 위기'에서 벗어났다 할지라도 그것은 단지 심리치유나 방향전환에 지나지 않는다[53]. 『은둔자』를 쓸 수 없음에서 생겨난 이 시적 위기는 다시 그를 침울과 당혹감 속으로 빠뜨린다(1: 265-69 참조). 이 시적 위기가 어쩌면 레이스다운 시절의 '도덕적 위기'보다 더 심각한 것일 수 있다. 이를 극복하지 못하는 한 자연으로 돌아온 행위는 단순히 고통으로부터의 도피라는 비난을 면하지 못할 수 있기 때문이다.

그러나 지금 『은둔자』를 쓸 수 없다는 통렬한 인식만큼 큰 비중으로 그려지는 것은 미래에 쓸 수 있으리라는 '희망'이다. 비록 지금은 아니지만 언젠가 반드시 쓰게 되리라는 믿음은 워즈워스의 정신의 특징으로 종종 지적되는 시적 힘에 대한 자기 확신의 소산이다. "활동적인 날들에 대한 희망"(1: 41-42), "올 것들에 대한 유쾌한 자신"(1: 58), "어떤 영광스런 작품에 대한 확신"(1:78-79), "더 성숙한 해들이 더 익은 정신과 더 밝은 눈을 가져오리라는 믿음"(1: 235-37) 등 자기 확신의 표현들을 반복함으로써, 그는 글쓰기 과정에서 언어의 힘을 통해 시적 창조력의 결여로 인한 우울함을 상쇄시키고 현재의 결여를 미래의 넉넉함으로 이끌어가고자 한다.

"진리의 어떤 철학적인 노래"(1: 229-30)를 부를 수 있을 때까지, 그 힘을 키워나가기 위한 방편으로서 "더 소박한 저술인 현재의 선물"(1: 134-35), 즉 『서곡』 쓰는 일을 그는 받아들인다. 원래는 시적 창조력이 많았는데 혁명이나 역사현실에 대한 마음 씀 등의 "부자연스런 자아"의 일로 인해 그것이 손상되었다고 생각하는 워즈워스는 시적 창조력을 회복하기 위한 방편으로 어린 시절 자연과의 교류를 '기억'함으로써 그 힘을 건져 올리고자 한다.

> "자연의 있음"에로의 이 회복을 위한 회귀 속에 내재된 순환의 양식은 그러나 잃어버린 시적 힘의 원천이나 기원에로 시인이 어느 정도 실제로 회귀할 수 있는가에 의해 좌우되지 않는다. 그것은 오히려 기억에의 의존의 연장이다. (Jay, *The Recollected Self* 67-68)

자서전에서 과거로 회귀하는 것은 현재적 정신활동인 기억을 통해 과거를 재해석하여 현재의 분열된 자아를 미래의 통합된 자아로 이끌어가기 위한 것으로서 그것은 '방법적 회귀'이다. 워즈워스는 과거에 자연 속에서 실제로 만났던 '있음'에로 회귀하는 것이 아니라 기억 속에 남아 있는 어린 시절의 자연의 이미지에 자신이 시적 창조력의 원천으로 상정한 '있음'을 투사시키는 것이다. 『서곡』을 써나가는 행위 속에서 체험하고자 한 '있음'의 상태는 어지럽게 흔들리는 무질서한 시간과 공간 그 어디엔가 있을지 모르며 어쩌면 없을지도 모른다. 그는 현재의 시적 위기를 극복하기 위해 '있음'을 현재 속으로, 『서곡』 속으로 끌어들이고자 한다. 그런데 '있음'이 현재의 시적 필요에 의해 상정된 것이라면 이는 그가 지향하는 미래의 자아가 투사된 것에 다름 아니다.

> 자연과 교류하면서, 자기와 유사하면서도 다른 어떤 존재와 사랑에 빠지면서, 인간은 자기 존재의 총체적 이미지를 투사시킬 수 있고 또 그 이미지가 외부로부터 다시금 투영되어 옴을 알 수 있다. 인간은 타자 속에서 자신을 소유하는 것이며, 이 짧은 자기 소유에서 영원의 순간이라 부르는 예기치 못한 기쁨을 발견한다. (Poulet 27)

풀레(Poulet)에 의하면, 낭만주의자가 자연과 합일을 이루는 것은 결국 자신의 총체적 자아를 그 속에 투사시킴에서 비롯된다. 합일은 시간 속에서 영원을 체험하는 기쁨을 준다. 이러한 낭만적 체험은 워즈워스의 경우에도 해당된다.

상상력의 원천을 상징하는 더웬트강을 부르면서 워즈워스는 현재와 과거를 연결시키려고 애쓴다. 코커마우스(Cockermouth)의 자연과 일체가 되어 있는 유년기의 체험을 그는 시간 속의 영원으로 제시한다. 워즈워스는 혹스헤드 시절의 체험 중 가장 강렬한 이미지로 남아 있는 체험들 즉 "시간의 점들"을 재현함으로써 자연 속의 '있음'의 존재를 서서히 느끼게 되는 과정을 묘사한다. "시간의 점들"은 과거의 체험인 동시에 텍스트 속에서 일어나는 현재적 체험이기도 하다. 그는 현재의 자아분열을 치유하기 위해 무질서한 시공 속에 흩어져 있는 이 체험들을 기억을 통해 현재 속으로 끌어들이면서 시적으로 재현하고자 한다.

워즈워스가 지향하는 이상적인 자아의 모습이 무엇인가 하는 점과 더불어 『서곡』을 씀으로써 그가 과연 거기에 이르렀는가 하는 점을 밝혀보기 위해서 "시간의 점들"을 읽을 때 우리는 워즈워스가 의도하는 바보다는 그가 시 창작 과정에서 체험하는 바가 무엇인가에 더 큰 비중을 두어야 한다. 즉 그가 무엇을 말하고자 하는가보다는 무엇을 억압하고자 하는가를 듣는 데에 더 큰 귀를 열어 의식의 담화 속에 숨은 무의식의 욕망을 읽어냄으로써 그의 정신의 문제점을 밝혀볼 필요가 있다. 이를 위해 "시간의 점들"에 대한 워즈워스의 해석과 텍스트 속에서의 그의 자서전적 체험 사이의 간극을 더듬어 볼 필요가 있다.

제1권에서 제시되는 "시간의 점들"의 공통점은 그들이 '두려움'의 정서를 담고 있다는 점이다. 버크는 두려움을 "숭엄"의 원천이 되는 정서 중의 하나로 보았다(36). 버크의 전통 속에서 워즈워스도 두려움을 자연 속의 숭엄이나 영적 존재와 연결되는 매개적 정서로 제시한다. "새 덫 씌우기," "남의 사냥감 훔치기," "갈가마귀 둥지," "보트 훔치기" 등 일련의 "시간의 점들"은 도둑질이나 그로 인한 두려움과 연관된 체험들이다. "뒤따라오는 낮은 숨소리"와 "분간할 수 없는 움직임 소리," "거의 잔디처럼 고요한 발자국 소리" 등은 (1: 323-25) 그의 도둑질을 질책하는 자연의 소리이며 이는 자연 속의 영적 존재로부터 나오는 것으로 제시된다. "갈가마귀 둥지"의 일화에서 워즈워스는 두 개의 세계 사이에 걸려 있는 듯한 무서운 체험을 한다.

> 오! 풀마디와
> 미끄러운 바위의 작은 틈에 의해
> 불안하게 지탱하면서 곧 불어닥친
> 돌풍으로 거의 공중에 떠 (마치 그랬네)
> 민둥 바위산을 짊어지고 갈가마귀 둥지 위에
> 매달려 있었을 때 오, 그때
> 험준한 산마루에 홀로 매달려 있었을 때
> 우렁차고 메마른 바람은 얼마나 괴상한 소리를 내며
> 내 귓전으로 불어왔던가! (1: 330-38)

워즈워스는 하늘과 땅, 삶과 죽음, 물질세계와 영적세계, 유한과 무한 사이의 '문턱'에 걸려 있다. 그 두 세계 어디에도 온전히 속하지 않으면서 그 둘의 존재를 동시에 감지하는 두려운 체험을 하고 있다. 두 세계 모두에 대해 국외자가 되는 이 외로운 체험에서도 그는 "우렁차고 메마른 바람" 소리를 자신의 행위에 대한 자연의 보복의 외침인양 묘사한다. 곧 이어 워즈워스는 "불멸의 정신"(1: 340)이 자연 속에 있다고 말한다. "보트 훔치기"에서도 워즈워스는 자연의 질책을 느끼는데 여기서는 자연 속의 영적 존재를 입증하는 예로서 "거대한 산봉우리"(1: 378)를 제시한다. 이 체험에서 워즈워스는 자연 속의 어떤 힘을 앞의 예들보다 좀 더 분명히 느끼는 것으로 되어 있다.

> … … 그러나 그 광경을
> 본 뒤 여러 날 내 머리는
> 미지의 존재 양식들에 대한 희미하고 막연한 느낌으로
> 술렁거렸다. 내 생각 위에는
> 어둠이 걸려있었다 그걸 고독이라 할지
> 혹은 공허한 버림받음이라 할지. … …
> … … …
> 그러나 살아 있는 사람들처럼 살지 않는
> 거대하고 힘센 형상들이 낮에 서서히 마음속으로
> 들어와 꿈자리를 어지럽혔다. (1: 390-400)

"미지의 존재 양식들에 대한 희미하고 막연한 느낌"은 그의 의식에 "어둠"과 "고독," 혹은 "공허한 버림받음"의 느낌을 드리운다. "거대하고 힘센 형상들," 즉 거대한 산봉우리가 "마음속으로 들어와 꿈자리를 어지럽히기도" 한다. 워즈워스는 이 체험에 연이어 "우주의 지혜와 정신"(1: 401)을 부름으로써 이 체험 속에 담긴 정서적 요소가 자연 속에서 신비한 영적 힘을 접할 때

생겨나는 것으로 제시한다. 그런데 위의 체험의 묘사는 과거의 체험 그대로라기보다는 그것의 현재적 해석이다. 또한 그 체험은 텍스트 속에서 일어나는 현재적 체험이기도 하다. 유년의 도둑질에서 비롯된 두려움과 죄의식 속엔 시인의 현재적 자아가 느끼는 두려움과 죄의식이 투영되어 있기도 하다. 유년기의 사소한 절도행위 위에 덧씌워져 있는, 시인의 현재적 자아가 느끼는 커다란 죄의식과 공포의 원인은 무엇인가. 『서곡』 집필을 통해 워즈워스가 진정 하고자 하는 바가 무엇인가를 알기 위해선 이 원인을 더듬어볼 필요가 있다.

프리켓(Prickett)은 워즈워스가 "시간의 점들"을 그릴 때 희미하고 모호한 점을 남기는데 이는 대부분의 경우 그의 심리학적 사유가 명확하다는 점과 대조해볼 때 분명히 의도적으로 말하기를 억제한 데서 비롯된 것이라고 한다(139). 이 모호함 속에 깃든 두려움이나 죄의식은 결국 워즈워스로 하여금 사물을 보는 방식을 바꾸게 하여 그의 의식을 확대시키는 도덕적 체험이 된다고 프리켓은 말하기도 한다(146). 그러나 프리켓의 이 같은 해석은 워즈워스의 현재적 자아의 본질적인 부분에 대해 구체적으로 말해주지는 않는다. "시간의 점들"을 묘사할 때 시인이 느끼는 두려움이나 죄의식은 프로이드가 말하는 억압받은 자아에서 나온 것이라고 할 수 있다.

그 죄의식의 바탕에 깔린 억압된 충동은 무엇인가. 샤피로와 오너레이토는 프로이드의 오이디푸스 콤플렉스를 적용시켜 워즈워스의 억압된 욕망을 어머니에 대한 그리움으로 해석한다. 그러나 『서곡』의 집필 동기를 생각할 때 그것은 너무 개인적인 차원의 해석이다. 앞에서 살펴본 바와 같이 『서곡』은 혁명의 실패로 인류 개선의 희망을 잃어버린 사람들에게 몽상적 철학이 혁명을 대신할 수 있는 인류 개선의 한 방법임을 알리기 위한 것이라는 다분히 공적인 목적을 지닌 작품이다. 『서곡』에서 워즈워스가 그리려는 것은 자신의 개인적 자아라기보다는 '한 시인'의 자아이다[54]. 비애티(Beatty)도 지적하듯이 『서곡』에서 워즈워스는 문명을 비판하고 또 다른 윤리규범에 맞추어 자신을 재조정하고자 했다(20). '도덕적 위기'에서 벗어났다고 해서 새로운 윤리규범이 바로 정립된 것은 아니다. 그것을 정립할 때까지 워즈워스의 무의식 속에는 '못다 버린' 정치적 변혁에 대한 향수나 고통 받는 인간들의 구체적인 삶을 개선하고자 하는 소망이 남아 있을 수 있다. 이와 아울러 「틴턴 사원」에 나타난 바 자연에 대한 배반감이 아직 분명히 남아 있다.

세계 개선을 위한 구체적 행동의 세계를 버리고 자연과 내면세계로 돌아섰지만 그에게는 그러한 '돌아섬'에 대한 회의와 불안이 있다고 볼 수 있다. 이 책에서는 "시간의 점들" 속의 죄의식과 두려움을 바로 『서곡』을 써나가는 과정에서 워즈워스가 억압시켜 나가려는 타자로서의 자아, 즉 역사의식을 지닌 자아의 소산으로 보고자 한다. 이 자아는 무의식으로 내려가 억압된 채 남아 있으면서 언제든 틈이 보이면 두려움과 죄의식의 상태로 의식의 담화 속으로 비집고 올라온다. 이 타자로서의 자아를 완전히 억압시켜 통합된 자아를 이루지 못하는 한 그는 『은둔자』를 쓰기 힘들지도 모른다. 『서곡』 전체를 통해서 워즈워스는 역사의식이라는 하나의 중심을 지우고 자연과 인간정신을 노래하는 자신의 자아를 새로운 중심으로 세워나가는 작업을 부단히 하게 된다.

제1권에서의 "시간의 점들"은 아직 '뿌리 뽑지' 못한 역사의식을 지닌 억압된 자아의 강한 두려움과 죄의식을 반영한다고 볼 수 있다. 워즈워스는 두려움과 죄의식을 자연 속의 '있음'을 체험하는 방편으로 제시하지만 이는 그의 현재적 의식 속에서 '있음'보다는 '없음'을 더 느끼게 한다. 오너레이토는 이를 다음과 같이 지적한다.

그러므로 고독과 두려울 정도로 연관된 버림받음의 느낌이 있으며, 그가
보통 그 말을 사용하는 바의 "자연"에서 동시에 분리된다는 점에서 비록
그것이 '없음'과 더 유사하지만, 자연 속에 어떤 '있음'이 있거나 혹은 두
려움을 주는 자연과 어떤 기이한 관계를 맺은 '있음'이 있다. (273-74)

「틴턴 사원」에서 워즈워스는 자연이 기쁨과 확신을 준다고 말하지만 슬픔
과 회의를 이야기하는 타자의 담화를 우리는 읽을 수 있다. 이와 마찬가지로
『서곡』에서도 "시간의 점들"이 자연 속의 '있음'의 체험으로 제시되지만, 제
1권의 여러 "시간의 점들"에서 우리는 오히려 자연의 파괴자로 나오는 소년
워즈워스를 통해 시인의 현재적 자아가 '없음'의 상태를 통렬히 체험한다는
것을 알 수 있다. 그런데 '있음'을 텍스트 속에 구현하는 과정에서 느끼게 되
는 '없음'의 반복적 체험은 오히려 억압된 정서를 배설시켜 그의 정신력을
어느 정도 회복시키기도 한다. 이는 프로이드가 말하는 "말하기를 통한 치
유"이다. 제이(Jay)도 잃어버린 것을 기억하고 글로 쓰는 활동이 회복을 수반
한다고 말한다(*The Recollected Self* 54). '있음'을 묘사하는 과정에서 '없음'을 체
험하더라도 심리적인 치유가 가능하다는 것이다.

글을 씀으로써 두려움이 어느 정도 해소된 듯 그는 스케이트를 타는 신나
는 체험으로 옮아간다. 스케이트를 타면서 자연과 완전히 일체가 되어 함께
돌아가는 것을 느낀다. 이 체험으로 인해 다소 고양된 정신으로 그는 '있음'
을 부른다.

    그대 하늘과 땅에 있는 자연의
    '있음'들이여! 그대 산의 환영들이여!
    고적한 곳의 혼들이여! 그러한 봉사에 종사하는
    그대의 희망이 저속하다고
    어찌 생각할 수 있으리 (1: 464-68)

위의 시구는 "스케이트 타기"의 체험과 정서적으로 자연스럽게 연결된다. 이는 제1권의 서두에서부터 "보트 훔치기"의 일화에 이르기까지 계속되는 어둡고 무거운 기분을 워즈워스가 어느 정도 떨쳐버렸음을 보여준다.

기억을 통해 회복의 힘을 얻어 그는 정신의 "흔들리는 균형"(1: 623)을 단단히 붙잡아『은둔자』를 쓰기 위한 정신적 활력을 얻고자 한다. 그러나 이러한 희망이 곧 실현되지 않는다 할지라도『서곡』을 쓰기에 충분한 활력은 얻은 셈이라고 그는 생각한다. 앞길이 평탄하리라 낙관하면서 그는 이제 "하나의 범위가 정해진 주제"(1: 641-42)를 마주하게 되었다. 그것은 구체적인 현실변혁을 대체할 수 있는 거대한 정신세계, 즉 그가 이상적으로 여기는 시적 자아를 구축해나가는 일이다. 그 일은 자연에 대한 사랑과 믿음을 텍스트 속에서 온전히 회복해냄으로써, 또한 순간순간 정신을 어지럽게 흔드는 역사의식을 잠재워버림으로써 비로소 가능하게 될 것이다.

II.

제1권에서 워즈워스는 "시간의 점들"을 재현함으로써 때로는 무의식의 욕망을 순화시키고 때로는 황홀한 일체의 순간을 체험하여『서곡』을 쓰기에 충분한 시적 활력을 회복한 듯, 이제 제2권에서 '있음'의 실체를 보다 구체적으로 건져올리고자 한다. '있음'을 어린 시절 자연 체험 속에서 느낀 것으로 상정하였기에 워즈워스는 '있음'을 텍스트 속에서 현재적 실체로 재구축하여 과거의 자아와 현재의 자아 사이의 연속성을 회복해야 할 필요가 있다. 그러나 그를 가로막는 것은 너무나 분명히 느껴지는 과거와의 단절감이다.

진정시키는 정신이 이제 내 육신을

엄습할 때 내 마음에 그토록 분명히
자리하고 있는 지나간 날들과
나 사이의 공백은 너무나 넓어서
그 날들을 생각할 때 때때로 나는
나 자신과 어떤 다른 존재를 의식하는
두 개의 의식인 듯하다. (2: 27-33)

"진정시키는 정신"이 육신을 지배할 때 열려진 내면의 눈으로 워즈워스는
분명한 모습을 드러내는 "지나간 날들과 나 사이의 공백"을 본다. 현재의 자
아와 과거의 자아라는 단절된 "두 개의 의식"이 있음을 통렬하게 느낀다.
『은둔자』를 쓰기 위해서 워즈워스는 이 두 자아를 통합시켜야 한다. 그런데
웨즈켈(Weiskel)이 지적하듯이 "어떤 다른 존재"란 결국 현재적 자아의 욕망
의 투사체이다.

연속성을 보장하는 활력은 적합한 기표의 (결코 실현될 수 없는) 가능성을
향하고 있다. 영혼이 애초에 느꼈던 것은 공백 속으로 사라졌기 때문이다.
모두가 알고 있듯이, 낭만적 욕망은 결코 성취될 수 없다. 그것은 낭만적
기억만큼이나 근본적으로 자기애적이다. 각자의 객체, 즉 각자의 "어떤 다
른 존재"는 자체 내에 바로 그 현재의 불충족을 담고 있는, 현재의 대체된
투사이기 때문이다. (144)

텍스트 속에서 과거의 자아란 현재의 자아가 자신에게 결여된 것을 투사
시킨 것이다. 즉 현재적 자아의 욕망의 투사체이다. 그런데 라깡 식으로 말
하자면 '욕망'은 획득할 수 없는 것에 대한 '그리움'이기에 이 두 자아의 연
속성의 회복은 쉽지 않다. 다만 자서전 작가는 단절된 자아들 사이의 연속성
의 그림자를 담을 수 있는 가장 적합한 '기표'를 찾기 위해 노력할 수 있을
뿐이다. 회의실이 새로 지어져 원래 그 자리에 있던 오래된 회색 바위가 자

리를 빼앗겼듯이(2: 33-40), 혁명 체험의 상처를 지닌 '지금의 나'는 엄연히 "어떤 다른 존재," 즉 '있음'을 느꼈다고 생각되는 '과거의 나'를 대신하고 있다.

그러나 연속성을 획득하기 위한 워즈워스의 시적 노력은 계속된다. 그는 혹스헤드에서의 보트 경기, 승마, 위낸더(Winander)의 선술집 묘사를 통해 현재의 자아를 과거의 자아에 좀 더 밀착시키려고 애쓴다. 마침내 그는 다시 자연과의 아름다운 일체감을 경험한다.

> 오, 그때 정적과
> 죽은 듯 고요한 물결이 육중한 기쁨과 더불어
> 내 마음 위로 내렸네 또한 결코 그토록
> 아름다운 적이 없었던 하늘은
> 내 가슴 속으로 가라앉아 꿈처럼 나를 껴안았네! (2: 170-74)

자연과의 이러한 일체감은 텍스트 속에서 워즈워스의 자아가 통합되는 '순간적인' 체험이다. 그런데 라깡 식의 "절대적 주체"의 상태인 이 아름다운 체험은 어디서 비롯되는 것일까. 워즈워스는 정신의 움직임과 성장을 논리적으로 분석하는 일의 어려움을 말한다(2: 228-32). "복된 아기"에 대한 묘사 바로 앞에서 분석적 이성을 비판함으로써 그는 분석적 이성보다는 통합을 이루는 정신작용을 강조한다.

워즈워스는 통합을 인식하는 정신작용의 근원으로서 유아와 어머니의 관계를 제시한다(2: 232-54). 유아의 어머니 체험은 최초의 현실 체험이며 전체적인 세계 체험의 바탕이 된다(Shapiro 113). 유아에 대한 어머니의 애정은 매우 강하여 유아는 어머니를 자기와 분리된 존재로 느끼지 못한다. 어머니는 유아에게 "한 소중한 있음"(2: 238)이다. 어머니는 유아의 모든 세계 인식의 근원이며, 어머니의 눈빛을 통해서만 유아는 세계와의 합일감을 획득한다. 어머니에게서 흘러나오는 애정의 힘으로 유아는 서서히 개별적인 사물을 인지하며 그것을 미화한다. 유아의 사물 인식은 최초의 창조행위이다. 이처럼 유아는 스스로를 만들어 나가는 우주의 창조행위에 동참하여 "하나의 위대한 정신의 수행자"(2: 257)가 된다.

> 창조한다 창조자인 동시에 수령자로서
> 자기가 바라보는 작품과 힘을 합쳐
> 일한다. 그것은 참으로 우리 인간 삶의
> 최초의 시적 정신이다. (2: 258-61)

여기서 워즈워스는 인간정신의 능동적이고 창조적인 활동을 강조한다. 인간정신은 자연의 "작품"과 상호 협동을 통해 새로운 세상을 만든다. 워즈워스는 유아의 사물 인식을 "최초의 시적 정신"의 활동으로 제시한다. 그러나 "유아의 감수성"(2: 270)을 지키고 강화시켜나가는 것은 쉬운 일이 아니다. 워즈워스는 또 다시 난관에 처한다.

> 그러나 내 앞엔
> 더 험난한 길이 놓여 있네.
> 울퉁불퉁한 꼬불길에선
> 샤무아의 근육과 독수리의 날개가 필요할지 모른다네.
> 미지의 원인들로 지금 내 마음이
> 어지럽기에. 나 홀로 남겨졌다네
> 이유도 모르는 채 가시적 세계를 찾으며.
> 내 애정의 버팀대들은 제거되었다네. (2: 272-79)

워즈워스는 지금 자기 앞에 "더 험난한 길," "울퉁불퉁한 꼬불길"이 놓여 있음을 인정한다. 이를 극복하기 위해서는 "샤무아의 근육과 독수리의 날개"가 상징하는 엄청난 정신력이 요구된다. "미지의 원인들"로 인해 마음은 어지러우며, "애정의 버팀대들"이 제거된 채 "가시적 세계"를 찾으면서 그는 홀로 남게 되었다고 한다. 그것은 무엇으로 인한 것인가. 하벤스(Havens)는 시기적으로 보아 이것이 부모의 죽음을 가리키는 것이 아니라고 하면서 여기서 워즈워스는 자기가 이해하지 못하는 마음과 정서의 상태를 그리고 있다고 한다(324-25). 그러나 『서곡』에서 시간적 전후 관계는 별로 중요한 것이 못된다. "애정의 버팀대들"은 어머니의 사랑을 포함하여 자연에 대한 사랑을 말한다고 볼 수 있다. "미지의 원인들"이란 사실은 그가 알고 있는 원인, 즉 혁명 체험이나 '도덕적 위기'가 남긴 정신적 상처를 말한다는 것이 이 책의 주장이다. 그로 인해 자연의 배반을 고통스럽게 경험하였기에 그는 자연의 사랑에 대한 깊은 회의를 떨쳐버리기가 힘든 것이다. 이것이 지금 그의 마음을 어지럽힌다.

이해할 수 없는 인간세상의 "신비의 무게"를 떨쳐버리고 자연 속에 홀로 남게 된 워즈워스는 고독을 승화시키려고 애쓰면서 '자연의 언어'에 귀를 기울인다.

> 또한 밤이 다가오는
> 폭풍우로 검어지면 어떤 바위 아래
> 서 있곤 했네 오랜 땅의
> 유령의 언어 혹은 먼 바람 속에
> 희미하게 머무는 음조에 귀 기울이며.
> 거기서 난 상상적 힘을 들이켰네.
> … … …

그러나 영혼은
어떻게 느꼈냐는 기억하지만 무엇을 느꼈냐는
기억하지 못하여 있게 될 숭엄의
막연한 느낌을 간직한다네. (2: 306-18)

가시적 어둠 속에서 열리는 내면의 눈을 뜨고 창조적 힘의 폭풍우 속에서 워즈워스는 '있음'의 소리를 들으려고 귀 기울인다. 그러나 그에게 들리는 소리는 "오랜 땅의 유령의 언어, 혹은 먼 바람 속에 희미하게 머무는 음조"일 뿐이다. 거기서 그가 "상상적 힘"을 들이킨다 할지라도 그것은 실체 없는 바람에 불과할지 모른다. 피리가 지적하듯이 워즈워스는 인간 언어의 힘에 대한 믿음을 거의 가지고 있지 못함을 자인한다(19). '있음'을 텍스트 속에 담고 구현해야 하는데 시인은 그럴 수 없음을 인정한다.

그러므로 『서곡』을 지탱시켜주는 많은 활력은 잃어버린 상상적 "있음"을 언어로 표현하려는 시인의 노력에서 나오지만, 그의 언어가 확인하는 것은 그것이 거의 항상 "없음"의 상태로 느껴진다는 것이다. 그리하여 실제로 워즈워스가 잃어버린 것의 성격조차도 불가해한 것으로 남게 된다. (Jay. *Being in the Text* 80)

'있음'을 언어 속에 담으려는 노력은 결국 다시 한번 '없음'을 통렬히 깨닫게 한다. 제이(Jay)는 워즈워스가 잃어버린 것은 자연도 어머니도 아니며 그의 갈망의 대상을 적합하게 재현할 수 있는 언어의 힘이라고 한다(*Being in the Text* 81). 이제 그에게 중요한 것은 "있게 될 숭엄의 막연한 느낌"을 지켜나가는 일이다. 즉 '있음'을 텍스트 속에서 구현할 수 있는 시적 능력을 길러가는 일이다. 이를 위해서 그는 "무엇을 느꼈나"보다는 "어떻게 느꼈나"를 기억함으로써 미래에도 그렇게 느낄 수 있다는 믿음을 지켜나가고자 한다.

자연 속의 '있음'을 언어로 표현하는 일의 어려움을 깨달은 워즈워스는 '있음'이 사실은 자기의 정신이 만들어낸 것이 아닌가 하고 생각한다.

> 기원을 어떻게 찾을까? 그때 느꼈던
> 경이로운 사물들에 대한 믿음을 어디서 찾을까?
> 때때로 이러한 순간에 그 같은 신성한 정적이
> 내 영혼을 압도하곤 하여 육신의 눈들은
> 완전히 잊혀지고 내가 보았던 것은
> 내 자신 속의 그 무엇, 꿈이거나
> 마음속의 전망인 것 같았다. (2: 346-52)

결국 자연 속에서 보고 들은 모든 것은 현재적 자아의 욕망의 투사체에 다름 아님을 그는 깨닫는다. 그것은 과거에 있었던 것이 아니라 미래에 이루고자 하는 "마음 속의 전망"이나 "나 자신 속의 그 무엇, 꿈"인 것이다[55]. 워즈워스는 자기가 "형체를 빚는 힘"(2: 362)이나 "보조적 빛"(2: 368)을 지니고 있으며 자연애로 인한 기쁨은 자신의 "창조적 감수성"(2: 360)에 의존한다고 생각한다. 이를 깨닫고 그는 주변에 바다처럼 퍼져 있는 축복을 느낀다.

그러나 워즈워스는 "이것이 잘못된 것이라면"(2: 419)하고 또 다시 자신 없음을 드러낸다. 혁명 체험의 상처로 인해 지금은 "전복된 희망의 우울한 폐허"와 "무관심과 무감각," "사악한 광희," "이기심," "태만과 낙담" 등으로(2: 433-41) 얼룩진 시대이다. 그러나 인간은 의미를 만들어낼 수 있는 창조적 정신을 지녔기에 워즈워스는 인간성에 대해 절망하지 않고 "로마인보다 더한 신념"(2: 443)을 지니려고 애쓴다.

III

제3권의 케임브리지 시절의 묘사에서 워즈워스는 대학교육을 비판하고 자연의 교육의 중요성을 강조함으로써 자아 통합을 위한 노력을 계속해 나간다. 제1-2권에서의 진지성과는 달리 그는 다소 냉소적이고 풍자적인 태도로 케임브리지 생활을 묘사한다. 케임브리지는 그의 '삶의 강'에서 일종의 "소용돌이"(3: 14)이며, 그는 꿈꾸는 자가 꿈을 생각하듯이 케임브리지를 비현실적인 곳으로 여긴다. "어떤 요정의 지팡이"(3: 36)의 작용인 듯 일시에 세상이 달라져버렸다. 그는 자기가 그 곳에 맞지 않으며 더 숭고한 목적을 지닌 자라고 느낀다(1805, 3: 80-84).

그러나 자연의 "선택된 아들"(1805, 3: 82) 이라는 자신감은 자기 확신을 가지고자 하는 그의 현재적 자아의 노력에서 나온 것이다. 자신과 밀착되지 않는 현실 속에서 부유하면서 워즈워스는 동료들로부터 떨어져 혼자 있는 시간을 많이 가지며 자신의 마음의 작용에 대해 생각한다. 그는 자신의 창조력에 더 깊이 눈뜨게 되며, 주변에 있는 세계는 자기가 만들었으며 자기에게만 살아있는 세계임을 깨닫는다(3: 144-45). 사물의 내적 의미는 자신이 부여한 것이며 창조적 힘의 원천은 자신의 내부에 있음을 그때 깨달았다는 것이다.

> 오 신이여! 대지의 속박이
> 아직 새로울 동안 영혼들의 힘은
> 또한 그들이 자기 내부에서 하는 일은 얼마나 엄청난가요 세상은
> 그들이 뿌려지는 거친 들판에 지나지 않는 것.
> 이것은 참으로 영웅적인 주장이지요. (3: 180-84)

그러나 이 같은 "영웅적인 주장"을 하더라도 "영혼들의 힘"을 시 속에서 구현하여 다른 사람들에게 전하는 일은 쉽지 않다. "전할 수 없는 힘"에 "숨결"을 불어넣으려고 애써도 홀로 설 수밖에 없는 지점이 우리에게 있으며 우리들 각자는 자신에게만 "기억"일 뿐이다(3: 187-91). 창조력의 원천으로서의 인간정신의 힘과 그것을 담기 위한 언어의 무력함 사이의 커다란 틈을 그는 무엇으로 메울 수 있을 것인가. 그의 마음에는 커다란 "동굴"이 생긴다.

> 내 마음 속엔 햇빛이 결코 스며들 수 없는
> 동굴들이 있었네 그러나 거기
> 빛이 마음대로 들어오는
> 잎이 무성한 많은 정자들이 없는 건 아니었네. (3: 246-49)

상상력의 빛이나 언어의 빛이 침투하지 못하는 이 어두운 "동굴들"에는 그의 욕망과 무의식의 세계가 꿈틀대고 있을 것이다. 『은둔자』의 세계를 지향하기 위해 언제나 억제되어온 구체적 현실변혁에의 의지가 여기에 잠재워져 있을 수도 있다. 워즈워스는 창조적 정신이 마음대로 드러낼 수 있는 사물인 "잎이 무성한 정자들"을 예찬하고자 한다.

그는 자연의 "선택된 아들"인 자신의 학문적 게으름을 정당화하기 위해 당시의 대학교육을 계속해서 비판하며 자기가 일부러 학문의 길을 선택하지 않았다고 이야기한다. 그러나 하벤스가 지적하듯이 책과 학문에 대한 워즈워스의 관심이 실제로는 여기에 이야기되는 것보다 더 많았다면(351-52), 자연과 인간정신을 노래하는 시인이 되기 위한 준비를 하기 위해서 그가 의도적으로 대학교육을 강하게 비판함을 알 수 있다. 그 스스로도 인정하듯이 회상된 과거는 "뒤의 명상"에 의해 꾸며진 것이기(3: 612-16) 때문이다.

케임브리지의 첫 여름방학에 워즈워스는 혹스헤드로 귀향한다. 혹스헤드

의 아름다운 산천을 텍스트 속에서 다시 만나며 그는 케임브리지 체험으로
다소 어지럽혀진 정신의 힘을 회복한다[56]. 과거의 유쾌한 산책들을 "돌아오
는 봄처럼"(4: 137) 체험하면서 그의 영혼은 "벗은" 채로 다시 자연 앞에 서
게 되었다. 그런데 자연 체험을 반복적으로 묘사함으로써 워즈워스는 자서전
적 글쓰기의 성격을 좀 더 분명히 깨닫게 된다.

> 천천히 움직이는 보트 옆에서
> 아래로 몸 굽혀 고요한 물의 가슴 위로
> 매달린 자가 자기 아래
> 바다 밑바닥에서 볼 수 있는
> 그러한 발견물들로 스스로를 위안하며
> 많은 아름다운 광경들 잡초들 물고기들 꽃들
> 동굴들 조약돌들 나무뿌리들을 보고
> 더 많은 것들을 상상하지만,
> 종종 혼란스러워 그림자와 실물을
> 맑은 물결 깊숙이 비치는
> 바위와 하늘 산과 구름을
> 실제 거처에 머무는 사물들과 구분하지 못하듯이,
> 때로 자신의 어렴풋한 모습이 때로 햇빛이
> 또한 어디서 오는지 모를 떨리는 움직임이
> 그의 작업을 더 감미롭게 하는 방해물들이 그를 가로지르듯이,
> 과거의 표면에 매달려
> 그처럼 유쾌한 일을 우리는 오래 해왔노라. (4: 256-72)

"천천히 움직이는 보트"에 매달려 아래로 몸을 굽히면 물의 표면에 비치
는 형상들과 물 속의 형상들, 즉 "그림자"와 "실체"가 겹쳐 보인다. 또한 상
상력이 만들어낸 이미지의 빛과 햇빛, 그리고 떨리는 움직임들이 서로 엇갈
린다. 이 지각의 순간은 한 순간이 아니라 보트와 함께 물의 표면을 가로질

러 움직이는 영상들과 물 속 바닥에 있는 물체들이 서로 어우러지는 하나의 움직임이다(Kearns 77). 이러한 체험 속에서 일어나는 일을 자서전 작가는 끊임없이 겪는다. 글 쓰는 주체인 작가는 글쓰기의 대상으로서의 과거의 자아를 끊임없이 읽어나간다. 이 과정에서 과거의 사실과 현재의 시각이 뒤섞인다. 지각의 순간은 하나의 움직임이듯이 작가는 자신의 삶에 대해 씀으로써 텍스트 속에서 살아가게 되고 미래의 자아를 향해 움직인다.『서곡』을 써나가는 작업이 이같이 "유쾌한 일"임을 깨달음에도 불구하고 워즈워스의 마음속엔 "정신적 추락"(4: 278)이 일어난다. 이는 이러한 자서전적 노력이 어떤 근원적인 한계를 지닌 것이며,『서곡』에서의 글쓰기 작업이 결국 자기가 희망하는 만큼의 의미를 건져내지 못하지나 않을까 하는 그의 무의식적인 두려움의 소산으로 이해될 수 있다.

새벽까지 한바탕 떠들썩하게 춤추고 놀고 난 뒤 동틀 무렵 집으로 돌아오면서 워즈워스는 자신이 시인의 소명에 "바쳐진 정신"(4: 337)임을 깨닫는다. 곧 이어 그는 고독을 예찬하면서(4: 353-56) 세속적 일이나 세속적 즐거움에 지치고 싫증나고 침울해 있을 때 고독은 은총처럼 느껴진다고 한다. 그는 여름방학의 향락에 대해서 다소 "억지스런 비판"을 가함으로써(Havens 362), 시인으로서의 자신의 소명이 자연 앞에 홀로 선 개별적 정신의 힘을 예찬하는 것임을 다시 한 번 스스로에게 다짐한다.

이 같은 방향으로 자신을 몰아가려고 애쓰는 순간에 그는 제대군인을 만난다. 제대군인은 인간사회의 모순과 갈등의 소산인 전쟁의 참상을 몸소 체험한 자로서 고통 받는 인간의 전형이다. 무어먼과 존스턴은 제대군인과의 조우가 워즈워스로 하여금 인간의 고통에 눈뜨게 하여 사회적인 책무를 느끼게 하는 사건이라고 해석한다(The Early Years 113, 137). 워즈워스가 이 사건을 여기서 제시한 의도는 이러한 해석과 일치할 것이다. 그러나 이 책에서는 이 사건이 텍스트 상의 체험이라는 점에 주목하고자 한다. 이 장면에서 제대 군인은 살아있는 한 구체적인 인물이기보다는 다분히 워즈워스의 마음이 만들어낸, 그의 무의식 속에서 자기도 모르게 튀어나온 인물인 듯 그려져 있다.

> 그러나 보라! 갑자기 길모퉁이를 돌 때
> 나타난 낯선 형체를
> 너무 가까워서 우거진 아가위나무 그늘 속으로
> 미끄러져들며 그를 잘 볼 수 있었다
> 내 모습은 숨긴 채. 그는 보통사람보다
> 한 뼘 정도는 더 컸는데
> 뻣뻣하고 홀쭉하며 꼿꼿이 서 있었다 밤이건 낮이건
> 더 야윈 사람을 본 적이 없었다.
> 팔은 길고 손은 창백했으며
> 입술은 달빛에 송장 같았다.
> 뒤에서 이정표가 그를 받쳐주었다. 나는 또한
> 그가 색은 바랬지만 흠 없는 군복을 온몸에
> 입었음을 볼 수 있었다. 친구도
> 지켜주는 개도 받쳐줄 지팡이도 없이
> 그는 서 있었다 그러한 옷을 입은 그는
> 번득이는 세상의 치장들이
> 생소한 배경이 되는
> 황량함이나 단순함 같아 보였다. (4: 386-403)

죽음처럼 고요한 길을 가다가 길모퉁이를 돌 때 어둠 속에서 갑자기 나타난 뻣뻣하고 여윈, 키 큰 "낯선 형체"를 보고 워즈워스는 강한 두려움을 느낀다. 긴 팔과 창백한 손, 달빛에 비친 송장 같은 입술은 두려움을 더해준다. 그는 살아있는 인물이라기보다는 "황량함"이나 "단순함" 등의 실체 없는 '추상'으로 다가온다. 무관심한 어조로 전쟁이나 전투나 페스트에 대해 이야기하는 그는 워즈워스에게는 유령 같은 인물이며 "낯선 반-부재"(4: 442)이다. 워즈워스가 과거에 실제로 그를 만났다 할지라도 텍스트 속에 구현되는 그의 형상은 워즈워스의 내면에서 나온 정신의 투사체이다. 오너레이토는 그를 워즈워스의 정신 속에 내재해 있는 "아버지적 존재"의 투사체로 보았지만 (274), 왜 하필이면 그것이 제대군인의 형상으로 제시되는지에 대해 설명하지 않는다.

제대군인은 구체적 현실 속에서 고통 받는 인간에 대한 워즈워스의 죄의식의 투사체로 볼 수 있다. 자연으로 돌아선 후 워즈워스는 인간 고통을 구체적 현실의 맥락 속에서 보지 않고 고통을 내면화시켜 정신적으로 승화시키려고 애쓴다. 여기서도 제대군인의 구체적 현실은 지워지고 마치 꿈속 같은 몽롱한 분위기 속에서 그는 워즈워스 내면에서 튀어나온 유령 같은 존재로 그려진다. 텍스트 속에서 제대군인의 이미지를 자기 밖으로 투사시킴으로써 제대군인에 대한 시인의 죄의식에서 나온 억압된 정서인 두려움은 밖으로 배출된다. 워즈워스는 그를 집으로 데려오지 않고 그에 대한 구체적인 도움을 남의 손에 맡김으로써 만족한다. 그를 다른 손길로 인도하고 워즈워스는 다시 시인의 소명을 지닌, 자연 앞에 홀로 선 자신에게로 되돌아온다.

제4권에서 시인의 소명을 깨닫고 제대군인과의 조우를 통해 억압된 정서를 배설시켰지만 워즈워스는 제5권에서 다시 벽에 부딪힌다. 그는 또다시 언어의 무력함을 생각하고 인간의 언어로 된 책의 한계를 슬퍼한다. "그토록 유약한 사당"(5: 49)인 책 속에 인간은 무한한 가슴의 말들을 묻어버릴 수밖에 없다[57]. 책 속에 정신을 묻어버리고 인간은 책이 자기에게서 떠나는 것을 보면서 참담함과 우울함, 버림받음과 쓸쓸함을 느끼게 된다. 언어의 한계에 대한 시인의 쓰라린 인식은 "아랍인 키호테"(Arab-Quixote)의 일화에서 자신의 시적 죽음에 대한 두려움의 형태로 드러나기도 한다.

그는 이와 대조적으로 자연은 "살아있는 있음"(5: 34)으로 인해 영원히 쇠퇴하지 않는다고 본다. "자연의 자아"는 "신의 숨결"이며 "기적으로 계시된 그의 순수한 말씀"(5: 221-22)이라고 한다. 워즈워스는 "이 시는 자연의 자아와 자연이 가르치는 대로 가르치는 것들에 바쳐진다"(5: 230-31)라고 말하면서『서곡』집필을 통해 '자연 신화'를 강력하게 구축해나간다.

워즈워스는 자연의 가르침을 "위낸더 소년"을 통해 제시하면서 텍스트 속에서 다시 한 번 이를 체험한다. 위낸더 소년은 "비범한 유아"(Infant Prodigy)와 대조적인 "참된 아이들"(5: 411)의 대표적 인물로 제시되어 있는데, 우리는 이 일화에서『서곡』전체에 걸친 '자연 신화'의 구조를 요약적으로 읽을 수 있다.

> 한 소년이 있었다네. 그대들은 그를 잘 알았네
> 그대들 위낸더의 절벽들 섬들은! 저녁에
> 가장 이른 별들이 뜰 때나 질 때나
> 언덕 가장자리를 따라 움직이기 시작했을 때
> 여러 번 그는 홀로 서 있곤 했다네
> 나무들 아래 혹은 희미하게 빛나는 호숫가에서
> 그리곤 거기서 손가락을 깍지 끼고
> 양 손의 손바닥을 바싹 붙여 누르고는
> 입에다 갖다 올려 마치 악기를 다루듯
> 고요한 올빼미들을 부엉부엉 흉내내어 불렀다네
> 올빼미들이 그에게 응답하도록.
> 그리하여 올빼미들은 소리치곤 했다네
> 물의 계곡 너머로 다시 소리쳤다네
> 그의 부름에 응답하여. (5: 364-76)

위낸더의 산천이 익히 알고 있는 이 소년은 저녁 무렵 홀로 나무 아래 혹은 호숫가에 서서 자연의 능동적인 정신과 상호교류한다. 자연의 능동적인 정신과 상호교류하면서 소년은 온 마음으로 자연을 받아들인다. 소년의 소리(올빼미의 울음 흉내소리)와 자연의 소리(올빼미의 실제 울음소리)는 상호 결합되어 커다란 조화를 이룬다. 소년은 자연의 일부로서 자연을 더욱 자연답게 만드는 데 일조하면서 자연의 순환과정에 적극적으로 참여하고 있는 것이다.

그러나 이 소년은 죽었다. 시인은 침묵하며 소년의 무덤을 응시한다. 르궤이로(Regueiro)가 적절히 지적하듯이 자연과 소년과의 합일이 과거에 있었던 일이며 현재 속에서 일어날 수 없기에 소년은 죽은 것으로 그려지는 것이다(56). 소년의 죽음은 워즈워스의 현재적 자아가 소년에 대해 갖는 거리감을 말해준다. 위낸더 소년을 묘사하면서 시인은 자연과의 합일을 체험하려고 애쓰지만, 시인이 깨닫는 것은 과거의 자아와의 분명한 단절감이며 시인은 텍스트상의 체험의 한계를 깨닫는다. 시인이 위낸더 소년을 텍스트 속에 담음으로써 소년의 창조적 정신은 불완전한 언어 속에 묻히게 된다. "익사한 자"의 체험에서 소년은 실제적인 죽음을 상상력에 의해 동화 속의 이야기로 대체시켜 그 공포를 극복한다. 죽음을 죽음 아닌 것으로 대체시킬 수 있는 소년의 창조적 정신은 그러나 역설적으로 시인이 만들어낸 언어의 무덤 속에 묻히고 만다.

워즈워스의 시적구도에 의하면 자신의 현재적 자아가 텍스트 속에서 자연과 완전한 합일을 이룰 때, 즉 자연 속의 '있음'을 언어 속에 온전히 담을 수 있을 때 시인은 『은둔자』를 쓰기 위한 시적 자아를 온전히 정립하게 된다. 그러나 제1-5권에서 시인은 '있음'에 대해 이야기하지만 그것은 언어 속에 '없음'의 형태로 담길 뿐이다. 또한 시인은 기억 속의 '있음'의 그림자를 텍스트 속에 구현함으로써 '있음'과 밀착되고자 하지만 그럴수록 과거에 대한 분명한 거리감을 느낀다. 시인은 마음속의 어둠과 황폐함을 온전히 물리칠 수 있을 정도로 탄탄한 자연애를 회복하지 못한다. 이는 자연 속의 삶이 새로운 세계를 열어 주리라는 믿음이 상황의 자연스런 귀결이 아니라 그의 의지의 산물이었음을 말해준다. 『서곡』의 길 어디쯤에서 시인의 믿음은 실현될 수 있을 것인가. 그에겐 아직 걸러내어야 할 혁명 체험의 '찌꺼기'가 남아 있다. 그것을 걸러내고 자연애와 인간정신의 힘에 대한 믿음을 온전히 획득할 수 있는 방향으로 그는 자신을 몰아가려고 한다. 그러기 위해서는 시적 구도에 맞게 혁명 체험을 재해석하여 승화시켜야 할 필요가 있는 것이다.

6. 혁명체험의 재해석: 『서곡』 9-11권

I.

프랑스 혁명의 체험은 워즈워스를 위대한 시인으로 만들었다. 역사의식이 담긴 초기의 몇몇 시편들은 물론이거니와 이른바 '위대한 십년' 동안 집필된 대부분의 중요 시편들은 다양한 방식으로 그 체험을 반영한다. 자연애와 인간정신의 힘을 노래하는 것이 그의 주된 시적 작업이라 하더라도 그것 역시 혁명에 대한 환멸에서 나온 것으로 볼 수 있다. 그는 영국 낭만주의 시인들 중 유일하게 혁명을 직접 목격한 자로서 그 체험은 비록 짧은 기간 동안 그의 정신을 지배했지만 그 충격은 깊고 커서 그의 시적 생애의 많은 부분에 걸쳐서 그 상흔이 남아 있다. 『서곡』은 그 상흔을 지워나가는 과정의 이야기이기에 혁명체험의 묘사는 『서곡』에서 큰 비중을 차지한다. 『서곡』에서 이 이야기가 뒤로 미루어진 것은 그것이 중요하지 않아서가 아니라 오히려 너무나 중요한 일이기 때문이다(Ellis 156). 이는 제9권을 여는 아래 시구에 잘 드러난다.

> 강이 옛 추억에 이끌리는 것 같기도 하고
> 탐욕스런 바다 속으로
> 그를 곧 집어삼킬 곧은길을
> 만들기 두려워 옆으로 흔들리기도 하여
> 돌아서 훨씬 뒤로 후퇴하여
> 처음 출발할 때 건넜던
> 바로 그 지역을 찾듯이 벗이여! 우리도 그렇게
> 복잡하게 유예하며 돌아서 돌아왔다. (9: 1-8)

시인의 자서전적 작업이 강의 흐름에 비유된다면 혁명 체험의 회상은 "탐욕스런 바다" 속으로 휘말려 들어가는 일이 된다. 그는 혼란에 빠질까봐 두려워 많이 유예한 후 정신적 힘을 보강하여 "용기와 새로운 희망으로"(9: 18) 텍스트 속에서 혁명을 추체험하려 한다. 따라서 위의 시구를 보면 워즈워스가 제8권까지 오랜 자연 체험을 그리는 것이 혁명 체험을 마주보기 위한 정신적 힘을 보강하는 "복잡한 유예의 길," 즉 그 준비과정인 양 묘사되어 있다. 그러나 여전히 그에게 그 체험은 "불쾌하고 다루기 힘들며 그 자체로서 가까이 하기 힘든"(1805, 9: 16-17) 주제로 남아 있다.

그 체험을 다루는 일의 두려움은 일차적으로는 그것이 준 엄청난 충격과 상처에 기인하는 것이지만 더 큰 원인은 그 일이 과거의 단순한 재현이 아니라 현재의 목적에 부합되게 과거를 재해석하고 변형시키는 일이라는 데 있을 것이다. 『서곡』에서 워즈워스의 주된 작업인 과거의 자아와 현재의 자아 사이의 연속성을 획득하는 일은 혁명 체험을 통해 갖게 된 역사의식과 정치의식을 그것이 상당부분 억압된 현재의 의식에 비추어 재평가하고 재구성하는 일과 직결된다. 『서곡』은 30대 초반에서 죽을 때까지 여러 번 개정되어왔기에 혁명 체험은 정치적 보수화로 치닫는 중년 이후의 워즈워스의 의식이 수용할 수 있는 방향으로 재해석되었다고 볼 수 있다. 시인의 초기의 정치의식은 이미 앞에서 살펴본 바 있으므로 후기의 정치의식을 구체적으로 알아봄으로써 혁명 체험의 수용방향을 추측해볼 수 있다.

프랑스 혁명과 고드윈적 개혁사상에 대한 초기의 믿음은 후기로 갈수록 약화되고 영국의 다른 지식인들과 더불어 워즈워스는 분명 정치적 보수주의자로 바뀌게 된다. 1821년 로쉬(James Losh)에게 보내는 편지에서 그는 1798년 프랑스의 스위스 침공이 프랑스에 대한 자신의 공감을 결정적으로 바꾸어놓았다고 한다(Gill 129). 1803년 10월 워즈워스는 그라스미어의 대부분의 사람들과 함께 군대지원병이 되어 일주일에 두세 번 정도 프랑스 군대를 격퇴시키기 위한 훈련에 참여한다(Gill 233). 1803년 클락슨 부인(Mrs. Clarkson)에게 보내는 편지에서 도로시는 "프랑스인들을 더 단호하게 증오하거나, 그들이 정말 침공해 온다면 쳐부수기 위해 더 자발적으로 최선을 다할 사람은 진정 없었을 거예요"(*EL* 335)라고 말하는데, 이는 이 무렵 워즈워스가 프랑스에 대해 지닌 적대적 태도를 단적으로 전해준다.

10년 전만 하더라도 프랑스와 전쟁을 하는 영국을 격렬히 미워하면서 영국이 패배할 때 내심 기뻐했던 워즈워스는 이처럼 변했으며 이제 혁명으로부터 완전히 돌아섰다고 할 수 있다. 1813년 4월 말 그는 가족의 경제적 궁핍을 해결하기 위해 론즈데일 경(Lord Lonsdale)의 도움으로 인지배급관으로 일하게 된다. 이것은 종종 워즈워스가 빵을 위해 명예를 저버린 일로 평가되며, 그가 세계와 자기배반적인 타협을 하였음을 알려준다(Gill 296). 1818년 지방의회 선거에서 워즈워스는 토리당 입후보자인 론즈데일 경의 아들을 위해 선거운동에 가담하여 그를 옹호하는 글인 「웨스트모아랜드 자유 부동산 보유자들께 드리는 두 인사말씀」("Two Addresses to the Free-holders of Westmoreland")을 쓴다. 이 글의 내용은 「랜더프 주교께 드리는 공개서한」의 모든 느낌이나 원칙들과 대조적인 것으로서 이 글을 읽은 셸리(P. B. Shelley)는 아래와 같이 워즈워스의 변절을 통렬히 개탄한다.

> 그 워즈워스는 얼마나 짐승 같고 불쌍하고 비열한 작자인가! 그러한 자가
> 그러한 시인이라니! 그와 비교될 수 있는 사람은 시실리 폭군들의 아첨꾼
> 인 동시에 가장 자연스럽고 부드러운 서정시인인 시모니데스밖에 없다.
> (Read 160)

이러한 비판은 후기의 워즈워스가 정치적으로 얼마나 경직되었는가를 잘 보여준다[58]. 1822년 무렵 워즈워스는 영국 국교도가 된다. 1832년에는 선거법 개정 법안을 반대하며 이를 추진하는 자들이 역사상 가장 큰 정치적 범죄를 짓고 있다고 생각한다(Gill 363). 그는 선거권이 없는 계층은 그것을 지닐 능력이 없으며 그들의 참정권 요구는 부적절하고 무책임하다고 생각한다(Todd 173). 이처럼 후기의 워즈워스는 초기의 정치적 입장을 대부분 저버리게 된다. 로빈슨(Crabb Robinson)은 1814년 이후 동료인간들의 복지에 대한 관심이라는 측면에서 워즈워스는 죽었다고 말한다(Sperry 48).

비록 그 자신은 정치적 변절자라는 비판에 민감하게 반응하면서 "나의 원칙들은 하나도 바뀌지 않았다"고 말함으로써(Gill 320) 정치관의 연속성을 주장하지만, 앞서 언급한 후기의 정치적 움직임들 속에서 우리는 워즈워스의 초기의 정치관을 찾아볼 수 없다. 그는 후기로 갈수록 '우중 통치'를 두려워하게 되며 영국에 혁명이 일어날까봐 염려하고 심지어 비밀투표의 제안마저 싫어한다. 그 자신의 주장과는 달리 그의 정치적 견해는 분명히 변하였다. 다만 길이 말하듯이 「랜더프 주교께 드리는 공개서한」과 솔즈베리 시편, 마

슈즈에게 보낸 편지들을 출판하지 않았기에 그는 거침없이 자신의 정치적 입장의 연속성을 주장할 수 있었는지도 모른다(320-21). 만약 이러한 글들이 발표되어 공적으로 알려졌더라면 워즈워스는 자신의 변절을 부정하기 힘들었을 것이다[59].

워즈워스는 자신의 정치관이 본질에 있어서 변화하지 않았다고 이야기할 필요가 있었기에 혁명 체험을 재해석하는 하나의 시각을 설정했으며 그것이 바로 버크적인 시각이다. 「랜더프 주교께 드리는 공개서한」에서 버크의 보수적 정치관을 분명 비판한 바 있지만, 1832년경 『서곡』의 제7권 속에 버크를 예찬하는 시구를 집어넣음으로써 그는 혁명 체험 재해석을 위한 이론적 틀을 마련한다.

버크는 국가적 삶의 연속성을 이유로 군주제를 신봉하였으며, 역사에 대한 감각과 국가적 전통에 대한 인식이 결여되어 있다는 이유로 프랑스에서 찬양되는 종류의 민주주의를 불신하였다(Sperry 67). 버크는 관습과 경험의 권위를 인정하고 프랑스 혁명이 추상적 정의 위에 세워진 것이라고 비판하였다. 역사와 전통과 경험을 존중하며, 사회를 그 구성원들 사이의 애정 어린 유대를 통해 점진적으로 성장 발전하는 하나의 유기체로 보는 버크의 보수적 입장은 1793년의 워즈워스의 정치적 입장과 배치된다. 그러나 워즈워스는 『서곡』의 작가로서 현재의 정치적 시각을 버크적인 것으로 설정함으로써 과거의 정치적 시각을 무경험과 미성숙에서 비롯된 불완전한 것으로만 재해석한다. 자아의 연속성을 이끌어내기 위해 그는 1791-94년 사이에도 자신이 여전히 내면 깊숙이에서는 버크의 영향 하에 있었음을 알릴 필요가 있었고, 이를 위하여 1790년대 전반기의 런던 체험을 묘사하는 부분에서 버크를 예찬하는 아래의 시구를 1832년 삽입한다[60].

버크의 영(靈)이여! 우쭐대는 지도자들을

불신하기 시작한 순진한 자들과 현혹된 자들이

더 현명해지고자 하는 현명한 자들이

지금은 침묵한, 차가운 무덤 속에서

영원히 침묵한 그대의 가장 유창한

혀에서 포착한 바를 허울 좋은

경이에 유혹당해 너무 늦게 말하는

펜을 용서하시오. 황홀한 청취자들이여!

나는 그 분이 늙었지만 늙어서도 원기왕성한 그 분이

수사슴 뿔 가지들이 잎 무성한 이마에서 뻗어나와

숲의 더 어린 형제들에게 한층 더 두려움을 주는

떡갈나무처럼 서 계시는 것을 본다. 허나 혹자는

그 분이 추상적 정의 위에 세워진 모든 제도들을

예고하고 비난하고 신랄한 조소를

퍼부으실 때 각하께서 시간으로 신성하게 된

제도와 법규들을 공포하실 때

관습이 소중하게 한 사회적 결속의 생생한 힘을

선언하실 때 심한 멸시로

갑자기 생겨난 이론을 타파하시며

타고난 신의를 강조하실 때

혹자는 바로 말해서 고집 센 군중은

군주의 사슬에 상처입어 바람이

이얼리스 신의 동굴에서 짜증내듯이

투덜거린다 (진리는 사랑 받지 않는 곳에서 미움 받기에).

밤마다 격렬한 싸움을 자극하고 격정의 검은 구름을 일으키는

불길한 변화로 웅성거리는 때로다.

… … … …

… … … 젊은이나 고전적 유창함의 무게 아래

가슴 부풀었던 고전에 정통한 자라면

앉아서 보고 들으며

어찌 감사하지 않으며 고무되지 않을 수 있으리? (7: 512-43)

위의 시구는 하트만이 말하듯이 집필 과정에서 새로운 전기적 사실로 서술 속에 들어온 것이며(*Wordsworth's Poetry* 46), 청년 워즈워스가 과거에 느꼈던 것이 아니다. 감탄어구로 시작되어 의문문으로 끝나는 위의 시구는 정서적으로 상당히 고양되어 있으며 마치 집필 과정에서 무의식적 자아가 의식의 영역 속으로 뚫고 나오며 내뱉은 말인 듯한 인상을 준다. 그러나 『서곡』의 정치적 관점이 처음부터 끝까지 버크적인 것을 감안할 때[61], 이 시구가 단순히 무의식의 표출이라고 보기는 힘들다. 제9권 이후에서 다루어질 혁명 체험의 재해석을 위한 관점이 여기서 의도적으로 미리 제시됨으로써 독자는 버크에 대한 우호적인 태도를 자기도 모르게 갖게 된다.

버크는 경험 없는 젊은이들에게 경외를 느끼게 하는, 경험과 전통과 역사의 인간적 구현체를 상징하는 "떡갈나무" 같은 존재로 그려진다. 그는 "추상적 정의" 위에 구축된 모든 제도들을 공격하며 시간에 의해 신성해진 제도와 법을 존중하고 "사회적 결속의 생생한 힘"이 관습에 의해 소중하게 된 것임을 선언한다. 또한 "격정의 검은 구름"에서 나온 "갑자기 생겨난 이론"이라는 이유에서 프랑스 혁명을 비판한다. 버크의 "고전적 유창함"을 지닌 웅변을 듣고 워즈워스 같은 젊은이는 자기도 모르게 영향 받기 마련이라는 것이다. 젊은 시절 그 의미를 분명히 알 수 없었고 혁명 체험을 통해 버크와 반대되는 생각을 갖게 되었지만, 그것은 무경험과 미성숙의 탓일 뿐이었으며 자신은 언제나 의식 깊은 곳에서는 버크의 영향 하에 있었다는 것이다. 버크는 혁명에 대한 정치적 이론가들이 "낭만적 요정나라"에 살고 있음을 암시했는데(Chandler 48), 워즈워스도 『서곡』에서 혁명 체험을 재해석함으로써 버크가 예언적으로 이끌어낸 것과 동일한 결론을 끌어내려고 애쓴다.

챈들러(Chandler)는 『서곡』에서 워즈워스가 세 가지 뚜렷한 이데올로기적 관점을 제시한다고 하는데, 그것은 혁명 체험을 논평하는 작가의 관점, 청년 워즈워스의 관점, 프랑스 혁명가들의 관점 등이다(45-46). 이러한 관점들을 복합적으로 제시함으로써 워즈워스는 1793년과 보수화 이후의 정치관이 사실은 같은 것이라는 식으로 혁명 체험을 재해석한다. 잘못은 생각이 모자랐던 젊은이에게 있는 것이 아니라 추상적 이론에만 바탕을 둔 혁명사상 자체에 있으며 젊은이는 초기에 혁명사상에 경도되지만 자기 내부의 영국적 전통과 역사에 대한 감각이 여러 위험한 사건들을 거치면서 그를 도덕적 과오로부터 건져낸다고 본다. 이와 같이 해석함으로써 워즈워스는 변절을 인정할 필요 없이 혁명 체험의 고통스런 상처를 시적으로 승화시키고자 한다.

그러나 이러한 작업이 생각만큼 쉬운 일은 아니다. 혁명 체험의 시적 승화는 상상력을 인간사회의 일에 바로 적용하는 것으로서 『은둔자』의 작가가 되기 위해 워즈워스가 반드시 거쳐야 하는 난관이기도 하다(Johnston 174). 이것이 힘든 작업이기에 『서곡』의 다른 부분과는 달리 이 부분에서 작가 워즈워스는 상당한 정신적 혼란상을 드러낸다. 맥코넬(Mcconnell)은 제9-11권이 다른 어떤 부분보다도 훨씬 더 낮은 동요의 상태에서 집필된 듯 극도의 정신적 고갈의 기운이 감돈다고 하면서 이 부분은 서사의 외적 형태와 내적 형태 사이의 분열의 현저한 예라고 한다(135). 이러한 고갈과 분열은 현재적 시각에 맞추어 혁명 체험을 재해석하고 변형시키는 일의 힘겨움을 반영해준다.

역사 속의 혁명이나 워즈워스 개인사 속의 혁명 체험이 아니라 그것들에 대한 '묘비명'을 쓰고 새로운 종류의 역사적 실체인 '이상적 자아'를 정립하는 것이 『서곡』에서 시인의 핵심적 작업이기에 혁명 체험은 상당히 변형되어 묘사될 수밖에 없다. 이를 위해 워즈워스는 그 체험의 외적 사건들을 실제 이상으로 단순화시킨다. 제9권에서 그는 프랑스에서의 정치교육을 이상화하고 낭만화하여 그때의 자신의 정치의식이 현실적 기반이 없이 허공에 부유하는 것인 양 묘사한다. 제10권에서는 로베스피에르(Robespierre)의 공포정치가 몰고 온 정신적 충격과 혼란을 강조함으로써 혁명적 이상이 이성에 입각한 것이 아님을 드러낸다. 제11권에서는 버크적 시각에서 몇 년 간의 혁명 체험을 재정리함으로써 자연으로 돌아가기 위한 논리적 토대를 구축한다. 이리하여 워즈워스는 정치적 자유에서 개인적 자유를 이끌어내려 했던 초기의 입장이 헛된 것임을 밝히고, 개인의 정신적 자유에서 해방된 세계를 이루려는 후기의 입장을 옹호한다. 그리고 사실은 후기의 입장의 싹이 초기의 입장 속에 이미 들어있었음을 밝혀 자서전 집필을 통해 자아의 연속성을 구축하려고 한다.

II.

프랑스로 가기 전 런던에서 당대 지적 논쟁의 주류를 이루는 혁명사상을 접하고 그 영향을 받았음에도 불구하고, 제9권에서 워즈워스는 고삐 풀린 망아지처럼 자유롭게 돌아다니면서 저명한 사람들과 자주 접촉하지 않은 채 미미한 인물로 살았다고 함으로써(9: 23-28) 이 무렵의 자신의 사회적 관심의 성장에 대한 구체적 언급을 회피한다. 또한 "프랑스가 나를 유혹했다"(9: 34)라고 말할 뿐 프랑스로 다시 가는 이유를 구체적으로 밝히지 않는다. 1805년 판에는 불어를 더 잘하기 위해서라는 이유를 밝히는데(1805, 9: 37), 차드(Chard)는 워즈워스의 프랑스행이 영국의 부패한 체제와 비효율적 법률에 대한 혐오에 의해 촉발된 것일 수 있다고 하면서 불어를 배우려는 욕망과 혁명에 대한 관심은 밀접하게 연관된 것일 수 있다고 본다(68-69). 즉 그가 혁명사상을 보다 더 잘 이해하기 위해서 불어를 배우러 프랑스로 갔을 수 있다는 것이다[62].

곧이어 워즈워스는 1790년 존스와의 알프스 여행을 상기하는데, 그때 그들은 기본적으로 자연의 아름다움을 보고자 했지만 혁명의 열기도 그 여행의 한 부분을 차지하며 이 무렵 그는 프랑스 혁명으로 인해 유럽 전체가 인간해방의 기쁨으로 들떠 있음을 느낀다(6: 339-74 참조). 바스티유(Bastille)가 함락되고 왕이 더 민주적인 헌법을 수용함으로써 파리에서 "연방 축제"가 벌어졌는데 그 하루 전날인 1790년 7월 13일 그는 프랑스에 도착한다. 그는 온 천지에 기쁨과 박애와 축복의 기운이 향기롭게 퍼져 있음을 느낀다. 왕과 국민 사이의 평화로운 결합에 바탕을 둔 인간해방의 현장을 목격하면서, 그는 프랑스 사람들과 함께 원을 만들며 해방의 춤을 춘다. 혁명 시기의 프랑스 체험은 청년 워즈워스에게 깊은 인상을 주었을 것임이 분명하다. 이러한 점들로 미루어볼 때 워즈워스의 프랑스행은 단순히 불어를 배우기 위해서라기보다는 영국에서 진행되고 있는 혁명에 대한 논의에 자극 받아 정치적 문제를 자신이 직접 풀어보기 위해서라고 볼 수 있다. 그러나 워즈워스는 제11권의 서두에서 그 무렵 자신이 혁명에 대한 관심이 전혀 없는 채 프랑스로 간 것처럼 묘사한다.

파리에서 워즈워스는 마르스(Mars)의 들판, 성 안토니(St. Anthony)의 교외, 몽마르뜨르(Mont Martyr) 사원, 즈느비에브의 돔(Dome of Genevieve) 등 주로 평화로운 혁명과 관련되어 최근에 유명해진 장소들을 관광한다. 또한 정치적 모임에 참석하여 혁명 세력이 "폭풍에 흔들리는 정박한 배처럼"(9: 51) 움직이는 것을 지켜본다. 그는 혁명의 기운이 넘실대는 파리를 밀턴(Milton)의 『실락원』에 나오는 '카오스'인 양 "거친 소란"(9: 58)의 장소로 표현한다. 그런데 이러한 혁명의 움직임 속에서 워즈워스는 자신이 이방인이었음을 강조한다.

고요한 서풍이 바스티유의 먼지를
데리고 노는 곳에서 훤히 트인 양지에 앉아
쓰레기 더미에서 돌멩이를 주워
열광자를 가장하며 그 유물을
호주머니에 넣었네. 그러나 솔직히 말해서
실제 이상의 감정을 가장하며
나는 찾아낼 수 없는 그 무엇을 찾으려 했었네.
이러한 다양한 광경들은
최초의 충격이 아무리 강했더라도 내겐
르 브랭이 그린 맥덜린보다 여행자의 수고에 대한
더 작은 보상으로 여겨졌음이 너무나 분명했었네
흐트러진 머리칼 빛나는 눈
끊임없이 흐르는 눈물로 적셔진
회한에 찬 창백한 뺨의 정교한 미보다. (9: 67-80)

　혁명이 낳은 생생한 폭력의 현장을 보고 워즈워스는 "열광자를 가장하며" 돌멩이를 기념품으로 간직하는 여유를 보이지만 무엇에 대해 열광하는지는 구체적으로 말하지 않는다. 그는 "찾아낼 수 없는 그 무엇을 찾으려 하며" 실제 이상으로 감정을 과장하기도 했다고 한다. 이 모든 행위나 정서의 구체적 동기는 혁명적 이상에 대한 관심이라는 것을 그는 르 브랭(Le Brun)의 그림 맥덜린(Magdalene)을 곧이어 언급함으로써 가리고 만다. 워즈워스는 그녀의 미를 단순히 감각적이고 감상적인 미로 처리함으로써 이 무렵 자기에게는 혁명의 의미보다도 그녀의 아름다움이 더 큰 무게로 느껴졌다고 말하는 듯하다. 여기서 워즈워스는 그때 자신이 맥덜린의 아름다움과 혁명의 아름다움 사이의 유사성을 읽지 못하고 있는 것으로 그린다.

　그러나 분명『서곡』의 취지는 1791년의 여행자가 참회하는 맥덜린과 혁명의 아름다움을 잘못 읽었다는 것이다. 그 그림에서 가장 중요한 것은 맥락 없는 미가 아니라, 미가 표현되는 상황이나 양상이다. 『1805 서곡』은 젊은 여행자가 참회의 상황 속에서 감상적 미를 느낀다는 것을 기록한다. (Liu 369)

혁명의 아름다움이 피비린내 나는 바스티유에서의 격투가 낳은 것이라면 맥덜린의 아름다움은 쓰라린 참회의 깊이에서 나온 것이다. 맥덜린의 모습에서 중요한 것은 참회하는 그녀의 감각적 아름다움이기보다는 참회 자체가 지닌 정신적 아름다움의 감동일 것이다. 그때 워즈워스가 바스티유에서보다 맥덜린에게서 더 큰 위안을 느꼈다면 그것은 분명 그가 그 그림의 의미를 피상적으로 읽은 데서 비롯된다. 그런데 바스티유라는 생생한 혁명의 현장이 워즈워스에게 아무런 감동을 주지 못하는 것으로 그려진 것은 인물 워즈워스가 그 당시 느꼈던 어떤 특별한 감동을 작가 워즈워스가 억압시키고 있는 데서 기인하는지도 모른다. 만일 그렇다면 그것은 작가 워즈워스가 글 쓰는 현재에 바스티유에서의 폭력을 편한 마음으로 받아들일 수 없음에서 비롯된 것이다.

워즈워스는 혁명의 현장에서 자신이 이방인이며 방관자였기에 아무런 가슴의 동요도 느낄 수 없었다고 계속 묘사한다. 온 세상이 혁명의 폭풍우로 뿌리째 흔들리고 있는데 자기는 온실의 꽃처럼 혹은 거실의 관목처럼 "방해받지 않는 평화"(9: 89)를 즐기고 있었다고 묘사한다(9: 86-92). 이러한 무관심은 스스로 인정하듯이 "이상한" 것이다(9: 92). 그는 "필요한 지식"(9: 93)이 준비되어 있지 않았다고 변명하지만 앞서 이야기했듯이 그가 정치적 문제를 스스로 해결해보기 위해서 프랑스로 간 것이라면 이러한 무관심은 과거의 체험에 대한 작가 워즈워스의 재해석에 지나지 않는다.

이 무렵 워즈워스는 비로소 그 시대의 중요한 팜플렛을 읽어보는 등 혁명의 진행 과정을 이해하려고 애썼다고 한다. 이러한 지적 노력을 얼마간 기울인 뒤 그는 곧 혁명동조자가 되고 "온 가슴을 민중에게 바치고 그들을 사랑하게 되었다"(9: 123-24)고 말한다. 이러한 표현은 제11권의 맥락에서 보면 다소 과장된 표현이다. 바로 앞에서 정치적 무관심을 강조한 후 별다른 전이 과정 없이 갑자기 열광적인 혁명 동조자가 되었다는 것은 다소 억지스럽다. 더구나 곧이어 워즈워스는 왕당원에 대해 언급함으로써 앞의 민중이 도대체 누구를 가리키는지를 혼동하게 하며, 독자가 무의식적으로 민중과 왕당원을 연결시켜 생각하게 한다. 그는 혁명으로 인해 젊은 나이에 폐인이 되다시피 한 어느 왕당원을 상세히 묘사함으로써(9: 134-61) 독자의 동정심을 자아내고 독자로 하여금 민중에 대한 애정과 왕당원에 대한 동정심을 같은 차원에 두게 한다. 더구나 하벤스의 지적처럼 12년이 훨씬 지난 뒤에 워즈워스가 한 왕당원의 표정과 태도에 대해 이 같은 세부 사항을 상세히 기억한다는 것은 주목할 만한 일이며 거기에는 그의 상상력의 무의식적인 개입이 있다(500). 따라서 그 왕당원의 묘사는 다분히 의도적인 것으로 볼 수 있는데 이는 바로 뒤에 나오는 혁명에 대한 부정적 평가를 위한 도입부의 역할을 한다.

> 참으로 전 세계적인 동요의
> 시대였다. 가장 온순한 사람들도
> 동요되었다. 소요들 격정과 견해의
> 투쟁이 소란스런 소리로
> 평화스런 가정의 벽을 가득 채웠다.
> 일상생활의 토양은 그때
> 딛기에 너무 뜨거웠다. 그때
> 또한 그때뿐 아니라 종종 나는 말했다 "역사의 이 시간은
> 과거와 미래는 얼마나 우스꽝스러운가!
> 국가들 그리고 그들의 과업을 읽으며

신념에 허영과 공허에 바쳐진 신념에
모두가 얼마나 속았나를 이제 느낀다.
오! 미래에 현재의 얼굴을 반영할 책장에 웃음을!"
온 나라가 격정으로 들끓었다 메뚜기들―
카라, 고르사스, 또한 지금은 잊혀진
무수한 다른 이름들―이 탐닉하는 들판처럼. (9: 161-77)

그는 혁명이 "격정과 견해의 투쟁"으로 삶의 평화를 해치는 소란스러운 움직임이며 "허영"과 "공허"로 가득 찬 "신념"의 산물로서 기만적인 것이라고 묘사한다. 그러나 바로 앞에서 밝혔듯이 그가 정말 "혁명 동조자"였다면 그때 이같이 혁명을 비판하였다고 믿기 힘들다. 위의 시구는 왕당원의 입장에서 본 혁명에 대한 평가로서 작가 워즈워스의 현재적 시각을 반영한다. 카라와 고르사스는 로베스피에르에 의해 처형당한 온건파 언론인들로서 워즈워스가 고르사스의 죽음을 목격했다 하더라도 이는 1793년 10월의 일이다. 따라서 여기에 혁명 비판의 시구를 넣은 것은 현재적 목적에 부합되도록 과거의 경험을 재구축하기 위해서라고 볼 수 있다.

워즈워스는 그 무렵 자신이 왕당원들과 별 무리 없이 지내면서 정치나 역사에 무관심했다고 말함으로써(9: 198-204) 자신의 정치적 순진성을 또다시 강조한다. 또한 그는 자신이 어린 시절이나 대학시절, 공화국과 같은 평등한 사회에서 지냈기에 특별히 혁명 체험을 통해 공화주의자가 된 것은 아니라고 말함으로써[63] 혁명 체험 이전의 자아와 이후의 자아 사이의 연속성을 보여주려고 한다. 여기서 워즈워스는 자신이 평등한 사회를 반기게 된 데는 신과 자연의 영향이 있었다고 하여(9: 233-35) 『서곡』에서 자신이 나아갈 방향을 암시한다. 그는 자신이 원래 공화주의자였으나 혁명을 곧 받아들일 수 없었던 것은 그것이 "자연의 분명한 행로"에서 나온 일로 여겨지지 않았기 때문이라고 한다(9: 246-47). 그러나 이는 프랑스에서 정치적 글들을 읽고 혁명을 이해하려고 하다가 곧 "혁명 동조자"가 되었다는 123행의 시구와 일치되지 않는다.

곧이어 워즈워스는 왕당원들이 "격정"과 "편견"에 사로잡혀 있다고 비판한다(9: 250). 이 같은 비판은 혁명 세력의 "격정"에 대한 비판과 유사한 것으로서 워즈워스는 혁명 세력과 그 반대 세력을 같은 이유로 비판함으로써 양비론적 입장에 선다. 그는 오스트리아와의 전쟁을 위해 가족과 작별하는 무리들을 보면서 슬픔을 느끼는데, 이 지나가는 광경들이 "누구도 반대할 수 없는, 선하고 순수한 대의를 입증하기 위해 하늘이 내린 논증들"(9: 283-84)로 여겨졌다고 함으로써 혁명을 이상화한다. 그는 혁명의 대의를 인간사회의 구조적 모순의 산물이라기보다는 하늘이 내린 초인간적 초역사적인 것인 양 묘사함으로써 곧이어 나오는 보피의 정치 교육의 방향을 시사해준다. 보피는 처음부터 로맨스나 요정나라에 사는 듯한 이상적이고 관념적인 인물로 그려진다.

> 그는 완벽한 신념을 가지고
> 그 위대한 변화의 사건들 사이를 거닐었다
> 책이나 옛 로맨스, 요정의 이야기나
> 혹은 여름 구름 뒤에서
> 일어나는 행위들에 대한 어떤 꿈속을 거닐 듯. (9: 298-302)

보피의 혁명사상은 탄탄한 현실 기반이 없이 문학적인 세계, 특히 "옛 로맨스"의 세계에서나 있을 듯한 이상주의적인 것이기에 "완벽한 신념"이 될 수 있었다는 것이다. 혁명에 대한 열정으로 인해 보피는 순수하고 뜨거운 가슴으로 인간을 사랑한다.

인간을 그는 인간으로
사랑했다. 그리고 비천하고 미미한 자들을
수수한 일을 하는 모든 수수한 자들을
생색내지 않고 정중하게
대했다. 그러나 그건 차라리
군인인 그가 여가에
여인에게 바치는 것 같은
열정과 의협으로 보였다. (9: 306-13)

인간에 대한 보피의 사랑은 평등하고 겸허한 사랑이며 로맨스 속의 기사
가 여인에게 바치는 사랑처럼 열정적인 사랑이지만, 그것은 다분히 이상적이
고 관념적인 면을 안고 있기도 하다. 작가 워즈워스는 혁명가로서의 보피의
역사의식이나 현실 감각을 약화시켜 보피 속에 혁명주의자로서의 자신의 과
거의 자아를 이상화하고 관념화하여 담으려 한다. 이처럼 혁명가를 이상주의
자로 그리는 관점은 다름 아닌 버크의 관점이다.

그리고 그때 혼란 속에
거의 빠지지 않았던 나는
후일보다 더 건전한 판단력을 보유했었다.
지난 시대의 경험 그대로를
더 온전하게 지녔었다. (9: 331-35)

워즈워스는 이 무렵 자신이 혁명의 "혼란" 속에 빠지지 않아 과거의 경험
을 더 온전히 지니고 있었기에 "더 건전한 판단력"을 보유하고 있었다고 한
다. 이는 전통과 경험을 중시하는 버크의 입장을 반영한다. 이러한 시각에서
그는 혁명주의자를 언젠가 꿈에서 깨어나게 될 이상주의자로만 본다.
워즈워스는 인간세상으로부터 은둔하여 자연 속에서 보피와 정치적 대화

를 나눈 것처럼 묘사함으로써 그것을 코울리지와 호수지방에서 나눈 철학적 대화와 같은 차원에 둔다(9: 390-96). 또한 그는 보피와의 대화를 플라톤 (Plato)과 디온(Dion) 사이의 대화인 양 묘사하여[64] 혁명을 철학자들이 이끄는 관념적 철학적 전쟁으로 처리함으로써 혁명의 역사에 대한 구체적인 인식을 지워버리는 작업을 계속한다. 거듭해서 워즈워스는 르와르(Loire) 강가에서의 보피와의 정치적 토론을 "어떤 은자"나 "외로운 수도승"의 입장에서 또다시 낭만적 목가로 변형시킨다(9: 444-46). 아리오스토(Ariosto)나 타소(Tasso) 혹은 스펜서의 옛 로맨스 속의 기사와 여인들 사이의 사랑이나 마상창시합의 이 야기로 보피의 이야기를 대체시켜 워즈워스는 보피의 정치 교육을 비현실적 인 문학적 기억으로 처리해버린다. 혁명의 또 다른 역사적 현장인 그랜드 샤 트루즈 사원에 대한 묘사에서도 곧 이어서 프랑시스(Frances) 1세와 그의 첩 의 사랑을 언급함으로써 사원의 역사적 의미를 약화시킨다. 이처럼 혁명 체 험을 낭만화하는 것은 워즈워스가 이 시기를 젊은이의 어리석음에 대한 감 미롭고 부드러우며 향수어린 찬탄의 눈길로 되돌아보기 때문이다(Ferry 147).

에어즈(Aers)가 지적하듯이 『서곡』에서 프랑스 체험에 대해 쓸 무렵 작가 워즈워스의 시각은 이미 혁명을 통한 정치적 변혁을 떠나 있었기에(71), 그는 급진적인 정치적 행동주의를 현실에 대한 추상적 이해에서 나온 것으로 간 주해버린다. 작가의 시각이 이러하기에 사회적 불의의 구체적 예로 제시되는 "굶주린 소녀"의 장면도 마치 꿈속의 장면인 듯 그려진다.

우리가 우연히
어느 날 굶주린 소녀를 만났을 때
그녀는 팔에 맨 끈에 의해
새끼 암소 움직이듯 힘없이 기어가며
오솔길에서 먹을 것을

줍고 있었다. 그녀가 창백한 손으로
비정한 외로움 속에서 바삐 자기 일을 하고 있었을 때
그 광경을 본 내 친구는
"바로 저것에 반대하여 우리는 싸우고 있다" 라고
흥분하여 말했다. 그와 함께 난 믿었다
저항할 수 없는
어떤 자비로운 정신이 사방에 퍼져 있어
이 같은 비참한 가난이
곧 사라지리라고. (9: 509-22)

　"굶주린 소녀"는 마치 「컴버랜드의 거지노인」에 나오는 거지노인처럼 힘
없이 움직이며 창백한 손으로 길에 떨어져 있는 음식부스러기를 열심히 줍
는다. 이 비참한 광경을 보고 보피는 의로운 분노를 느끼면서 "바로 저것에
반대하여 우리는 싸우고 있다"고 외친다. 그러나 이 외침은 그의 이상주의적
인 신념에서 나온 다소 공허한 소리로 처리되어 있다. 곧 이어지는 시구에서
사회 정치적 문제들에 대한 아무런 구체적이고 분석적인 언급이 없이 막연
히 "어떤 자비로운 정신"이 있어 이 같은 비참한 가난이 곧 없어지리라고 그
들이 믿었다고 말함으로써 이러한 믿음이 요정나라 이야기 속의 순진한 믿
음이었다는 식으로 묘사되기 때문이다. 이에 대해 페리(Ferry)는 다음과 같이
설명한다.

　　소녀의 모습은 극도로 감동적이며, 우리는 아이러니의 힘에 끌려 워즈워
　　스와 보피의 희망을 진지하게 받아들이지 않을 수 없게 된다. … 전체시의
　　맥락 속에서 이 시구는 정치적 행동에 의해, 혹은 진정 어떤 인간적인 노
　　력에 의해 세상사가 바로 잡힐 수 있다고 생각하는 그들의 순진성을 비판
　　하고 있다. … 그는 천사만큼이나 인간 경험에서 유리되어 있으며, 인간
　　상황에 대한 그의 순진성이 어떤 천사의 세상에 대한 순진성만큼 아름다

우며, 순수하고 변화 없는 그 순진성의 통찰력에 충실하다 할지라도, 그럼
에도 그것은 순진성에 불과하다. (148-50)

그 무렵 그들의 이 같은 정치적 순진성은 그러나 어디까지나 작가 워즈워
스의 평가이며 재해석으로 볼 수 있다.

워즈워스는 혁명의 원인이 되는 구제도의 폭압이 개인적 비극을 초래한
예로서 보드라쿠르(Vaudracour)와 쥴리아(Julia)의 사랑 이야기를 제시한다[65].
그러나 「보드라쿠르와 쥴리아」("Vaudracour and Julia")에서는 사회비판이 제
대로 이루어지지 않고 있다. 신분상의 차이로 그들이 축복 받는 결합을 이루
지 못한 것은 보드라쿠르의 아버지로 대표되는 구제도의 억압으로 인한 것
이지만, 시에서 주로 강조되는 것은 쥴리아를 미혼모로 만든 일과 우발적으
로 범한 살인이라는 보드라쿠르의 도덕적 결함이다. 워즈워스는 쥴리아를 수
녀원으로, 보드라쿠르를 숲으로, 아기를 저 세상으로 보냄으로써 세 사람을
모두 역사 밖으로 쫓아내버린다. 보드라쿠르는 구제도에 도전하다가 『산책』
(*The Excursion*)의 "은자"(The Solitary)처럼 절망해서 숲으로 도피하여 바보가
되고 만다. 그의 비극은 구제도에 의한 것이기보다는 구제도에 대한 그의 공
허한 도전에 의한 것인 양 처리되어 있다. 이는 "괴물 같은 법"(9: 571)이나
억압에 대한 시인의 분노나 저항이 시 속에 전혀 없으며 보드라쿠르의 저항
과 분노마저 너무 가볍게 취급되고 보드라쿠르의 개인적 과오에 대한 회한
이 너무 강하게 다루어져 있기 때문이다. 그래서 보드라쿠르의 도전은 공허
하고 무용하다는 느낌을 준다. 보피의 헛된 죽음과 보드라쿠르의 비극적 패
배에 대한 워즈워스의 시각은 우리로 하여금 구제도를 뒤집어엎으려는 혁명
적 몸부림 자체의 현실성에 대해 강한 의문을 갖게 만들 뿐이다.

III.

제10권은 혁명에 대한 워즈워스의 열정이 최고조에 달했던 2년 간, 즉 1792년 10월 그가 오를레앙(Orleans)을 떠나 파리로 갔던 때부터 1794년 8월 로베스피에르의 처형 소식을 듣던 때까지를 다루고 있다. 이 2년 동안 워즈워스는 급진적 혁명주의자가 되어 「랜더프 주교께 드리는 공개서한」을 쓰게 된다. 그러나 제10권에서 그는 급진적 혁명주의자로서의 자신의 행적에 대해서는 거의 언급하지 않고 주로 프랑스의 공포정치가 저지른 비인간적 살상의 끔찍함을 강조하여 제11권에 이어서 혁명주의자로서의 과거의 자아의 어리석음을 부각시키는 작업을 계속한다.

1792년 5월 마슈즈에게 보내는 편지에서 가을이나 초겨울에 영국으로 돌아갈 것이라고 했지만, 워즈워스는 오를레앙을 떠나 곧바로 영국으로 가지 않고 2달 이상 파리에 머무르는데, 이는 혁명에의 증가하는 열정으로 인해 계획이 바뀌었기 때문이다(Havens 517). 그러나 이 무렵 지녔던 혁명에의 열정에도 불구하고 워즈워스는 제10권의 서두에서 프랑스 공화국의 탄생을 비우호적인 태도로 묘사한다.

> 그 나라는 제 안전에
> 마지막 봉인을 찍고 세상에
> 높고 겁없는 영혼인 제 모습을 보여주려는 듯
> … … … …
> … … …
>
> 　　　　　　　왕이 짓밟히자
> 빈 왕좌를 그냥 두지 않고 거만한 성급함으로
> 공화국의 정체와 훌륭한 이름을
> 취했다. 참으로 개탄할 만한 범죄가

얼마 전 저질러졌다. 재판관인 양
분별없는 무기에 탄원하는
무서운 대량학살이. (10: 31-44)

워즈워스는 프랑스 공화국의 탄생을 "거만한 성급함으로" 이루어진 것이
라고 표현하는데[66], 이는 제9권에서 프랑스로 오기 전 자기가 이미 공화주의
자였고 혁명이 이르기보다는 다소 늦게 일어난 일이라는 말(9: 248)과 모순
된다. 그는 또한 루이(Louis) 16세의 퇴위와 투옥을 "개탄할 만한 범죄"라든지
"무서운 대량학살" 등의 표현으로 강도 높게 비판하는데, 이는 1793년에 쓴
「랜더프 주교께 드리는 공개서한」에서 혁명의 과정으로서의 폭력을 옹호한
일과 배치된다. 공화국 탄생과 혁명의 폭력에 대한 부정적 시각은 청년 워즈
워스의 시각이 아니라 버크적 관점을 지닌 작가 워즈워스의 시각이다[67].

워즈워스는 한 달 전 일어난 살상의 현장들을 보려는 열정으로 파리 시내
를 돌아다닌다. 그는 그 현장들을 읽을 수 없는 책에 비유하면서 혁명의 폭
력을 이해할 수 없는 두려운 것으로 해석해버린다.

　　　　　지나간 공포는
다가올 공포인 양 날 압박했다.
나는 겨우 한 달 전 일어난
저 9월의 학살들을 생각하면서
그들을 보고 만졌다. …
… … …
　　　　　모든 것은 다시 태어난다.
지진은 한번으로 충족되지 않는다.
이 같은 생각으로 흥분되어 있을 때 마침내
"더 이상 잠들지 못하리라," 도시 전체에
외치는 목소리를 듣는 듯했다. (10: 71-87)

워즈워스는 직접 목격하지도 않은, 한 달 전 일어난 살상의 그림자를 쫓으며 강한 두려움을 느낀다. "지나간 공포"는 "다가올 공포"인 양 그를 압박한다. 그는 마치 폭력의 주범이라도 되는 듯 강한 죄의식을 느끼는데 이는 "더 이상 잠들지 못하리라"라는 말 속에 요약적으로 표현된다. 당컨(Duncan) 왕을 살해한 후 맥베스(Macbeth)가 느끼는 강한 죄의식과 두려움을 그가 느끼는 것은 무엇 때문일까? 로우는 워즈워스에게 두 개의 혁명적 자아가 있다고 하면서 하나는 고르사스적인 온건한 자아이며 다른 하나는 로베스피에르적인 과격한 자아라고 한다(Roe 41). 작가 워즈워스는 이 두 혁명적 자아를 모두 비판하고 있지만 위의 시구에서 그가 느끼는 두려움과 죄의식은 과거에 지녔던 로베스피에르적 자아에서 나온 것이다. 로베스피에르적 자아가 표출된 것은 주로 「랜더프 주교께 드리는 공개서한」을 통해서인데, 그는 위의 시구에서 폭력을 옹호한 이 글을 쓴 과거의 자아로 인해서 두려움과 죄의식을 느끼는 것이다. 그러나 워즈워스는 텍스트 속에서 죄의식을 표출함으로써 거기서 벗어나 '이상적 자아'를 정립할 수 있는 힘을 얻게 된다.

워즈워스는 시인으로서의 자아 발전에 영향을 끼친 바대로 혁명에 대해 이야기한다고 말하지만(10: 120-23), 사실 그는 미래에 이루고자 하는 시적 자아에 소용되는 방향으로 혁명 체험을 재구축하고 있다. 워즈워스는 혁명의 궁극적 승리를 믿었지만 무언가 잘못되어 감을 느끼고선 그 치유책에 대해 생각해 보았다고 하지만 이것 역시 1792년의 생각이라고 보기 힘들다. 「랜더프 주교께 드리는 공개서한」 속의 그의 힘찬 신념은 이것이 과거의 사실이 아님을 말해 준다. 워즈워스는 영웅이 나타나 모든 잘못을 바로 잡아주기를 간구하면서 민중을 어리석고 우매한 존재로 여긴다.

　　어떤 탁월한 정신의 덕성이

저 불경한 투구들을 부끄럽게 하기를
격노와 피에 젖은 힘을 가라앉게 하기를
미성숙의 더 슬픈 증거인
무지와 거짓 가르침 속에 민중이
오래 빠져왔음에도 불구하고
외부로부터의 필사적인 방해에도 불구하고
정의로운 정부의 길을 닦아주기를. (10: 211-18)

워즈워스는 혁명의 정당성을 의심하지 않았지만 저속한 사람들에 의해 혁명의 맑은 물결이 흐려졌다고 생각하면서 "어떤 탁월한 정신의 덕성"이 민중의 무지와 미성숙과 잘못된 교육을 바로잡아 "정의로운 정부의 길을 닦아주기를" 바랐다고 한다. 이러한 소망 역시 「랜더프 주교께 드리는 공개서한」속의 민중의 예지에 대한 믿음과 배치되는 것으로 작가 워즈워스의 현재적 해석이라고 볼 수 있다[68].

워즈워스는 "하늘의 자비로운 섭리"(10: 224)로 인해 너무 늦지 않게 영국으로 돌아온 것을 다행으로 여긴다(사실 그는 돈이 없어서 영국으로 돌아왔다). 프랑스에 계속 머물러 있었더라면 온건파로서 처형당했을지 모르며 그러한 죽음은 "혼동되고 현혹된 가엾은 제물"(10: 231)에 지나지 않았을 것이라고 그는 생각한다. 영국으로 돌아온 후 그는 영국이 프랑스와 전쟁을 시작하자 깊은 좌절을 느낀다.

오, 연민과 치욕이여! 그 연합세력으로!
나는 보았다 나 한사람뿐만 아니라
모든 순진한 젊은이들의 마음속에서
그 시간부터 변화와 전복이 일고 있음을.
바로 그 순간까지 내 도덕성에 가해진

어떠한 충격도 몰랐었다.
타락도, 혁명이라 불릴 만한
감정의 전환도 없었다, 이 한번을 빼고는. (10: 265-72)

　프랑스의 혁명세력을 약화시키기 위한 전쟁에 영국이 가담했다는 사실은 그로 하여금 영국의 도덕성 상실에 대해 깊은 분노와 절망과 수치를 느끼게 한다. 워즈워스는 이때 프랑스에서의 정치교육이나 9월 대학살, 아네뜨와의 일 등의 영향과 비길 수 없는 일종의 정신적 '혁명'을 겪었다고 한다. 그는 뿌리째 흔들리며 "이름지을 수 없는 감정의 갈등"(10: 290)을 느낀다. 이는 영국에 대한 뿌리 깊은 사랑과 혁명적 열정이 조화를 이루지 못하는 데서 비롯된다. 하벤스는 이 무렵의 워즈워스의 정신적 혼란의 원인을 자아의 연속성이 부서진 데서 찾는다(521-22). 그에게 있어 영국에 대한 사랑은 어린 시절의 자연에 대한 사랑과 직결되는데, 혁명사상으로 인해 영국에 대한 사랑을 잃게 되어 자연이 자기를 저버리는 쓰라린 배반감을 느꼈기 때문이다.

　1793년은 영국에서 정치적 억압이 극심했던 때로서 워즈워스는 제10권에서 정부를 비판하며, 이와 더불어 다시 프랑스의 공포정치를 비판한다. 331-510행까지 이어지는 공포정치 비판의 긴 시구는 프랑스 혁명을 공포정치의 등가물로 만듦으로써 혁명의 이상과 현실 사이의 간극을 최대한 넓혀 그가 청년시절 혁명에 대해 얼마나 추상적인 생각을 가졌던가를 보여주기 위한 것이다. 그런데 여기서도 그는 마치 자신이 공포정치의 주범이기라도 하듯이 깊은 죄의식에서 생긴 끔찍한 환각을 체험한다(10: 404-15)[69]. 이 같은 끔찍한 환각은 『솔즈베리 평원의 모험』에서의 여행자의 죄의식과 공포를 상기시키는 것으로서 이는 워즈워스가 지녔던 로베스피에르적 자아에서 나온 것이다. 이 깊은 죄의식은 역설적으로 그가 과거에 혁명적 폭력의 정당성을 분명히 인정했음을 반증한다.

워즈워스는 존스와 함께 지켜본 평화스런 혁명의 여명기를 다시 회상하면서 이를 공포시대의 참화와 대조시켜(10: 481-510) 또다시 혁명의 이상과 현실 사이의 간극을 넓혀본다. 이제 그는 카멜 수도원(Carmel Priory)을 방문하는 이야기로 넘어간다. 공포시대의 혼란스럽고 끔찍스런 장면들과 여기서 묘사되는 "전원적인 계곡들," 어린 시절 거닐었던 "행복한 들판들"과 "빛나는 광경"은 대조를 이룬다(10: 524-26). 그는 테일러(William Taylor)[70]의 묘비에 적힌 그레이(Gray)의 「시골묘지에서 쓴 비가」("Elegy Written in a Country Churchyard")에서 따온 시구를 본다.

> "내 머리는 곧 낮게 놓일 거야"
> 그 분을 덮은 잔디를 보았을 때
> 꼬박 8년이 지난 뒤에도 그 말들이
> 그 분의 음성이나 모습과 더불어
> 되살아나 몇 방울 눈물이
> 나도 모르게 흘렀다. 그러나 지금
> 여전히 그 광활한 평원을 지나면서
> 달콤한 기쁨과 더불어
> 그 분의 묘비에 새겨진 시구를 생각했다.
> 그리곤 이렇게 중얼거렸다.
> 그 분은 시인들을 사랑하셨지 지금 살아계셨더라면
> 날 사랑하셨을 거야 가망이 없지 않은 자로.
> 그 분의 권유로 내가 힘들여 첫 노래들을
> 짓기 시작했을 때 지니게 되셨던
> 다정한 희망을 헛되이 하지 않을 자로. (10: 539-52)

워즈워스는 8년 전 임종 시의 테일러의 목소리와 표정을 회상하면서 눈물을 흘린다. 그리고는 테일러의 묘비명을 생각하면서 테일러가 시인들을 사랑

했고 자기의 시적 가능성을 인정하고는 혹스헤드 시절 시를 쓰도록 격려해
주었던 것을 회상한다. 테일러의 묘비명을 생각하는 위의 시구는 바로 워즈
워스 자신의 과거의 자아에 대한 묘비명이기도 하다. 델빈(Delvin)은 묘비명
이 과거와 현재, 그리고 미래를 화해시키고 죽은 자와 산 자, 그리고 태어날
자를 교류하게 해준다고 하면서, 묘비명은 과거의 상실과 격리에 대한 슬픔
의 표현이며 그것을 씀으로써 현재와 과거 사이의 거리가 메워진다고 한다
(115, 118). 워즈워스도 위의 묘비명을 씀으로써 어린 시절의 시적 자아에 대
한 거리감과 상실감을 표현하는 동시에 혁명 체험으로 혼란스러워진 현재의
자아와 과거의 자아 사이의 간극을 메우려 한다. 이때 그는 로베스피에르가
죽었다는 소식을 듣는다.

> 나는 멈추어
> 그토록 빛나고 유쾌한 정경을 그릴 수 있는
> 솜씨를 갈망했으나 무리 중 맨 앞사람이
> 다가오며 인사도 하지 않고
> 그 날의 익숙한 말로 외쳤다
> "로베스피에르가 죽었어요!"
> 엄정한 질문을 던져본 후 내 마음엔 의문이 남지 않았다
> 그와 그의 지지자들이 모두 몰락했음에 대해. (10: 568-75)

워즈워스는 평화롭고 고요하고 아름다운 정경 속에서 과거의 시적 자아를
어느 정도 되찾고, "그토록 빛나고 유쾌한 정경"을 묘사하려고 애쓰다가 "로
베스피에르가 죽었어요"라는 소리를 듣는다. 이 체험은 과거의 체험인 동시
에 텍스트 상의 현재적 체험이기도 하다. 워즈워스는 1805년판에서는 "was"
라는 표현을 썼으나 1850년판에서는 "is"로 바꾼다. 이는 이 체험의 현재성을
강조하기 위함이다. 이제 그는 오랫동안 자신을 괴롭혀 온 로베스피에르적

자아에서 벗어난 것이다.

이어서 워즈워스는 "오라 이제, 너 황금빛 시간들이여"(10:578)라고 외치면서 "승리의 찬가"(10: 580)를 부른다. 이제 로베스피에르와 그 무리들은 지상에서 사라졌기에 정의와 평화와 "영광스런 혁신"(10: 593)이 도래할 것을 노래함으로써 그는 과거의 이 시점에서 혁명의 대의가 성공할 것임을 스스로 믿었다고 이야기하는 듯하다. 그러나 사실 작가 워즈워스는 자신을 짓누르는 죄의식에서 벗어나 자연을 노래하는 시인으로서 "영광스런 혁신"을 이루었음을 노래하고 싶어했던 것이다.

곧 이어 그는 제2권에 나오는 퍼니스(Furness) 사원을 방문하여 다시금 자연의 사랑을 느꼈다고 한다. 테일러의 묘비명과 죽음, 그것에 대한 워즈워스 자신의 서정적 만가, 로베스피에르의 죽음에서 이어지는 "승리의 찬가" 등은 바로 자신의 의식 깊숙한 곳을 아직도 사로잡고 있는 혁명 체험과 역사의식을 지워내고 자연과 인간정신을 노래하는 새로운 시적 자아를 창조해 나가고자 하는 시인의 마음의 움직임을 보여준다. 이처럼 혁명 체험에 대한 자서전적 묘사는 새로운 시적 자아를 지향한다. 이 같은 관점에서 볼 때 리우의 다음과 같은 설명은 매우 시사적이다.

> 혁명편의 맥락 속에서 우리는 이렇게 덧붙일 수 있다. 그리하여 역사는 "실체를 잃었다"고 워즈워스가 죽은 자들을 서정적으로 회귀시킨 것은 과거의 역사의 목소리가 다시 들리게 하여 초월적 권위의 지배를 받는 더 순수하고 영원한 역사 속으로 우리를 인도하기 위해서일 뿐이다. 물론 실제 묘비명들에서는 영원의 영역은 하늘이며 그것의 권위는 신이다. 그러나 혁명적 역사에 대한 워즈워스의 묘비명에서는 새로운 하늘과 신 즉 자연과 자아가 있다. (384)

워즈워스는 이제 "혁명적 역사"에 대한 "묘비명"을 쓰고 역사현실로부터 돌아서서 제10권의 마지막에서 "새로운 하늘"과 "신"인 "자연과 자아"를 만난 것이다.

IV.

제11권은 워즈워스가 프랑스의 공포정치 이후 고드윈적 탐구를 거쳐 '도덕적 위기'를 겪고 자연으로 돌아서는 과정을 그리고 있다. 여기서 그는 공포정치가 지나간 이후에도 여전히 혁명에 대한 믿음을 보유하고 있는 것처럼 말한다.

> 그러나 내 속의 확신은 손상되지 않았다
> … … …
>   민중을 나는 신뢰했다
> 또한 내 눈으로 보았던 덕성들을.
> 나는 알았다 외적 상처가 젊은 공화국에게서
> 생명을 앗아갈 수 없음을. 새 적들은
> 수치의 길에서 제 형제들을 따를 뿐임을.
> 공화국의 승리가 궁극에는
> 위대하며 전 세계적이며 저항할 수 없는 것임을. (11: 7-17)

공포시대 이후 "제2의 봄"(11: 6)이 꽃피기를 바라는 자들에겐 아직 많은 것들이 미흡했지만, 워즈워스는 뚜렷한 확신을 지니고 여전히 민중을 신뢰하면서 프랑스 공화국이 궁극적으로 승리할 것을 의심치 않았다고 한다. 그런데 이러한 말은 1794년 6월 마슈즈에게 보내는 편지에서 그가 이미 혁명에서 돌아섰다는 말과 일치하지 않는다. 더구나 그는 이미 제10권에서 민중에게보다는 영웅적 지도자에 희망을 둔다고 하면서(10: 123-221) 민중에 대한 불신을 표명한 바 있다(10: 168, 213-16). 그럼에도 불구하고 아직 혁명이나 민중을 신뢰한다고 말하는 것은 공포정치 이후에도 혁명에 대한 믿음을 보유할 만큼 젊은 시절 자신이 어리석은 이상주의자였음을 강조하기 위해서라고 볼 수 있다.

"젊은 시절의 과오가 나의 주제이기에"(11: 54)라는 말로 인해 바로 앞에 나오는 영국정부나 보수세력에 대한 비판(11: 35-52)은 힘을 잃게 된다. 또한 워즈워스는 혁명사상에 빠져든 것이 마치 프랑스에의 적대감으로 눈먼 자들이나 로베스피에르를 모방하여 자유와 정의를 파괴하는 피트(Pitt) 내각에 대한 반작용으로 인해 잘못 인도되어 빚어진 일인 양 묘사하는데(11: 35-52, 62-73)[71], 이러한 묘사 역시 젊은 시절의 어리석음을 예시하도록 의도된 것이다.

워즈워스는 혁명에 대한 관심이 처음으로 일어났던 1792년 여름으로 다시 돌아가 자신의 혁명 체험을 재정리해본다. 여기서도 그는 여전히 되풀이해서 젊은 시절의 어리석음을 강조한다.

> 국가정체의 논쟁에
> 갑작스럽게 그리고 참으로 때 이르게
> 열심히 참여하게 되었음을
> 이야기한 바 있다.
> 나는 다른 젊은이들처럼 금의 면에서
> 인간성의 방패로 다가갔으며
> 죽음을 불사하고 싸우려 했다
> 내가 본 금속의 특질을 입증하려고
> 개별적 인간의 최상의 본성이 무엇인지를
> … … …

종종 곰곰이 생각했으며

깊이 느꼈지만 이성적으로 철저히

이해하진 못했다. 아니 그에 훨씬 못 미쳤다. (11: 75-88)

워즈워스는 갑작스럽고 때 이르게 정치에 관심을 가졌기 때문에 처음부터 과오의 소지를 안고 있었으며, 대부분의 젊은이가 그러하듯이 무경험으로 인해 인간성을 "금의 면"에서만 보았으며 다른 쪽에 "은의 면"이 있음을 몰랐다고 한다[72]. 즉 과거에 그는 인간성을 총체적으로 파악하지 못하고 좋게만 생각했었다는 것이다. 개별적 인간이나 사회에 대한 낙관은 논리적이고 분석적이며 이성적인 판단에서 나온 것이 아니라 "경험 없는 마음"(11: 96)의 감정에서 나왔으며, 이 같은 미성숙의 상태에서 "국가의 통치나 관리"(11: 99-100)에 대해 생각해보았다고 한다.

블르와(Blois)와 오를레앙에 있었던 몇 달 간의 혁명 체험을 워즈워스는 또 다시 관념적이고 이상주의적인 것으로 본다. 이는 제9권에서 보피를 이상주의자로 본 시각을 자신에게도 적용시킨 것이다. 그는 "젊다는 것은 바로 천국이었네"(11: 109)라고 말함으로써 자신이 미숙한 젊은이였기에 "로맨스 나라의 매력"(11: 112)에 빠져들 수 있었음을 거듭 강조한다. 워즈워스는 이 무렵 자신이 경험이나 추론에 물들지 않은 "자연의 아이"(11: 168)로서 본능적이고 감정적으로 사물을 받아들였다고 본다[73].

"자연의 아이"로서 행복한 꿈의 나라에서 살았던 그를 환멸과 고통으로 몰고 가기 시작한 것은 영국과 프랑스의 전쟁이다. 이 전쟁은 그를 영국에 대한 "사랑의 울타리"(11: 176) 밖으로 몰아내며 영국인으로서 느꼈던 자부심을 수치심으로 바꾸고 만다. 워즈워스는 이때 자신이 과거와 단절됨을 느꼈다 한다. 이와 더불어 프랑스가 "자기방어의 전쟁"(11: 207)을 '정복'의 전쟁으로 바꿈으로써 혁명의 대의를 상실하자 분노와 실망을 느낀다.

그 나라의 운명을 읽었다
애타는 분노와 쓰라린 실망을 느끼며
그러나 낙담하지 않고 거짓 예언자의 수치에
호소하지 않았다. 분노가 치솟을 때
무엇으로도 감출 수 없는
억제된 가정의 상처를 감추려 애쓰면서
옛 주의들을 더 강하게 고수했고
그들의 탄성을 입증하기 위해
그들을 더욱 잡아당겼다. (11: 211-18)

"억제된 가정의 상처"를 감추려 애쓰면서 워즈워스는 자신이 "더 강하게" 혁명주의를 고수했다고 한다. 그런데 1805년판에는 "사실 다소"(1805, 11: 797)와 같은 부드러운 표현만 나오는 데 비해 1850년판에는 "분노, 실망, 억제된 가정" 등의 강도 높은 감정의 말들이 첨가되어 혁명의 변질에 대한 분노나 실망이 강조된다. 그리하여 1794년에도 혁명에 대한 믿음을 고수했다는 그의 말은 설득력을 잃으며, 그러한 주장에도 불구하고 이미 그 믿음이 상당부분 죽어버렸음을 위의 시구는 알려준다.

이어서 워즈워스는 고드윈이 자신에게 끼친 영향에 대해 언급한다. 고드윈은 보피와 그레고와르(Gregoire)에 이어 워즈워스의 개혁사상에 영향을 끼쳤으며, 1794년 6월 마슈즈에게 보내는 편지와『박애주의자』의 출판 계획은 고드윈의 영향의 분명한 증거이다. 그런데 고드윈적 개혁의 수동성은 개혁의 가능성 자체에 대한 회의를 낳으며 이 시대 많은 지식인들은 사회 개혁에 대한 믿음을 서서히 저버리고 정치적 보수화로 치닫게 된다. 이른바 워즈워스의 '도덕적 위기'도 고드윈 사상에 경도된 후 겪게 된 개혁 자체에 대한 회의에서 시작된다. 그런데『서곡』에서 워즈워스는 고드윈에 대한 직접적인 언급을 회피하고 고드윈의 저서인『정치적 정의』(Political Justice)가 자신과 동시대인들에 대해 지녔던 복합적인 중요성에 대해서도 거론하지 않는다. 이는 자신의 정신적 위기가 사회 개혁의 탐구와 연관된 더 폭넓은 의미를 지니고 있었음을 드러내지 않고 그것을 단순히 '도덕적 위기'로 묘사하고자 하기 때문일 것이다.

워즈워스는 고드윈 사상을 "사색의 구조"(11: 224)라는 다소 추상적인 말로 거론하면서 이는 인류개선의 희망을 감정에서 배제시켜 더 순수한 요소인 이성의 영역에 두는 것이라 한다(11: 223-28). 워즈워스는 이러한 사상이 '극단'을 좋아하는 젊은이에게 아첨하는 '꿈'과 같은 것으로서 기본적으로 혁명사상과 같이 이상적이고 관념적인 것이기에 그의 정신 깊은 곳에 영향을 주지 못한 것으로 그린다.

그는 "사회적 삶의 구조"(11: 280)를 진지하게 해부해보려고 애쓴 것은 영국과 프랑스의 전쟁으로 인해 애국심이 흔들려 정체성의 위기를 느낀 데서 출발한다고 본다. 워즈워스는 이때 과거의 자아와 단절되었음을 깊이 느끼고 사회적 문제를 해부해봄으로써 무엇이 잘못되었는지를 알려고 애썼다고 하며, 여기서 비롯되는 정신적 위기는 다분히 개인적 동기에서 출발한 것으로 본다.

> 피고가 재판관에게 하듯이
> 모든 교훈 판단 격언 신조들을 끌어대며
> 그처럼 지냈었다. 보통날엔
> 미심쩍어하며 마음의 칭호와 명예를
> 확립하려고 애썼다. 때론 믿으며
> 때론 의심했었다. 충동 동기 선과 악
> 의무의 근거에 대해 어떠한 법규를
> 어디서부터 인가할지에 대해
> 끝없이 혼란스러워했다. 마침내 외형적 증거를 원하며

모든 사물 속에서 그것을 찾다가
모든 확신감을 잃고 마침내
모순에 병들고 지쳐
절망적으로 도덕적 문제를 포기했었다. (11: 293-305)

위의 시구에서 워즈워스는 사회적 문제를 해부하려는 자신의 지적 노력을
묘사하지만 여기서 핵심적인 말은 하벤스가 지적하듯이 "도덕적"이라는 말
이다(549). 워즈워스는 자신을 괴롭힌 문제가 정치나 정부, 형이상학의 문제
가 아니고 도덕적인 선과 악의 문제였음을 강조한다. 그는 306-20행을 1850
년판에 첨가하여 행위의 표준이 되는 선과 악의 분명한 기준을 찾지 못해서
오는 괴로움을 거듭 강조한다. 이 같은 "강한 질병"(11: 306)은 "외형적인 증
거"를 찾으려 한 데서 생겨난 것으로 그는 본다.

또한 외적 사건들에 의해
자연의 길에서 벗어났었던
가슴에서 나온 것인 만큼
처음부터 잘못된 추론들과
현재의 목적들이 드러낸
내가 빠졌던 과오들
하여 오도되고 오도시켜
점점 더 뒤죽박죽으로 된 과오들. (11: 287-93)

워즈워스는 현재 자신이 빠진 과오가 "외적 사건들에 의해 자연의 길에서
벗어났었던 가슴에서 나온 것이기에" 처음부터 "잘못된 추론"에 의해 빚어
졌으며 그래서 혼동이 거듭되지 않을 수 없었다고 본다. "자연의 아이"인 자
기가 혁명이나 정치적 변혁 같은 외적 사건들에 빠져 사회적 문제를 해부해
보려고 시도한 것 자체가 잘못이라는 것이다. 이는 뒤집어 말하면 외적 사건

들이 "자연의 아이"로서의 자신의 고귀한 본성과 조화를 이룰 수 없는 것이라는 말에 다름 아니다. 워즈워스는 자신의 위기를 외적 사건들의 탓으로 돌리고 있다. 이와 관련하여 스페리(Sperry)의 다음과 같은 주장은 워즈워스의 정신적 위기의 성격을 바로 설명해준다.

> 그의 강한 질병의 성격은 분명하다. 외부세계는 더 이상 마음의 요구에 뒤따라오려 하지 않는다. 순수한 지성의 작용은 역사의 과정에 의해 부정되고 있었다. … 그는 자기의 이상주의를 입증하지 않는다고 당대의 역사를 고발한다. 하여 그는 스스로에게 죄가 있음을 인정하기는커녕 결정적인 순간에 자기를 배반한 사건들을 통렬히 비난했다. (154-55)

혁명 체험을 묘사할 때 워즈워스는 미성숙한 젊은이였다는 점을 들어 시종일관 자신을 방어하면서 모든 잘못을 세상의 탓으로 돌리는 자기중심적인 시각을 보여준다. 그는 기본적으로 혁명 체험에서 출발한 '도덕적 위기'도 자신의 탓이기보다는 부조리한 외적 사건들의 탓으로 여긴다. 모든 잘못은 젊은이의 이상주의를 지켜주지 않는 외부세계에 있다는 것이다. 그래서 현실의 변화와는 독립적으로 불변의 진리를 다루는 "추상적 과학"(11: 328)인 수학에 의지해보기도 한다. 그러나 순수 지성의 영역인 "추상적 과학"은 인간의 감정을 완전히 배제시킴으로써 인간적인 딜레마의 해결책이 되지 못한다. 워즈워스는 "자연"을 새로운 행동영역으로 선택함으로써 이 위기를 극복한다.

> 바로 그때
> 모든 선을 자비롭게 베푸시는 분 덕분에!
> 지난날들을 지켜본
> 사랑스런 누이가 이제 갑작스런
> 훈계의 목소리로 말하며

… … …
내게 나의 참된 자아와의
구원의 교류를 지속시켜주었다.
구름 끼고 이울어진 달처럼 흐려지고 변했지만
그녀는 밝음이 돌아오리라고 여전히 속삭였기에
무엇보다도 나를 아직도 시인으로 지켜주었으며
그 이름으로 또한 그 이름으로서만
지상에서의 나의 소임을 찾게 해주었기에.
또한 자발적인 청자가 실수하지 않는다면
나중에 알게 되겠지만
모든 다양한 인간적인 사랑의 도움으로
자연의 자아가 마침내 첫날 나를 도로 이끌어주었다
평화로 가득 찬 참된 지식의 온상인
머리와 가슴의 그 감미로운 협의에로. (11: 333-53)

　도덕적 위기의 회복에 대한 위의 시구에서 워즈워스는 혁명의식, 역사의
식, 사회의식을 지워버리고 인간사회의 구체적 현실에서 멀어져 "자연" 속에
서 참된 시적 자아를 만남을 선언한다. 도로시는 그를 다시 자연과 이어주는
매개적 인물로 나온다. 그녀는 감수성이 뛰어나 자연 속에서 즉각적인 기쁨
과 경이를 느껴 워즈워스에게 시적 영감을 강화시켜주는 인물로 알려져 있
다. 1795년 워즈워스는 도로시와 함께 레이스다운의 자연으로 돌아감으로써
어린 시절 자연 속에서 느꼈던 기쁨과 평화를 되찾는다. 그는 신과 도로시와
자연의 도움으로[74] 자신의 "참된 자아"와 "구원의 교류"를 하게 되었다 한다.
또한 "시인"이라는 "지상에서의 나의 임무"를 다시 깨닫게 되었다 한다. 그
런데 정신적 회복에 대한 이러한 묘사는 워즈워스 자신이 혁명사상에 대해
서 비판한 바와 같이 현실에 바탕을 두지 않음에서 비롯되는 추상성을 그대
로 범하고 있다. 에어스는 이 점을 아래와 같이 설명한다.

그렇다면 그 자신의 경우에 있어서 역사나 상황의 변화나 인간 경험의 생생하고 매우 새로운 영역과의 만남 등은 '참된 자아'에 영향을 줄 수 없는 '외적 사건들'로 자리매김 될 수 있다. 그리하여 '추상적인' 도덕적 정치적 철학이 인간관에 있어서 '자연, 시간, 장소의 사건들을 떨쳐낸다'고(10: 806-30) 공격하였음에도 불구하고, 그가 자신의 인간 유형을 구축할 때나 인간세상의 '사건들'과 자신의 전기적 체험들 사이에서의 그 자신의 존재의 발전을 묘사할 때 그 자신이 바로 이와 똑같은 과오를 범하고 있다. (74)

워즈워스는 인간사회의 구체적 현실에서의 삶의 체험, 예를 들어 혁명 체험 같은 것이 자신의 "참된 자아"의 형성에 영향을 주지 못한 것으로 생각한다. 즉 그는 현실의 변화와 독립적으로 이미 형성되어 있으며 그것에 의해 영향 받지 않는 어떤 절대적인 "참된 자아"를 상정해두고 그것을 자연 속에서 만나며 시인으로서의 소임은 그러한 자아에서 나오는 것이라고 본다. 그런데 자서전 문학에서 자아란 현재적 삶 저 너머에서 이미 형성되어 있는 것이기보다는 글 쓰는 과정의 현재적 삶에 의해 끊임없이 영향 받고 수정 변모되는 것이다. 특히 자서전 문학 속의 자아란 자서전적 작업과 더불어, 또한 그것에 의해 형성되는 것으로서 미래지향적인 것이다. 따라서 여기서 워즈워스가 현실 체험과 무관한 "참된 자아"를 운운하는 것은 그의 사유가 추상성과 관념성, 그리고 경직성을 상당부분 지니고 있음을 드러낸다. 그러나 『서곡』을 씀으로써 혁명 체험과 역사의식을 지워버리려는 워즈워스로서는 그 대안으로서 자연으로 돌아가 자아의 연속성을 구축하기 위해서 이러한 관념적 자아를 상정할 수밖에 없었을 것이다.

7. 자연 속의 인간애: 『서곡』 7-8권

I.

워즈워스는 『서곡』에서 프랑스 체험을 재해석한 후 인간애의 개념을 재정립할 필요를 느꼈다. '도덕적 위기'를 거쳐 자연으로 돌아간다고 해서 그것이 인간애를 저버리는 것이 아님을 밝히고 스스로에게 다짐할 필요가 있었다. 초기 시에 나타난 바와 같은 사회적 존재로서의 인간에 대한 사랑은 『서곡』이 지향하는 바와 딱히 부합되지 않기 때문이다. 그래서 제11권에서 프랑스 체험을 재정리하고 정신적 위기를 그리기 전에, 자신의 논리를 좀 더 공고히 하기 위해 런던 체험을 통하여 인간애가 자연애에서 나온 것임을 깨달았다고 말할 필요가 있었다. 그는 제10권을 쓴 후 프랑스 체험에 대한 최초의 반응으로서 제8권을 썼으며 그 뒤에 제7권을 썼다. 그리고 8권과 7권 사이에 중요한 자료들을 교환함으로써 7권의 전제들에 부합되도록 8권의 결론을 다시 집어넣는 방식으로 8권을 7권에 의해 재조정시켰다(Johnston 111). 따라서 7권은 8권의 주제를 이끌어내기 위한 전제로 있는 것이다. 또한 7권과 8권의 결론은 제11권에서의 위기 회복의 방향을 어느 정도 결정한다.『서곡』의 구조상으로는 런던 체험과 인간애의 정립이 프랑스 체험 앞에 오지만 집필 순서에 따른 텍스트상의 체험으로는 프랑스 체험 뒤에 온다. 그러므로 8권에서의 인간애의 개념은 프랑스 체험의 결과로 재정립된 것이다.

런던 체험은 표면상 1791년 2-5월의 이야기로 되어 있으나 실제로는 1793-95년에 워즈워스가 더 오래 런던에 머물렀을 때의 느낌을 기록한 것이다(Havens 35). 프랑스에서 돌아온 후 그는 런던에 머물면서 정치적인 시와 산문들을 썼으며, 1794년 11월 마슈즈에게 보내는 편지에서 "나는 도시에 있는 것을 많이 원하기 시작한다"라고 쓸 만큼(EL 128) 실제로는 도시에서의 생활을 즐기고 있었다. 그러나 과거의 사실이 어떻다 할지라도 워즈워스는 제8권에서 도시의 삶을 온통 부정적인 것으로 그린다.

워즈워스는 런던을 내면적 삶과 아무 연관 없는 외형만이 지배하는 곳으로 최하까지 끌어내려서 묘사한다.『서곡』의 시적 구도에 맞추어 런던이 내적 의미를 전혀 지니지 못한 곳으로 그릴 필요가 있었던 것이다. 런던은 의미 없는 형상들의 진열장이다. 갖가지 요지경들, 춤추는 개들, 단봉낙타, 행상인들의 고함소리, 조야한 사실적 그림들, 온갖 인종들을 열거하면서 그는 런던을 카오스를 나타내는 "소란"(7: 211)의 장으로 그린다.

워즈워스의 의식에 비친 런던의 이미지는 연극에 대한 이야기들을 통해 주로 전달된다. 새들러즈 웰즈(Sadler's Wells) 극장의 소란스런 오락물들과 어릿광대들은 외관과 실재의 차이로 인한 부조화와 기만이라는 도시의 이미지를 잘 전해준다. "거인-살인자 잭"(Jack the Giant-Killer)은 "보이지 않는 사람"을 공연한다면서 "보이지 않는"이라는 글자가 새겨진 검은 외투를 입고 "대담한 기만"을 연출한다(7: 280-87). 잭이 보여주는 기표와 기의 사이의 분명한 부정의 관계는(Simpson, *Wordsworth and the Figurings of the Real* 53) 도시의 삶의 상징으로 제시된다. "버터미어의 처녀"(Maid of Buttermere)는 순진한 시골 처녀가 타지에서 온 남자에게 배반당하는 이야기이다. 이 연극은 1803년 공연된 것이기에 런던 체류 시 워즈워스가 보지 못한 것으로서 도시의 주제를 강화시키기 위해 의도적으로 들어간 것이다(Johnston 160). 이 이야기는 바로 뒤에 나오는 창녀 모자의 이야기와 대조를 이루어 시골이나 자연의 순진이 도시의 타락과 대조된다. 워즈워스는 도시의 타락의 극명한 예로서 욕설을 퍼붓는 창녀를 제시하는데, 그녀의 욕설을 들으면서 그는 인류가 두 쪽으로 분열됨을 느낀다. 창녀는 객관적인 한 실존인물이기보다는 워즈워스 내면의 타락에의 두려움과 슬픔의 투사체인 듯 그려진다. 그는 창녀의 구체적 현실을 무시하고 그녀의 욕설을 사회적 맥락으로부터 단절시킨 채 그것으로 인한 자신의 정신적 상처만을 강조한다. 에어즈는 인간을 사회적 맥락으로부터 단절시키는 것이 워즈워스의 인물 묘사의 특징이라고 다음과 같이 지적한다.

> 내가 방금 논의해온 이데올로기상의 그리고 언어상의 특징들은 『서곡』을 포함하여 워즈워스의 원숙기 작품에서 찾을 수 있는 인간 유형에서의 지속적인 탈사회화의 일부이다. 그는 인간의 정체성에서 본질적인 사회적 활동들과 관계들을 지워내고, 역사적 존재로서의 모든 특수한 결정인자들을 인간에게서 벗겨내어, 그가 공격했던 어느 누구에게도 못지 않을 정도의 철저한 추상적 개인주의의 숭배를 구축하는 일관된 경향을 보여준다. (69)

인물의 구체적 현실을 지워내고 사회로부터 고립시키거나 꿈속의 인물로 제시하는 것은 『서곡』에서 워즈워스가 나아갈 바를 위해 필요한 작업이기도 하다. 워즈워스에게는 무리로서의 인간은 별로 중요하지 않으며 개인의 정신, 아니 그 자신의 정신의 작용이 중요한 것이다. 이러한 정신작용의 구체적 예가 바로 "눈먼 거지"(blind Beggar)의 일화이다.

얼마나 자주 저 넘쳐흐르는 거리에서
군중들과 함께 나아가며
중얼거렸던가, "내 옆을 지나가는
모든 이의 얼굴은 하나의 신비야!"하고.
마침내 눈앞의 형체들이
고요한 산 위로 미끄러지거나 꿈속에
나타나는 것 같은 투시력의 행렬이 될 때까지
무엇이 어디로 언제 어떻게의 생각으로 압박 받으며
이처럼 보았고 끊임없이 보았다.
한번은 그러한 기분에 깊이 빠져
평범한 지시의 영역 너머에서
움직이는 화려한 행렬들 속에 묻혀 있을 때
뜻밖에 눈먼 거지의
모습에 (드문 광경이 아닌) 강하게
이끌렸다. 그는 곧은 얼굴로
벽에 기대어 서 있었는데 가슴엔
출신과 신분 등 내력을 설명하는
글이 적힌 종이를 달고 있었다.
그 광경에 사로잡혀 내 마음은
힘센 물결을 탄 듯 회전했다. 이 쪽지는
우리 자신과 세계에 대해
우리가 알 수 있는 최대치의 적절한 표본인 듯했다.
그 움직이지 않는 사람의 형체를
그의 부동의 얼굴과 눈먼 눈을 응시했다.
마치 또 다른 나라로부터 훈계를 받는 것처럼. (7: 626-49)

집단으로서의 인간의 삶을 한 개인을 위한 배경으로만 보는(7: 619-25) 워즈워스는 개인의 실존의 의미를 읽어내려고 애쓰지만 모든 얼굴은 이해할 수 없는 "신비"로 여겨질 뿐이다. "무엇을 어디로 언제 어떻게"라는 개인의 구체적 현실은 의식 속에서 사라지고 그는 "고요한 산 너머"나 "꿈속"의 세계를 볼 수 있는 것 같은 투시력을 얻는다. 그는 현실을 꿈속의 현실로 대체시키고 인간을 현실로부터 추상화시킨다. 이러한 정신작용의 소산으로서 인간과 세계의 극단적 단절을 보여주는 이가 "눈먼 거지"이다. "눈먼 거지"는 "눈멂" 때문에 구체적 현실의 모습을 읽을 수 없지만 특별한 투시력에 의해 현실의 내재적 의미를 읽으려고 애쓴다는 면에서 시인과도 흡사한 존재이다.

그런데 그의 내적 투시력은 그 자신의 상황이 준 선물이 아니라 관찰자인 시인의 비전 속에서 일어나는 "급진적인 변화"의 선물이다(Mcconnell 107). 즉 시인은 "눈먼 거지"를 관찰함으로써 자신의 통찰력을 그에게 투사시켜 그를 시인과 흡사한 존재로 끌어올리는 것이다. "눈먼 거지"를 외적 현실과 연결시키는 것은 가슴에 매달린 종이쪽지에 적힌 글자 몇 개에 불과하나 그의 내적 힘은 마치 그가 "또 다른 나라," 즉 거대한 영적 세계에 속한 사람이라는 느낌을 준다. 그가 매단 쪽지는 "거인-살인자 잭"의 "보이지 않는"이라는 글귀가 적힌 쪽지처럼 외적 의미는 단순하나 내적 의미가 크다. "눈먼 거지"의 에피소드는 시인이 인간을 구체적 현실로부터 추상화시키는 작업을 하게 되었음을 보여준다.

프랑스에서 보피와 함께 "굶주린 소녀"를 만났을 때 그는 그 소녀의 개인적 고통을 정치적으로 해결해야 한다는(비록 공허하게 들리긴 하지만) 보피의 말을 기억한다. 그때 시인은 한계를 안은 채로나마 소녀의 고통의 사회적 의미에 눈뜨고 있었다. 그러나 "눈먼 거지"의 경우 시인은 그를 현실적 삶으로부터 단절시켜 육신의 고통은 무시한 채 거대한 영적 세계에 속하는 존재로 승화시킨다. 그러나 영적 존재로의 승화는 "눈먼 거지"의 내부에서 일어나는 일이기보다는 시인의 내부에서 일어나는 일이기에 사실 거지의 실존과는 무관한 것이다. 이와 같은 승화의 "구조물"은 관찰자의 "흥분된 정신"이 스스로를 위하여 만드는 것이기 때문이다(7: 650-52). 여기에 인간에 대한 워즈워스의 시각의 문제점이 있다.

워즈워스는 계속해서 런던을 "격정, 복수, 격노, 공포"(7: 673)로 가득 찬 곳으로 묘사하며 그 거대한 혼란의 대표적 장면으로서 "성 바솔로뮤의 장" (St. Bartholomew's fair)을 제시한다. "성 바솔로뮤의 장"[75]은 온갖 혼란스러운 형상들과 소리들로 가득 찬 지옥과 같은 곳으로 묘사된다.

> 납세공 시계장치 현대적 멀린들의
> 온갖 경이로운 솜씨 사나운 짐승들 꼭두각시 쇼들
> 온갖 괴상하고 억지스러우며 왜곡된 것들
> 자연의 온갖 변덕들 인간의 온갖 프로메테우스적인
> 생각들 인간의 우둔함 광기 그들의 묘기들이
> 모두 함께 뒤범벅되어 만든다
> 괴물들 천막들 노점들의 의회를. (7: 712-18)

위의 시구는 도시를 내재적 의미가 없이 온갖 괴상한 형상들이 난무하는 "텅 빈 혼란"(7: 722)의 장으로 제시한다. 워즈워스는 무의식적으로 자연으로부터 배제시킨 모든 부정적인 것들을 무의식적으로 도시에 투사시킨다 (Onorato 275). "성 바솔로뮤의 장"은 보는 시각에 따라서 가장 생생하게 살아 있는 인간적인 삶의 장으로 그려질 수도 있으나 자연을 예찬하려는 시적 구도에 맞추어 워즈워스는 이를 온통 부정적인 곳으로 그린다. 그는 어릴 때 자연의 도움으로 상상력을 지니게 된 사람은 도시에서도 숨어 있는 거대한 뜻을 찾을 수 있으며, 런던에서도 "자연의 정신"(7: 766)이 그에게 임재해 있었다고 말함으로써 제8권의 주제를 위한 도입부를 마련하면서 제7권을 끝맺는다.

II.

워즈워스는 프랑스 체험 이전의 삶을 정리하려는 의도에서 제8권에서 회상의 공간을 마련하여 "자연애가 인간애로 이어진다"는 명제를 제시한다. 그러나 프랑스 체험을 통해서 그는 인간을 사랑하는 일이 자연을 사랑하는 일과 얼마나 다른가를 이미 경험한 바 있다.

> 여기에 어떠한 변화가 있는가!
> 이 뒤의 숭배를 위하여 얼마나 다른 제식이
> 이 두 번째 사랑을 향상시키기 위하여 어떠한 후원이 있는가!
> 첫 번째 사랑은 그대 의지의 가슴 안에서
> 보호받는 사물들에 바쳐진 봉사였노라. (10: 428-32)

인간에 대한 사랑, 즉 "이 뒤의 숭배"나 "이 두 번째 사랑"으로 인간사회를 개선하기 위한 노력은 자연 속에서 자연을 사랑하는 일, 즉 "첫 번째 사랑"과 달리 얼마나 고통스런 일인가를 그는 깊이 경험하였다. 그러나 프랑스 체험을 묘사하기 이전에 자연애와 인간애의 연결고리를 제8권에서 마련함으로써 워즈워스는 프랑스 체험이 자연에서 이미 얻은 인간에 대한 믿음을 손상시켰다고 해석하고자 하는 것이다. 8권의 명제는 프랑스 체험을 재해석하기 위해 의도적으로 제시된 것으로서 워즈워스의 직접적인 체험의 결과라기보다는 다분히 이론적인 측면이 강하다. 제8권에서의 인간애와 자연애의 연결고리는 그의 믿음의 약한 부분을 드러내주는 것으로서 워즈워스를 비판할 때 자주 거론되는 부분이기도 하다(Johnston 165)[76].

　워즈워스는 혁명 체험으로 인해 잃었다고 생각하는 인간에 대한 믿음을 회복하기 위하여, 혹은 그 믿음의 회복을 준비하기 위하여, 자연 속에서 이상적 인간상을 정립하게 되는 과정을 그려 보인다. 그는 어린 시절 "목양자"를 관찰함으로써 인간에 대한 관심과 애정의 눈을 뜨게 되었다고 한다. 목양자는 자연과의 조화 속에서 온전한 자유를 누리면서 독립적으로 살아가는 이상적 인간으로 나온다. 여기서 워즈워스는 호레이스(Horace), 버질(Virgil), 셰익스피어(Shakespeare), 스펜서의 목가들을 열거하는데(8: 129-56), 이로 인해 이들 목양자들은 현실 속에 살아 있는 존재이기보다는 다분히 문학 속에 나오는 정신적 인물인 듯 제시된다.

　　　비 오는 날 고적한 개울로
　　낚시하러 갔을 때나 안개 때문에 당황하면서
　　길 없는 산을 걸었을 때 불현듯
　　짙은 안개 속을 성큼성큼 걷는 거인 같은 그를
　　몇 발자국 떨어진 곳에서 보았다.
　　그의 양떼는 초원의 곰들 같았다. 어떤 산그늘의
　　경계선 너머로 그가 걸어왔을 때
　　지는 해의 그윽한 빛을 받아 미화되어
　　그의 모습이 불현듯 내게 나타났다.
　　혹은 먼 하늘에서 그를 발견했다.
　　샤트류즈 사원의 첨탑 바위 위에
　　숭배받기 위해 홀로 놓인
　　공중의 십자가처럼
　　무엇보다도 더 높은
　　외롭고 숭엄한 대상인 그를!
　　이처럼 인간은 내 눈 앞에서

외적인 고상함을 부여받았으며
이처럼 내 가슴은 인간성에의
무의식적인 사랑과 존경에로 일찍이
인도되었노라. 하여 인간의 형상은
내게 기쁨과 은총과 명예
힘과 가치의 지표가 되었노라. (8: 262-8l)

목양자는 안개에 의해 확대되어 거인으로 나타나기도 하고 "지는 해의 그
윽한 빛"에 의해 미화되어 나타나기도 한다. 안개나 석양은 워즈워스가 목양
자를 바라보는 "적합한 거리"(8: 305)를 제공하여 이 공간 속에서 그의 상상
력은 목양자를 실제 이상의 "숭엄한" 존재로 변형시킨다. 그는 목양자가 외
적으로 고귀하게 보이기에 "인간성에의 무의식적인 사랑과 존경"을 갖게 되
었다고 한다. 즉 인간이 고귀한 존재라는 생각이 인간 전체에 대한 사랑을
낳았다고 주장하는 것이다. 그러나 이러한 논리는 다분히 억지스럽다. 하벤
스도 지적하듯이 인간이 숭고한 존재라는 생각과 인간에 대한 사랑이 항상
함께인 것은 아니며[77], 보통의 경우 전자에서 후자가 나오기보다는 후자가
전자를 낳기 쉽다(109). 워즈워스는 목양자를 책에 나오는 인물인 양 "거의
정신적"(8: 282) 존재로 그리며 이들의 구체적인 삶의 상황에 대해서는 별로
관심이 없다.

한편 이 피조물은
… … …
나면서부터 가장 평범한 사람의 하나였다.
남편이며 아버지였다. 배웠고
가르치고 훈계할 수 있었고 다른 이들과 함께
악과 우매함, 비참과 공포를 겪었다.

이에 대해 나는 거의 모르며 별 관심도 없다.
그러나 무언가를 느꼈음이 틀림없다. (8: 282-93)

워즈워스는 객관적 현실 속에서 살아가는 목양자의 모습은 알지 못하며 그것에 대한 관심도 별로 없다. 혹은 알고 있었지만 여기서 말하지 않는다 하더라도 그것 역시 인간에 대한 그의 태도를 반영한다. 그는 자연 속의 "위대하고 아름다운 대상들"(8: 316)을 통해 거리를 두고 봄으로써 목양자를 사회적 삶에서 격리시켜 자신의 상상력이 낳은 주관적이고 추상적인 인물로 만드는 것이다. 목양자의 구체적인 현실은 모르지만 "그러나 무언가를 느꼈음이 틀림없다"라고 말함으로써 8권에서의 주장이 직접적인 체험의 산물이 아니라 다분히 그의 정신이 만들어낸 이론적인 것임이 드러난다. 워즈워스는 이 같은 약점에 대한 자격지심에서 다음과 같이 책을 비판한다.

그대는 이 현상들
젊은 시절 내가 목양자들에게서 보았던 것
인간에게 허용된 자연의 이 신성을
그림자며 기만이라 부른다. 죽은 문자에
몰두한 그대는 사물의 정신을 놓친다. (8: 293-97)

워즈워스는 문자화된 논리적 증명을 좋아하는 합리주의자들을 공격하면서 목양자에 대한 자신의 인간관이 "그림자"나 "기만"이 아니라고 소리를 높이지만, 제8권에서의 그의 주장의 논리적 약점에 비추어보면 이 소리 높음은 그의 무의식적인 자신 없음을 드러내는 역할을 할 뿐이다.

워즈워스는 인간을 의식 속으로 받아들이는 과정에서 "공상"의 작용을 중시한다. 공상은 "디기탈리스"(fox-glove)를 "어떤 방랑하는 어머니"(8: 402)와, 동굴을 요정과, 빛나는 바위를 기사의 방패와 연결시키고, 목수의 육체적 질

병을 상사병으로 변형시켜 그의 죽음을 낭만적으로 장식하기도 한다. 그는 대상의 구체적 현실을 무시한 공상의 작용으로 인간에 대한 공감을 키워갔다고 한다(8: 454-58).

워즈워스는 공상의 작용을 통해 갖게 된 공감을 바탕으로 이상화된 인간형을 자연 속에 자리매김하며 인간을 사회적 존재로 정의하지 않고 자연과 신과의 관계에 의해 정의한다(8: 476-94). 그리하여 그는 케임브리지라는 한 특수한 사회 속에 들어갔을 때 자신의 인간관이 손상됨을 느낀다(8: 495-502). 그가 자연 속에서 구축한 이상적 인간에 대한 사랑은 케임브리지라는 한 구체적 사회의 악이나 죄나 어리석음에 의해 손상된다[78]. 그의 인간애는 스스로도 인정하듯이 "인간에 대한 관념 혹은 추상"(8: 502)이었던 것이다. 여기서도 그의 인간애의 이론적 성격이 드러난다.

제8권의 주제는 자연애가 인간애로 이어지는 과정을 추적하는 것이라고 그는 밝힌다(1805, 8: 586-88). 그런데 이 추적은 과거를 있는 그대로 그림으로써 이루어지지 않고 텍스트 속에서 과거를 변형시켜 재구축함으로써 이루어지기에 워즈워스는 텍스트 속에서 자연애와 인간애를 연결짓는 새로운 자서전적 삶을 살게 되는 셈이다. 다시 말해서 제8권의 집필 과정은 상상력을 통해서 자연애와 인간애를 연결짓는 과정이다. 그는 이러한 상상력의 활동을 구체적 현실에 적용시켜 보기 위해 런던으로 되돌아온다. 도시의 표면적 광경들 이면의 상상적 위대함, 즉 "숭엄의 런던"을 꿰뚫는 자신의 새로운 통찰력을 보여주기 위해 그는 런던으로 되돌아오며 이것이 제8권에서의 회상의 진정한 시적 기능이다(Johnston 171). 워즈워스는 제8권에서 텍스트 상의 체험으로 런던의 혼란상을 수용하고 그 내재적 의미를 읽을 수 있는 상상력을 키운 것이다.

이제 문턱을 넘었다 (살아있는 마음
바깥의 어떤 것이 그토록 힘센 지배력을 갖는다는 것은
얼마나 이상한 일인가! 그러나 그러했다)
여러 시대의 무게가 동시에 내 가슴에
내려왔다. 체현된 생각도
뚜렷한 기억도 없이 무게와 힘으로
무게 아래 자라나는 힘으로. (8: 549-55)

워즈워스는 외적 형상과 내적 의미를 갈라놓는 "문턱"을 뛰어넘는 체험을
한다. 이 체험은 현재시제로 된, 텍스트 상의 현재적 체험이다. 제7권에서의
의미 없는 껍데기뿐인 런던은 여기서 막강한 "무게"와 "힘"의 의미를 지닌
것으로 나오는데 여기서의 런던은 제7권에서와 같은 런던이되 시인의 상상
력을 통해 "재상상된" 런던임을 알 수 있다. 이처럼 "되돌아간 런던"에서 워
즈워스는 자연에서 배운 인간애의 힘을 증명하는 듯하다. 그러나 그 사랑 역
시 구체적 현실 속에 살고 있는 "시공이 제한된 존재"에 대한 사랑이 아니라
"시간과 공간 속으로 확산된 정신"(8: 608-11), 즉 현실에서 유리된 추상적 존
재에 대한 것으로서 다분히 관념적인 사랑에 그치고 만다.

워즈워스는 런던을 상상적으로 재구축하여 도시에 대해서도 인간이 보편
적 심성을 지니고 있다는 믿음을 적용시킨다. 그리하여 그는 "거대한 도시"
의 군중 속에서 "인간의 통일성," "하나의 정신"을 찾는다(8: 665-69). 이는
그가 자연에서 배운 "숭엄한 관념"(8: 673)으로서의 인간애를 지니고 있기 때
문이다. 이러한 관념으로서의 인간애는 지금 현실 속에서 탄탄하게 체현된
것이 아니라 미래에 이루어질 것에 대한 믿음에 다름 아니다. 그의 믿음은
"우리가 될지도 모르는 것에 대한 나의 믿음"(8: 649-50)이기 때문이다. 워즈워
스는 22세가 지나서야 비로소 자연에 대해서보다 인간에 대해 더 큰 관심을
가지게 되었다고 하며(8: 348-51), 인간을 일차적으로 사랑하게 된 때는 "아

직" 오지 않았다고 한다(8: 356). 이 "아직"의 의미는 무엇인가?

> 그러나 아니었다
> 인간 세상은 내 평소의 생각 속에서
> 자연 세계보다 더 무겁지 않았다. 사랑의 저울은
> 나날이 채워지긴 했지만 자연의 힘센 대상들이
> 놓여 있는 곳과 비교할 때 여전히 가벼웠다. (8: 682-86)

"아직"은 표면적으로는 프랑스 체험 이전을 뜻하지만 텍스트 상의 체험으로는 그 이후까지를 포함한다고 볼 수 있다. 인간을 일차적으로 사랑하는 때는 『서곡』을 쓰고 있는 지금에도 "아직" 오지 않았다는 것이다. "사랑의 저울"은 아직도 자연 쪽으로 많이 기울어져 있으며 온전한 인간애를 지닐 수 있는 것은 "우리가 될 지도 모르는 것에 대한 나의 믿음"에 지나지 않는다. 그러한 믿음을 실현하는 길을 그는 자연에서 찾고자 한다. 그런데 혁명 체험으로 인해 손상되었다고 생각하는 인간에 대한 믿음이나 애정을 자연에서 되찾는 일이 과연 가능한 것일까? 자연애가 인간애로 이어진다는 명제는 공허한 말에 불과할 지도 모른다. 이는 인간에 대한 사랑과 자연에 대한 사랑이 근본적으로 다름을 그가 이미 프랑스 체험을 통해서 깨달았기 때문이다. 자연에서 배운 사랑은 인간을 사회적 삶으로부터 단절시켜 '추상'과 '관념'으로 파악하게 함으로써 오히려 인간에 대한 진정한 사랑을 가로막을 수 있다. 페리(Ferry)는 자연애가 이끌어 준 인간애에 대해서 다음과 같이 설명한다.

> 각 경우에 있어서, 자연애가 인간애로 이어진다는 공식은 자연애가 자연애로 이어진다는 공식으로 환원될 수 있다. 왜냐하면 두 경우 모두에 있어서 그 시들이 언급하는 "인간"은 이러저러한 식으로 영원한 자연을 체험하는 그의 마음의 양상이기 때문이다. ... 인간이 사랑한다는 그 인간은 자

기 자신이기에 인간애는 바로 자연애이다. (106)

페리에 의하면 자연에서 배운 인간애는 바로 자연애에 다름 아니다. 왜냐하면 워즈워스가 말하는 인간이란 결국 자연을 사랑하는 그 자신의 정신의 양상이기 때문이다. 워즈워스는 결국 자연과 그 자신을 사랑한다는 말이다. 그는 이처럼 "자기중심적 숭엄"에 사로잡혀 있기에 그의 자연애는 현실의 인간에 대한 진정한 관심으로부터 그를 멀어지게 한다고도 볼 수 있으며, 이는 다음과 같은 비판의 원인이 된다.

> 그의 천재성은 인간에 대한 적의였는데 그것을 그는 사랑으로 착각했으며, 그의 착각은 감당하기 힘든 혼돈 속으로 그를 끌고갔다. 그러나 그 혼돈을 물리쳤을 때 그는 자신의 변별적 위대성도 함께 물리치는 셈이었다. (Ferry 173)

페리의 비판은 너무 혹독한 감은 있지만 인간애에 대한 워즈워스의 모순된 의식을 날카롭게 지적해준다. 프랑스 체험을 통해서 진정한 인간애에 눈뜨게 되었지만 인간사회의 복잡한 문제들을 감당하는 일이 너무나 힘들었기에 그는 역사 현실에서 떠나 다시 자연으로 돌아오려 한다. 그는 자연애와 인간애가 얼마나 다른가를 프랑스 체험에서 이미 깊이 느꼈다. 그러나 '자연'이나 '인간정신'과 더불어 '인간사회'에 대해 노래해야 할 시인으로서의 책무를 느끼기에 워즈워스는 인간애를 언급하지 않을 수 없다. 인간사회 속에서 인간애를 실현할 길을 찾지 못하여 자연애와 인간애를 연결시켜 인간애를 재정립하려 하기에 워즈워스는 인간애를 추상적인 것으로 만들어버리고 만다. 추상적 인간애는 인간의 구체적 삶에 대한 관심을 약화시켜 페리의 주장처럼 자칫 잘못하면 실제적으로는 인간에 대한 본의 아닌 '적의'를 수반할 수도 있다. 여기에 워즈워스의 인간애의 문제점과 시적 자아의 딜레마가 있다.

8. 이상적 자아: 『서곡』 12-14권

I.

인간은 삶을 끊임없는 현재적 과정으로 파악할 수 있을 뿐이다. 과거는 현재 속의 과거일 뿐 인간은 과거를 과거로서 체험하기 힘들다. 현재는 과거가 집적된 상태이며 언제나 끊임없이 미래 속으로 흘러 들어간다.

> 원소들처럼, 개개의 인간은 결코 고정되어 있지 않으며 항상 변화하고 있다. 헤라클리투스(Heraclitus) 이후 약 2500년 뒤에 융(Jung)이 말하게 되듯이, 개인의 자아는 … 존재의 고정된 상태이기보다는 과정이다. 인간들이 찾는 질서는 결코 고정된 채 저기에 있는 것이 아니라 항상 만들어지고 있는데 그들 내부에서 만들어지고 있으며 항상 태어나는 과정에 있다. 죽음이 와야만 분명 자아는 자기 가치를 결정하게 된다. (Olney, *Metaphors of Self* 6)

올니(Olney)가 말하듯이 인간의 자아는 완성된 형태로 고정되어 있는 것이 아니라 항상 변화와 형성의 과정 속에 있다. 자서전 작가는 자서전을 씀으로써 '자아 탐색'이라는 새로운 전기적 사건을 만들며 이 사건은 작가의 자아가 형성되는 과정을 보여준다. 자서전 속에는 작가의 현재적 시각인 '담화'를 이끌어가는 '나'와 담화의 대상이 되는 과거의 '서사' 속의 '나'가 있다. 또한 텍스트 속의 '현재적 나'는 텍스트 밖의 '글 쓰는 나'와 불가분의 관계를 갖는다. 텍스트 밖의 '나'는 텍스트 속에 구현되는 '나'에 의해 끊임없이 영향을 받아 변모되고, 변모된 텍스트 밖의 '나'는 텍스트 속의 '나'를 새로이 변모시키게 된다. 이 같은 상승작용으로 인해 두 개의 '나'는 언제나 미래의 새로운 '나'를 향해 열려 있다.

따라서 자아는 자서전 속에서 완성된 모습을 획득할 수 없다. 텍스트 밖의 작가의 자아는 그 속의 인물로서의 자아의 현재적 분열을 극복하고 미래의 '이상적 자아'를 정립하고자 하지만 그것은 자서전적 글쓰기의 이 같은 성격상 텍스트 속에 온전히 담기기 힘들다. 미래의 '이상적 자아'는 결국 자서전적 작업 이후에 텍스트 밖의 자아가 온몸으로 이루어야 할 몫으로 남는다.

워즈워스는『은둔자』를 쓸 수 없는 데서 생긴 현재의 시적 위기를 극복하기 위해서『서곡』을 씀으로써『은둔자』를 쓸 수 있는 이상적 자아를 정립하고자 한다. 따라서 '이상적 자아'를 정립하고 온몸으로 거기에 이르렀는가 하는 문제는『은둔자』를 성공적으로 쓸 수 있는가 하는 문제와 직결된다.

> 『서곡』의 "나"의 본질은 시인의 삶에 대한 서사적 이야기 뒤에 있는 살아 온 삶에서가 아니라 오히려 살아갈 시적 삶에서, 예를 들어『서곡』집필을 정당화해 줄『은둔자』를 쓰는 삶에서 찾아진다. (Haney 193)

『서곡』에서 시인이 정립하고자 하는 시적 자아의 본질적인 모습은『은둔자』를 쓰는 행위 속에서 구현될 수 있을 뿐이다. 워즈워스는 그러나 『서곡』에 이어서 『산책』(*The Excursion*)을 썼을 뿐 『은둔자』를 완성하지 못한다. 그는 그 대신 끊임없이 『서곡』으로 되돌아간다.

1798년 10월 고슬라에서 단편적으로 시작되어 1799년 『2부 서곡』으로 집필되고, 1804년 5권짜리로 계획되었다가 1805년 13권짜리로 확장되고, 다시 1850년 14권짜리로 출판되기까지 『서곡』은 워즈워스의 시적 삶의 거의 전체에 걸쳐서 집필된다. 그는 『서곡』에서 유사한 이야기를 여러 번 반복한 것처럼 『서곡』 집필 자체를 끊임없이 반복한다. 키에르케고르(Kierkegaard)는 "반복"과 "회상"을 구분하여 회상은 뒤로 돌아가는 움직임이지만 반복은 앞으로 나아가는 움직임이라고 하였다(Jay, *Being in the Text* 79). 『서곡』 집필을 반복함으로써 워즈워스는 미래의 '이상적 자아'를 향해 나아가려고 끊임없이 노력한다. 프로이드는 반복에의 "강박 충동"을 "재생"에의 욕망으로 보았다(Jay, 앞의 책 75). 워즈워스는 과거의 삶을 텍스트 속에서 반복적으로 추체험함으로써 『은둔자』를 쓸 수 있는 시적 힘을 회복하고자 한 것이다. 그의 시적 힘은 『서곡』을 쓰는 문학적 행위 속에서 회복될 수 있을 뿐이다.

> 힘의 상실을 뛰어넘는 워즈워스의 능력은 그 자신의 시의 매개적 힘에 달려 있다. 시인의 "내부에서 지나갔던" 일은 자서전적 시를 쓸 때 그의 내부에서 다시 한 번 지나가야 한다. 그리하여 시에서의 "반복"의 과정은 "시인의 마음의 성장"을 진전시키는 일을 도울 것이다. 총체성과 시적 힘으로 돌아가는 워즈워스의 여행은 자신의 시를 시작할 때 시인에 의해 시도된다. 그리하여 자서전적 시의 연장된 집필 속에서 구현되는 회귀적 여행은 힘을 향한 그의 "순례"의 중심적 비유가 된다. (Jay, *The Recollected Self* 72)

제이(Jay)의 주장처럼 『서곡』 집필은 시적 힘을 회복시켜주는 역할을 하기에 워즈워스는 여러 번 『서곡』으로 되돌아갈 수밖에 없었다. 그가 되돌아가는 행위를 반복한 것은 『은둔자』를 쓰기에 충분한 시적 힘을 아직 얻지 못했음을 보여준다. 워즈워스에게 있어 '이상적 자아'는 『은둔자』를 집필할 때까지, 그리하여 혁명의 세계관을 대체할 수 있는 새로운 세계관을 열어 보일 때까지 끊임없이 정립해나가야 할 대상이지 『서곡』의 어느 한 시점에서 온전히 이룰 수 있는 것이 아니다. 그는 처음부터 끝까지 표현하기 힘든 것을 표현하는 새로운 방법을 찾는 작업을 끊임없이 해온 셈이다. '이상적 자아'는 결국 『서곡』 내에서는 미완성의 '허구'로 남을 수밖에 없는 운명에 처해 있다. 이 같은 맥락 속에서 우리는 『서곡』의 마지막 세 권을 읽어 볼 필요가 있다.

제12권에서 워즈워스는 두 개의 공식화된 "시간의 점들"을 제시함으로써 자연과의 관계를 재정립하고, 제13권에서는 "소럼 평원"(Sarum's Plain)의 일화를 통해 인간과의 관계를 재정립한다. 그리하여 제14권에서는 자기가 정립했다고 여기는 '이상적 자아'를 "스노우던 비전"을 통해 그려보이고자 한다. 앞에서 살펴본 자서전적 글쓰기의 어려움과 『서곡』 자체의 특수성을 넘어서서 그는 자신의 '이상적 자아'를 어떻게 그리고 있는가.

II.

제12권의 서두에서 워즈워스는 "인간의 무지와 죄"(12: 1), "슬픔, 실망, 성가신 생각들, 판단의 혼란, 썩은 열정, 희망의 완전한 상실"(12: 4-6) 등이 상상력을 손상시켰음을 암시한다. 그러나 "이러한 것들과 더불어 우리의 노래가 시작되지 않았으니, 이러한 것들로 끝나지 않음이 분명하다"(12: 7-8)는 확신 속에서 다시 자연 속의 "기쁨의 움직임들"(12: 9)을 부름으로써 시적 활력을 회복하려고 애쓴다. 따라서 워즈워스의 정신적 위기는 1805년『서곡』제12권을 집필하는 시점에까지 이어지고 있는 것이다. 그는 지금도 "마음 산란한 시간들"(12: 40)을 살고 있기에 자연 속의 "균형"(12: 41)을 찾아 "내밀한 행복"(12: 43)을 회복하기를 원한다.

"유쾌한 해변의 향기로운 모습"(12: 54)이 저기에 있는데 그는 여태껏 "불모의 바다"에서 "다른 해안들"을 향해 항해하고 있었다는 것이다(1805, 12: 55-6). 이제 그는 "현인, 투사, 애국자, 영웅"(12: 64)의 길에서 떠나 "더 순수한 피조물"(12: 69)인 시인의 길을 가야겠다고 말한다. 이처럼 그는 역사 현실에 대한 관심이 본질적으로 시인의 길에서 벗어난 것임을 반복해서 말한다. 아주 어린 시절에 "상상적 힘의 방문"(12: 203)을 받았기에 자신의 감수성의 손상은 일시적인 것이 될 수밖에 없다고 하는 그는 지금 자신이 "창조적 영혼"(12: 207)으로 자연 앞에 서 있음을 선언한다.

이 단계에서 워즈워스는 상상력의 강한 힘을 보여주는 어린 시절의 두 가지 사건을 묘사하면서 이들을 해석하는 방법을 "시간의 점들"에 대한 정의를 내림으로써 제시한다. 과거의 체험인 동시에 글 쓰는 순간의 현재적 체험이기도 한 "시간의 점들"을 텍스트 속에서 상상적으로 재현함으로써 시인은 자신의 자아를 바람직한 미래의 방향으로 이끌어가고자 한다. 따라서 "시간의 점들" 속의 과거의 자아는 현재의 자아의 욕망을 투사하고 있다. 그는 "시간의 점들"을 어떻게 정의하는가?

> 우리의 삶에는 드물게 탁월한
> 회복의 효력을 지닌
> 시간의 점들이 있다. 사소한 일과
> 일상적 교제 속에서
> 거짓 의견과 다투는 생각에 의해

혹은 더 무거운 더 치명적인 무게의
어떤 일에 의해 침체될 때 우리의 마음은
거기서 자양분을 받아 은밀히 회복된다.
기쁨을 고양시키는 어떤 효력이
침투하여 우리가 높이 있을 때
더 높이 오를 수 있게 하고 떨어졌을 때 우리를 들어올린다.
이 유효한 정신은 어떤 점에서
또한 어떻게 마음이 주인이며 외적 감각은
마음의 뜻을 따르는 하인인지를
가장 깊이 알게 해주는
삶의 통로에 주로 숨어 있다. (12: 208-23)

　"시간의 점들"은 일상사의 여러 복잡한 일들로 침체되어 있는 정신에 자양분을 공급하여 정신을 "기쁨"의 상태로 들어 올려주는 "회복의 효력"을 지니고 있다고 한다[79]. 이는 시간 속의 지점인 동시에 텍스트라는 공간 속의 지점이기도 하다. "시간의 점들" 속의 "이 유효한 정신"은 인생의 도처에 잠복해 있는 것으로서 그 정체는 분명하지 않으나 "마음이 주인이며" 외적 감각은 "마음의 뜻을 따르는 하인"임을 알려준다고 한다. 시인의 침체된 정신은 "시간의 점들"을 언어로 체현함으로써 텍스트 속에서 기쁨의 상태로 회복된다는 것이다.

　그런데 "시간의 점들"은 모두 공포나 죄의식, 어둠과 죽음 등과 연관된 것이었으며 워즈워스는 텍스트 속에서 "시간의 점들"을 반복적으로 재현함으로써 글 쓰는 현재 자신이 느끼는 정신적 위기에서 벗어나고자 한다. 그의 의식 속에는 왜 그토록 깊은 공포나 죄의식이 있는 것일까? 이 책은 그 원인을 혁명 체험이나 그로 인한 역사현실에의 관심과 연관시켜 해석해왔다. 우리는 워즈워스의 공포나 죄의식이 그가 끊임없이 억압시켜가려 하는 역사의식을 지닌 과거의 자아에서 나온 것으로 보았다. 그는 『서곡』 집필을 통해서 텍스트 속에서 그 자아를 지워버리고 자연과 인간정신의 힘을 신봉하는 새로운 시적 자아, 즉 자신의 '이상적 자아'를 정립하려는 것이다.

마지막 두 개의 "시간의 점들"은 1804년 5권짜리로 계획된 『서곡』에서는 "스노우던 비전" 앞에 나와서 시 전체의 본질을 요약하고 있다(Liu 398). 워즈워스는 5세 때 말을 타던 중 길잡이로부터 이탈되어 공포를 느끼면서 황무지를 헤매다가 끔찍스런 죽음의 현장인 교수대를 본다.

> 교수대는 썩어 내려앉았으며 유골과
> 쇠 수갑은 사라졌다. 그러나 그 끔찍한 일이 저질러진 직후
> 잔디 위 바로 가까이에
> 어떤 미지의 손이 살인자의 이름을 새겼다.
> 그 기념비적 문자들은 오래 전
> 새겨졌다. 그러나 아직도 해마다
> 이웃사람들의 미신에 의해
> 잔디는 제거되고 그 시간까지
> 그 글자들은 새롭고 뚜렷하여
> 우연한 눈길에도 그것이 보였다. 난 달아나
> 비틀거리며 창백해져 길을 잃었다.
> 그때 벗은 공유지를 다시 오르면서 보았다
> 산 아래 있는 벌거벗은 웅덩이를,
> 꼭대기 위의 표지를, 그리고 더 가까이서
> 머리에 주전자를 이고
> 위태로운 걸음으로 불어오는 바람을
> 헤치고 가는 듯한 한 소녀를. (12: 237-53)

위의 시구에서 우리는 극단적인 고통의 상황을 본다. 그 고통은 길 잃음과

외로움에서 시작되어 죽음의 공포로 이어진다. "벗은 웅덩이"는 황량한 자연 속에서 소년이 노출과 외로움을 느끼고 있음을 나타내며(Ellis 24), "바람"은 죽음과 연관된 "어두운 힘"을 나타낸다(Weiskel 180). 사라진 무덤을 대체하는 새겨진 살인자의 이름은 아직도 생생하게 남아 있어 오래 전의 죽음에 대한 "기념비적 문자들"이 된다. 죽음의 고통에서 도망쳐 "벗은 공유지"를 오르자 그는 주전자를 이고 위태롭게 걸어가는 소녀를 만난다. 바람을 헤치면서 걸어가는 이 소녀의 외롭고 고통스런 실존은 프랑스에서 만난 "굶주린 소녀"나 런던에서 만난 "눈먼 거지"의 실존과 연결된다. 또한 이 소녀의 실존은 『은둔자』를 쓸 수 없어 시적 위기를 겪는 워즈워스 자신의 고통스런 현재적 실존과도 연결된다.

"시간의 점들"은 워즈워스 자신이 지닌 죽음과 위태로운 실존에 대한 '정신적 외상'을 표현한다. 이는 어린 시절의 체험이지만 『서곡』에서 이러한 종류의 체험들이 주로 선택된 것은 역사현실에서 받은 정신적 상처 때문일 것이다. 워즈워스는 이러한 원인으로 인해 자연의 배반을 깊이 체험했고 이것이 뿌리깊은 상처로 남아 어린 시절 자연 속의 쓰라린 체험 위에 덧씌워져 "시간의 점들"로 재현되는 것이다. 워즈워스는 "시간의 점들"에서 "환상적 황량함"(12: 256)을 느끼며 이를 상상력의 힘이 체험되는 순간의 정서로 본다. 상상력의 순간을 표현하는 것은 "인간이 알지 못하는 색채와 말"(12: 255)을 필요로 하기에 그는 언어의 한계를 다시금 느끼며 이것이 "환상적 황량함"이라는 말로 표현된다. 이러한 "황량함"은 『은둔자』의 시인이 되기 위한 시적 자아를 정립하지 못할지도 모른다는 그 자신의 어두운 예감과도 연관된다. 이러한 관점에서 볼 때 엘리스(Ellis)의 아래와 같은 설명은 매우 시사적이다.

첫 번째 시간의 점에 관한 한 나는 살인자의 처형의 기록이 죄를 매개로 하여 워즈워스에게 임박한 그 자신의 파멸의 가능성을 암시한다고 주장한 바 있다. 그것의 제재를 제공하는 죽음은 워즈워스 자신의 죽음이다. 이제 이것은 두 번째 시간의 점에도 역시 적용되는 것 같다. (99)

"시간의 점들"에 대한 정의를 통해 워즈워스는 과거의 체험을 문학적으로 재현함으로써 상상력의 힘을 확인하는 것으로 설명하지만, 실제로 묘사되는 "시간의 점들" 속의 체험은 기쁨보다는 고통을 담고 있다. "황량함"의 정서를 상상력과 의식적으로 연결시키지 않는 한 "시간의 점들"에 대한 그의 정의와 "시간의 점들" 자체의 시적 체험 사이엔 간극이 있다. 그는 "시간의 점들"을 통해서 상상력의 원천에로 돌아가려 하지만 역으로 자신의 미래의 시적 자아의 죽음을 예감할 뿐이다.

    지나간 날들은
삶의 새벽 언저리에서 내게로
되돌아온다. 인간의 힘의 은신처들이
열린다. 나는 다가가고 싶지만 그들은 닫힌다.
지금은 희미하게 보지만 나이가 들면
거의 볼 수 없을지도 모른다. (12: 277-82)

"인간의 힘의 은신처들"은 열리지만 가까이 다가가면 닫혀버리고 지금은 희미하게나마 볼 수 있지만 나이가 들면 전혀 볼 수 없으리라는 위의 시구는 시적 창조력의 감퇴에 대한 그의 근심 어린 예감을 드러낸다[80].

크리스마스 휴가의 일화도 위의 일화와 같은 성격의 체험이다.

    어느 크리스마스 철

그 소중한 휴가의 기쁜 전야에
　　열나고 피곤하고 들떠서 나는
　　우릴, 형제들과 날
　　집에 데려다 줄 예비 승마들이 보고 싶어서
　　애태우며 들판으로 나아갔다. 거기 두 큰길이
　　만나는 지점에서 위로 오르며 멀리 뻗어 있는
　　그 두 길을 내려다보는 험한 바위산이 솟아 있었다.
　　어느 길에 기대를
　　두어야 할지 몰라 하며 거기로
　　정찰병처럼 거기로 가서
　　꼭대기에 올랐다. 폭풍우 치는
　　어둡고 거친 날이었다. 벌거벗은 벽으로
　　반쯤 보호받으며 풀 위에 앉았다.
　　내 오른쪽엔 웅크린 한 마리 외로운 양
　　왼쪽엔 시든 산사나무 한 그루 서 있었다. (12: 287-301)

"폭풍우 치는 어둡고 거친" 자연 속에서 워즈워스는 불안하고 초조하게 집으로 자기를 데려다줄 말을 기다리다가 험준한 바위산 꼭대기에 오른다. 거기서 그는 "한 마리 외로운 양"과 "시든 산사나무 한 그루"를 본다. 외로운 양은 워즈워스의 고독과 버림받음을 상징하고 "시든 산사나무"는 그의 상상력의 쇠퇴를 상징한다. 어린 시절의 자연 체험을 재현하는 과정에서 작가 워즈워스는 자연에 의해 보호받지 못하고 자신의 시적 힘의 쇠퇴를 예감하는 두렵고 고통스런 체험을 하고 있는 것이다.

워즈워스는『서곡』전체에 걸쳐 설정된 "시간의 점들"을 통해서 상상력을 어둠과 황량함, 죽음과 공포 등의 체험과 연결시키고 있다. 인간의 극단적인 고통의 상황 속에 상상력이 도래하는 순간을 둔 것은 무엇 때문일까? 우리는 그 이유를 다음과 같이 생각할 수 있다. 앞에서 살펴보았듯이 워즈워스는

『서곡』 속의 시적 체험을 통해 여러 번 언어의 무력함을 느낀다. 그래서 시인으로서 언어를 도구로 하지 않을 수 없는 그로서는 상상력이 강하게 느껴지는 순간이 가장 강렬한 "황량함"이나 "어둠" 혹은 "죽음"을 느끼는 순간이 된다. 그러나 이런 극단적인 고통의 상황을 텍스트 속에서 강하게 추체험함으로써 그는 억압된 정서를 배출시켜 심리적 정화를 이루고 마음의 평정을 얻는다. 워즈워스에게 있어 상상력은 현실을 추상화하고 내면화하여 문학적으로 다시 경험하게 함으로써 현실의 고통을 뛰어넘는 힘이 된다. "시간의 점들"은 이처럼 상상력의 힘을 깨닫게 하는 문학적 체험의 공간이다. 그런데 워즈워스가 인간의 고통스런 현실을 구체적으로 인식하게 된 것은 주로 프랑스 혁명 체험을 통해서이기에, "시간의 점들"을 통해서 그는 끊임없이 그 체험이나 역사현실에 대한 젊은 시절의 관심이 남긴 정신적 상처를 치유해 나가는 것으로 볼 수 있다[81].

III.

제13권에서 워즈워스는 회복된 인간애에 대해 이야기한다. 자연의 "힘"은 오랫동안 "어두운 가슴과 정신으로"(13 :17-18) "인간의 삶의 장"(13: 16-17)을 방황한 그의 지친 정신을 회복시켜주었다 한다. 자연은 그로 하여금 "인간과 사회적 삶의 틀 속에서"(13: 35) 어떤 불변의 진리나 선을 찾게 하였는데 그것은 "바로 인간의 가슴"(13: 241)이다. 그는 자연 속에서 육체노동을 하면서 살아가는 소박한 시골 사람들의 "정신적 힘과 참된 덕성"(13: 95-96)에 눈뜬다. 이들은 "참된 감정과 올바른 감각"(13: 172)을 지닌 자들이라고 생각한다. 이들을 통해 다시금 인간이 "기쁨과 순수한 상상력과 사랑의 대상"(13: 49-50)임을 깨닫는다.

그는 "세상의 통치자들"(13: 68)에게서 "뻔뻔스러움, 어리석음, 광기"(13: 66)를 읽는다. 그는 큰 도시는 많은 것이 결여되어 사랑이 자리할 수 없는 곳으로 여기며, "말 많은 세상"(13: 173)과의 교류는 헛된 것이라고 생각한다. 워즈워스는 인간사회가 외적 차이로 인간을 서로 단절시키고 "보편적 가슴"을 경시한다고 본다(13: 217-20)[82]. 그에게는 오히려 자연 속의 "외로운 길들이 문 열린 학교들이었다"(13: 161-62). 그는 자연 속의 외로운 방랑자들은 "다소의 숭고함"(13: 151)을 지닌 자들이라 하며, 자연 속에서 조용히 사색하면서 살아가는 사람들의 언어가 바로 "천국의 언어"(13: 27l)임을 배운다. 이같은 깨달음으로 그는 "자연과 인간정신의 힘"(13: 225)을 노래하는 "시인-예언자"가 되어 자연의 힘과 같은 힘을 지닌 목소리로 노래하고자 한다.

인간애에 대한 이상과 같은 내용은 기본적으로 제8권이나 1802년의 「서문」("Preface")의 내용을 벗어나지 않는다. 그러나 워즈워스에게는 아직도 승화시켜야 할 어두운 체험이 남아 있다. 그것은 1793년 소럼 평원에서 본 고통스런 인간의 삶의 상황에 대한 기억이다. 1793년 소럼 평원에서의 체험으로 워즈워스는 "솔즈베리 시편"을 썼으며 이 시편들이 현대의 전쟁으로 인해 생긴 개인의 고통에 대한 시인의 암울한 인식을 담고 있음을 앞서 살펴본 바 있다. 워즈워스는 제13권에서 스톤헨지와 관련된 고대의 종교제식을 상상적으로 그림으로써 전쟁으로 인한 현대의 인간적 고통을 승화시키려고 한다.

> 나는 보았다
> 분명한 비전 속에서 우리의 희미한 고대의 과거를.
> 사람들의 무리가 또한 여기저기서
> 늑대가죽 옷을 입은 한 브리튼 사람이
> 방패와 돌도끼를 들고 고원을 가로질러 활보하는 것을 보았다.

창 소리가 들렸다 오래 전 썩었지만
야만적 위엄의 힘을 지닌
튼튼한 뼈의 팔들이 휘두르는 덜커덕거리는 창 소리가.
나는 어둠을 불렀다 그러나
말을 내뱉기도 전에 한밤의 어둠이 시야에서
모든 물체들을 앗아가는 듯했다. 보라! 또다시
무시무시한 불길에 비친 사막을.
그것은 산자들을 먹는
희생의 제단이다. 신음은 얼마나 깊은가!
거대한 고리버들세공으로 엮어진 저들의 소리가
기념비적인 작은 언덕들을 전율케 한다. 그 화려한 행렬은
산 자와 죽은 자의 세계 모두를 위한 것이다. (13: 319-35)

위의 시구에서 워즈워스는 실제로 본 것과 매우 다른 장면을 상상력의 힘으로 생생히 그려 보인다. 그는 미개한 원시시대의 드루이드교의 종교제식을 묘사한다. 이들은 무수히 많은 산 자들을 고리버들세공 모양의 거대한 형상으로 엮어서 "무시무시한 불길"로 태워 "희생의 제단"에 바친다. 산 자와 죽은 자를 이어주기 위한 이 희생양들은 깊은 "신음"을 내면서 처절하게 죽어간다. 이들의 죽음은 너무나 끔찍하여 오히려 일종의 "숭엄"마저 느끼게 한다. 워즈워스는 드루이드교도들이 인간을 제물로 바치고 스톤헨지가 그들의 사원이라는 속설을 받아들여 (The Prelude 454 각주 3) 위의 시구를 쓴 것이다. 그는 이 같은 환상적 장면을 묘사함으로써 인간 고통의 역사적 현실을 뛰어넘으려 한다. 그는 구체적 현실을 경시하고 있다. 현대의 전쟁으로 인한 인간의 고통은 그의 의식 속에서 종교적 "숭엄"의 색채를 띠고 승화된다. 눈앞의 구체적 현실에 의해 매몰되지 않고 새로운 세계를 만들어 보일 수 있는 마음의 힘을 그는 진정한 시인의 자질로 생각한 것이다.

더구나 각자의 마음은 자신에게
증인이요 심판관이다. 나는 잘 기억한다
삶의 나날의 모습에서
이 무렵 새로운 세계를 분명히
본 것 같았음을. (13: 366-70)

　　"현재적 사물들의 저속한 형상들"과 "우리의 친근한 날들의 실제세계" 위에 "더 높은 힘"(13: 355-58)인 상상력을 행사함으로써 외적 자연과 내적 정신을 조화시켜 "새로운 세계"를 만들어내는 것이 시인의 임무라고 그는 생각한다. 이 같은 깨달음을 그는 "이 무렵," 즉 1793년 8월경에 갖게 되었다고 한다. 워즈워스는 그 무렵 이미 "새로운 세계"를 분명히 보았다고 함으로써, "솔즈베리 시편"에서 역사현실의 고통에 대한 깊은 인식을 보여주었던 과거의 자아를 무화시켜, '도덕적 위기' 이후 자연으로 돌아간 뒤의 자아와 1793년의 자아 사이의 연속성을 이루고자 한다. 그러나 1793년의 체험을 새로운 시각으로『서곡』속에 편입시켜 자아의 연속성을 이루려는 이러한 시도에도 불구하고 우리는 이미 1793년 시인의 실제 체험이『서곡』의 시적 체험과 본질적으로 같을 수 없음을 앞에서 살펴보았다. 그러나 워즈워스로서는 소림평원의 비전에서 인간 고통을 다시 승화시키는 시적 체험을 함으로써 이제 자신이 "새로운 세계"를 열어 보일 정신의 힘을 스스로 갖추었다고 생각하면서 "스노우던 비전"에서 상상력의 작용을 가시적으로 드러내고자 한다.

IV.

　　워즈워스는 1791년 6-8월에 존스와 함께 북 웨일즈를 여행하던 중 스노우던 산을 오른다. 세 명의 등산객은 떠오르는 해를 보기 위해 여름밤 산꼭대기를 향한다. 하늘 전체를 낮고 짙게 가리는 안개에 휘감긴 채 세 사람은 거리를 두고 각자 땅을 보면서 은밀한 생각에 사로잡혀 걸어간다. 그때 워즈워스는 갑자기 잔디 위로 떨어지는 빛을 본다.

> 순간 빛이 잔디 위로
> 번개처럼 떨어졌기에, 저런! 위를 보니
> 구름 없는 푸른 하늘에 달이
> 알몸으로 걸려 있었네. 발치엔
> 허연 안개의 고요한 바다가 누워 있었고
> 무수한 산들이 이 고요한 대양 위로 온통
> 어스레한 등을 치켜 올리고 있었네. 저 너머
> 저 너머 멀리 멀리 견고한 수증기가
> 갑이나 혀나 곶의 모양으로
> 대서양까지 뻗어나와 있었네.
> 대서양은 위축되어 장엄함을 잃고
> 시야가 닿을 수 있는 곳까지 찬탈당한 듯했네.
> 천상의 둥근 천정은 그렇지 않았네. 거기엔 침해도
> 상실도 없었네. 열등한 별들만이
> 사라지거나 보름달의 분명한 있음 앞에
> 더 희미한 빛을 흘렸네.
> 달은 최상의 높이에서
> 굽이치는 대양을 응시했네.
> 대양은 온통 유순하고 고요했지만 우리가 서 있는
> 해변에서 머잖은 곳의
> 고정되고 깊고 우울한 숨 쉬는 장소인 균열 사이로
> 땅과 하늘에서 들리며 그 시각에
> 별이 빛나는 하늘이 느끼는 듯한
> 하나의 목소리로 울부짖는 헤아릴 수 없는
> 파도와 급류와 개울물의 포효소리가 치솟았네. (14: 38-62)

워즈워스는 위의 장면을 "힘센 마음의 완벽한 이미지"(1805, 13: 69)로 제시한다. 달빛은 "허연 안개"를 "고요한 바다"로 보이게 하며 "무수한 산들"이 안개바다 위로 등을 들어 올려 바다와 산들이 하나의 통합된 세계를 이루고 있다. 이들이 이루는 풍경은 현실세계가 아니라 상상력이 만들어낸 정신세계의 풍경이다. 워즈워스는 이 정신세계를 시인이 제시해야 할 "새로운 세계"로 그려 보인다. 현실세계 위에 있는 이 정신세계는 영원의 세계이며 또한 현실세계의 내재적 의미를 가시적으로 보여주는 세계라고 그는 생각한다. 그러나 그는 상상력이 만들어낸 이 새로운 바다 아래에 "실제 바다"(1805, 13: 49)가 있음을 의식한다. "실제 바다"인 "대서양"은 "위축되어 장엄함을 잃고," "찬탈당한 듯했다." 이와 유사하게 "열등한 별들"은 달빛의 위력으로 힘을 잃고 있다. 그러나 "온통 유순하고 고요한," "굽이치는 대양"인 안개바다에는 "푸른 균열, 증기 속의 갈라진 금"(1805, 13: 56)이 있다. 그 "깊고 우울한 숨 쉬는 장소"로부터 "하나의 목소리로 울부짖는, 헤아릴 수 없는 파도와 급류와 개울물의 포효소리"가 치솟아 오른다. 1805년판에는 이 균열과 물소리가 아래와 같이 강조되어 있다.

> 그 우주적 광경은 철두철미하게
> 찬탄과 기쁨을 위하여 형성되었네
> 그 자체만으로도 웅대하지만 집 없는 물소리가
> 솟아오르는 그 틈 속
> 그 어둡고 깊은 통로 속에 자연은
> 영혼을 전체의 상상력을 머물게 했네. (1805, 13: 60-65)

이 "집 없는 물소리"는 상상의 세계인 안개바다를 침범하는 현실세계의 힘을 나타낸다. 워즈워스는 현실세계와 정신세계가 만나는 이 지점에 전체를 통합시키는 힘인 상상력을 위치시키고 있다. 그러나 이 균열 속의 상상력은 위의 시구에서는 통합보다는 갈등이나 투쟁의 힘으로 느껴진다. 이는 "집 없는 물소리"가 위의 장면 전체를 지배하는 거대한 힘으로 등장하기 때문이다. 균열 속에서 만나는 달빛과 물소리는 서로 통합되기보다는 갈등과 투쟁의 관계를 이룬다[83]. 스피겔먼(Spiegelman)은 이 장면에 대해 아래와 같이 설명한다.

> 『서곡』의 서사시적 성격에 어울리게 그 장면은 투쟁에 대한 것이다. 대서양의 실제 물결은 그 발치에 놓인 은유적인 (그 자체가 은유로서 어떤 의미에서는 이미 실제 물결의 있음이나 힘을 찬탈한) 안개바다의 힘을 찬탈하려고 위협한다. 하늘의 구름은 달빛을 어둡게 하며, 달은 모습을 드러낼 때 순간적으로 별들의 더 약한 등불을 지우면서 "알몸으로" 걸려 있다. (157)

이러한 주장과 유사하게 리우는 나폴레옹 같은 실제 찬탈자가 권좌에 오르는 현실세계를 찬탈함으로써 시인이 권좌에 오르는 시적 상상력의 비전을 스노우던 장면이 보여준다고 주장한다(447). 그러나 시적 상상력은 현실세계를 지속적으로 지배할 수는 없다. 비록 정신세계의 찬탈의 힘에 눌려 가시적 형태로 드러나지 않지만, 우리는 스노우던 장면에서 소리를 통해 현실세계의 존재를 인식하게 되며 현실세계로 인해 상상의 세계에는 투쟁의 힘이 용솟음치는 균열이 있음을 본다. 워즈워스는 이 균열 아래 거대한 심연을 상상력의 원천 혹은 힘센 무의식의 세계로 그리려 했지만, 그 심연이 "실제 바다"인 "대서양"이라면 그것은 "안개바다"인 정신세계에 대칭되는 현실세계인 셈이다.

워즈워스는 상상력으로 현실세계를 넘어서는 정신세계를 그려서 리우의 주장대로 "없음의 집단적 갈등…… 즉 역사"를 지우고 "있음의 사적 서정시인 상상력"을 제시하려고 한다(455). 이 같은 시적 작업을 거쳐 워즈워스는 『은둔자』의 시인으로 자기 정립을 이루고자 하는 것이다. 그러나 『서곡』 전체에 걸쳐 그가 끊임없이 지우려 했던 역사현실의 세계는 스노우던 비전에서도 엄연히 보이지 않는 '있음'으로 남아 있다. 오너레이토는 스노우던에서 계시된 것은 무엇인가라는 질문을 던지면서, 워즈워스 자신의 상상력에 의해 야기된 확신을 제외한다면 계시된 것은 아무것도 없으며 정신의 힘에 대한 그 자신의 믿음이 있을 뿐이라고 한다(290). 그러나 뒤로 갈수록 이 믿음도 약화되기 시작한다[84].

스노우던 비전의 묘사 이후 워즈워스는 제14권의 231행에 이르기까지 다소 딱딱하게 상상력과 정신적 사랑에 관한 철학을 늘어놓는다. 그는 결국 상상력을 기독교적 사랑과 연결시킴으로써 종교적인 것으로 끌고간다(여기에는 물론 동생 존의 죽음의 영향이 크다)(14: 181-87). 워즈워스의 상상력은 개인주의적 태도와 연관되어 있다(14: 211-18). 그것은 상상력이 기본적으로 개인의 의식 속에서 일어나는 것이기 때문이다. 블룸(Bloom)은 낭만적 상상력이 "속죄"와 "구원"을 지향하지만 "사회적 자아"를 파괴시킴으로써 "유아론"으로 인해 인간의 의식을 좁힐 수 있다고 우려하는데(*Romanticism and Consciousness* 6), 이는 워즈워스의 시적 자아의 성격에 대한 우리의 탐색에도 많은 시사점을 제공한다. 『서곡』에서 워즈워스가 시도한 것도 기본적으로는 "사회적 자아"를 파괴하고 유아론적인 자아를 자신의 "창조적 영혼"으로 구축하려는 것으로 생각할 수 있기 때문이다.

232행 이후 워즈워스의 시적 창조력은 더 감퇴된 듯[85] 그는 도로시와 메리, 코울리지, 캘버트 등 자신 시적 재능을 인정해주었던 사람들을 부르면서 이들에 의지하려 한다. 그가 도로시를 부르는 것은 자신의 시적 힘에 대한 확신을 강화하기 위한 것이다. 워즈워스의 시가 세상의 혹평을 받았을 때 도로시나 메리는 변함없이 그의 시를 칭찬하면서 그를 격려해주었으며 그것이 그의 자기 확신을 지키는 데 큰 도움이 되었다. 그는 또한 캘버트가 자신의 시적 재능을 인정하여 유산을 물려준 것을 생각하면서 힘을 얻으려 한다.

그는 이제 『서곡』을 끝낼 시간이 다가온다고 말하면서 초조함을 느낀다 (14: 376-77). 이는 『서곡』에서의 시적 작업이 "지속할 작품"(14: 311), 즉 『은둔자』를 위한 것이기 때문이다. 그는 『서곡』을 시작할 때의 상태를 회상해본다(14: 381-86). 그때 새로 태어난 듯 날개 펴고 거대한 세상을 아래로 내려다보며 종달새처럼 노래했으니 앞으로도 그러할 수 있으리라는 믿음을 그는 기르고자 하는 것이다. 그런데 이러한 자기 확신에의 노력은 기본적으로 지금 『은둔자』를 쓸 수 없다는 자신감의 결여를 반증한다.

> 내게 삶이, 삶과 더불어
> 이러한 나 자신의 이야기를 하는 것에 대한
> 불충분한 구실로 여겨지지 않을
> 가치 있는 어떤 것을 성취할 힘이 주어질 것인지는
> 온통 불확실하다. (14: 390-94)

『서곡』에서 오랫동안 이상적인 시적 자아를 정립하기 위해 애써왔지만 워즈워스는 이러한 노력의 결실이 되는 『은둔자』를 쓸 자신이 없음을 이처럼 고백한다. 그는 코울리지와 함께 『서정 민요집』을 쓰던 시절을 회상하면서 또다시 힘을 얻으려 노력한다. "시인의 마음의 역사"(14: 414)를 더듬어온 자신의 작업이 결코 가치 없는 일이 아니었음을 확신하기 위해 그는 곁에 없는 코울리지에게 정신적으로 의지하려 한다. 이 같은 맥락에서 볼 때 워즈워스가 도로시와 코울리지를 부른 것이 존스턴의 주장처럼 사회적 사랑의 출발점으로서 가까운 개인에 대한 사랑을 언급하기 위해서가 아님을 알 수 있다 (211).

워즈워스는 코울리지가 돌아와서 동생 존의 죽음으로 침체된 정신에 위안을 주기를 간구한다. 자신의 시적 재능에 대한 불안과 회의의 상태에서 그는 "낡은 우상"이나 "노예상태," "치욕"과 "수치"로부터(14: 436-38) 인류를 구해야 한다는 시인으로서의 도덕적 책무를 상기한다. 그러나 혼자서가 아니라 코울리지와 "공동 작업자들"(14: 443)로서 그 일을 하고자 한다. 그는 이제 코울리지의 도움을 필수적인 것으로 고백할 만큼 자신감을 잃은 것이다[86]. 워즈워스는 "인간의 마음이 그가 거주하는 땅보다 천 배나 더 아름답게 된다"(14: 450-52)라고 강조하면서 시를 끝맺는다. 이는 인간정신의 힘을 노래하는 시인으로서 자기 확신을 위한 마지막 외침이다.

거듭되는 시적 노력에도 불구하고 되풀이되는 정의와 선언들을 무성하게 남긴 채 워즈워스는 결국 '이상적 자아'를 정립하는 데 실패하고 말았다. 그가 정의 내린 이상적 시인과 그 자신 사이엔 어쩔 수 없는 괴리가 있었다. 그것은 그의 역부족이기보다는 그의 방향설정이 잘못되었기 때문인지도 모른다. 인간사회에 대한 새로운 관점을 열어 보여야 할『은둔자』의 시인이 되기 위해서는 인간사회를 있는 그대로 보아야 할 필요가 있는 것이다[87]. 혁명체험이나 역사의식을 지워내고 유아론적 상상력의 좁고 깊은 세계로 들어가서 추상적인 정신에 대해서만 이야기하다가는『산책』의 "방랑자"(The Wanderer)처럼 원론적인 처방책밖에 제시하지 못하기 때문이다.

그러나 우리는 비록 실패로 끝났다 할지라도『서곡』의 멀고 험한 여정을 통해 불안과 회의를 스스로에게, 그리고 우리에게 감추면서『은둔자』의 시인으로 새로이 태어나기 위해 끊임없이 자기 확신을 길러나간 워즈워스의 끈질긴 노력을 높이 평가하지 않을 수 없다. 그것이야말로 그의 시적 힘과

"창조적 영혼"의 힘을 보여주기 때문이다. 이러한 의미에서 끝으로 오디(O'Dea)의 다음과 같은 평가를 덧붙인다.

현재 의식이 영감의 짐을 지탱하지 못함을 드러내면서 『서곡』을 시작하여, 마음이 끊임없이 기억과 자연으로부터 지지를 구한다는 것을 계속해서 보여준 후, 워즈워스는 마음의 독립적 창조성을 예찬함으로써 끝맺는다. 우리는 시인이 성취에의 탐색에 성공했다고 느끼지 않고, 탐색 자체의 끈질김에서 찬탄과 기쁨을 느끼며 그 시를 떠난다. 그럼에도 불구하고, 우리는 자기의 위대한 시의 절정의 순간에 워즈워스가 시인의 실제체험에서 인간 마음의 열망을 항상 저지하는 것들을 그 자신에게 그리고 독자에게 숨기려고 애써왔다는 것을 느낄지도 모른다. (163)

9. 맺는 글

　지금까지 우리는 워즈워스의 몇몇 주요 시편과 주로는『서곡』을 통해 '혁명'과 '자연'이라는 두 이질적인 요소가 그의 긴 시적 삶에서 끊임없이 상호작용하고 있음을 살펴보았다. 워즈워스가 혁명의식을 지녔던 기간이 아주 짧았다 할지라도 그것은 어떤 형태로든 그의 내면에 깊숙이 새겨져 있다. 혁명의식과 그것의 정신적 충격은 자연시인 워즈워스를 낳는 온상의 역할을 하였으며, 자연시인 워즈워스의 의식 깊숙이엔 여전히 혁명의식을 지닌 청년 워즈워스의 고뇌가 완전히 잠재워지지 않은 채 내재해 있다는 것이 이 책의 주장이었다.

　초기시나 산문을 통해서 우리는 청년 워즈워스의 혁명의식이나 역사의식을 구체적으로 읽을 수 있었다.「랜더프 주교께 드리는 공개서한」이나『묘사적 스케치』에서 그의 혁명적 자아의 모습을 손상되지 않은 형태로 읽을 수 있었고, 마슈즈에게 보내는 1794년의 편지에서는 고드윈적인 개혁주의자의 모습을 읽을 수 있었다. 「폐허가 된 농가」, 「컴버랜드의 거지 노인」, 「마이클」, 「사이먼 리」, 「결의와 독립」, "솔즈베리 시편" 등 여러 시편들에서 프랑스 혁명 체험을 통해 그가 사회적 원인들에서 생긴 인간 고통에 눈뜨게 되었음을 살펴보았다.

『묘사적 스케치』나 『솔즈베리 평원』에서 시인은 인간 고통을 역사현실의 맥락 속에서 탐색하며 정치적 개혁을 통한 인간해방을 주장한다. 그러나 『솔즈베리 평원의 모험』 이후 시인은 고통을 개인적 차원에서 탐색하며 심리적으로 승화시키려 한다. 승화를 위한 정신적 힘을 시인은 '자연'에서 얻고자 하는데, 이러한 탐색의 과정에서 시인의 상상력은 성장한다. "루시 시편"에서 시인의 상상력은 한층 더 견고해지고, 시인은 루시로 대표되는 인간을 자연 속의 항구적인 '있음'으로 만드는 시적 승화의 과정을 통해 '자연에 바치는 사랑시'를 시도한다. 「틴턴 사원」에서 시인은 '자연 신화'를 구축하고 새로운 시적 자아를 정립하려고 애쓴다. 그러나 이 시는 승화된 상태의 기쁨보다는 승화를 지향하는 시인의 '고통스런' 몸부림을 담고 있는데, 이 고통은 자연애의 상실을 경험한 쓰라린 정신적 상처를 반영하며 이는 근본적으로는 혁명 체험에서 비롯된 것으로 볼 수 있다.

『서곡』도 「틴턴 사원」과 유사한 심리적 상황에서 시작되는데, 우리는 이 작품을 워즈워스의 총체적인 '정신적 자서전'이라는 관점에서 읽어보았다. 대부분의 자서전은 작가가 현재의 정신적 위기를 넘어서기 위하여 집필된다. 자서전 작가는 현재적 시각에 맞추어 과거를 재해석함으로써, 스스로에게 그리고 세상 사람들에게 자신을 설명하고 변호하여 새로운 자아를 만들어가고자 한다. "창조하기 위해서, 그리고 창조하는 과정에서 창조되기 위해서"(Olney, *Autobiography* 44)라는 말이 자서전의 모토이다. 이처럼 자서전을 쓰는 중요한 목적 중의 하나는 작가가 원하는 방향으로 자신의 자아를 만들어가는 것이다. 대부분의 자서전 작가들보다 훨씬 젊은 나이인 30대 초반에 자서전을 쓰기 시작한 워즈워스로서는 살아온 삶보다 살아가야 할 삶이 더 중요하기에 지나간 삶을 변호한다는 목적보다는 새로운 자아를 만들어간다는 목적이 더 컸을 것이다.

자서전 작가가 어떠한 방향으로 자아를 만들어나가려 하는가에 따라서 과거를 보는 시각이 달라진다. 대부분의 자서전 작가의 경우 부분적으로는 과거의 삶에서 범한 과오를 고백하고 참회하지만, 보다 근원적인 차원에서는 자신을 옹호한다. 그러나 과거의 자아와 전혀 다른 자아로 새로 태어나려는 경우, 예를 들어 『말』(The Words)에서의 사르트르(Sartre)의 경우, 작가는 과거의 자아를 철저하게 비판적으로 해체시킬 수도 있다. 사르트르는 1950년대에 정치적 행동의 세계에 뛰어들면서 관념적 문학 숭배주의자로서의 과거의 자아를 비판하는 자서전 『말』을 쓴다. 너무 가혹하게 자신의 어린 시절을 비판한다는 비난을 들을 정도로(Pilling 87) 사르트르는 11세까지 형성된 자아를 『말』을 씀으로써 철저하게 무너뜨린다. 그는 자신의 문학 숭배를 일종의 신경증으로 보고 『말』을 쓰는 과정에서 그 병을 치유하여 힘 있는 참여 작가로 다시 태어나고자 한다.

어떤 면에서 『서곡』에서의 워즈워스의 자서전적 삶은 『말』에서의 사르트르의 그것과 대립된다고 볼 수 있다. 『말』을 씀으로써 사르트르는 관념주의자로 형성되어온 과거의 자아를 해체시켜간 반면, 『서곡』을 씀으로써 워즈워스는 관념주의자로 자아를 형성시켜가려는 것이다. 워즈워스는 프랑스 혁명을 체험함으로써 정치적 행동의 세계에 눈뜨게 되지만, 그 나름의 이유에서 그 세계로부터 돌아서서 '자연'과 고정된 실체로서의 '자아'를 숭배하는 관념주의자가 되려 한다. 그래서 그는 과거의 정치적 체험들이 자신의 '참된 자아'의 형성에 거의 영향을 끼치지 못했으며 그 이전의 어린 시절의 자연체험 속에서 '참된 자아'가 형성되었다고 본다. 그는 이 '참된 자아'가 혁명 체험의 시련 속에서도 살아남아 있었다고 생각하고 이를 『서곡』에서 입증하려는 것이다.

『서곡』에서 워즈워스는 역사현실이 주는 고통을 의지로써 떨쳐버리고 기쁨을 노래하는 시적 자아로 새로 태어나기 위해 끊임없이 노력한다. 그는 『은둔자』를 위한 시적 창조력의 '없음'을 '있음'의 상태로 바꾸기 위해서 『서곡』을 시작한다. 그런데 '있음'에 대한 기억으로 제시된 어린 시절 자연 체험 속의 "시간의 점들"은 시인의 의도와는 달리 시인의 현재적 자아가 '없음'을 통렬하게 인식하고 있다는 것을 보여준다. 워즈워스는 본질적으로 서로 유사한 "시간의 점들"을 재현하여 '없음'이 주는 고통을 텍스트 상에서 반복적으로 체험함으로써 심리적 정화를 이루고 정신적 상처를 치유하여 『은둔자』를 쓰기 위한 탄탄한 자연애를 회복하고자 한다. 그러나 결국 그가 느낀 것은 과거와의 통렬한 단절감이나 언어의 '슬픈 무능함'이다.

워즈워스는 프랑스 체험 이전의 자아와 이후의 자아 사이의 연속성을 구축하기 위하여 그 체험을 재해석하는 작업을 한다. 그러나 이는 초기에 쓴 정치적인 산문들이나 시편들이 출판되지 않은 상태에서 진행된 작업이다. 만일 이 글들이 당시에 출판되었더라면 그는 젊은이의 미성숙과 어리석음, 그리고 이상주의적 성향만을 마냥 강조함으로써 프랑스 체험의 본질을 변형시키고 그때의 역사의식을 무화시킬 수는 없었을 지도 모른다. 워즈워스는 왜 『서곡』 내에서도, 그 바깥에서도, 자신의 정치적 변절을 인정할 수 없었을까? 당시의 대부분의 지식인들이 공포정치 이후에 보수주의자로 돌아섰다고 해서 워즈워스의 변모를 시대적인 한계로 당연시하고 쉬이 받아들일 수만은 없을 것이다.

자연애를 노래하는 그의 시편들이 안겨주는 심미적 감동이나 『서곡』의

'시적' 가치를 인정하는 우리로서는 워즈워스가 자연으로 돌아선 행위를 적어도 무작정 비난할 수는 없다. 다만 그 행위에 대한 워즈워스 자신의 태도가 『서곡』에서의 그의 시적 자아의 형성과 『서곡』 이후의 시적 삶에 끼친 영향을 가늠해보고자 하는 것일 뿐이다.

인간의 자아는 역사현실에 의해 변모되고 새로이 형성되는 끊임없는 과정 속에 있는 것임에도 불구하고 워즈워스는 혁명 체험이라는 역사현실 속의 삶의 일부를 뛰어넘어 어린 시절의 자연 체험 속에서 이미 자신의 '참된 자아'가 형성되었던 것으로 생각하고자 했다. 『은둔자』의 시인이 되기 위하여 그는 그 자아로 되돌아가고자 했다. 그래서 역사의식이라는 정신의 축을 무너뜨리고 자신이 이상적으로 여기는 '참된 자아'를 새로운 축으로 세우려 했다. 그러나 사실 그에게 되돌아갈 수 있는 '참된 자아'란 없다. 그것은 혁명 체험으로 분열된 그의 현재적 자아의 욕망의 투사체에 불과하며 『서곡』을 씀으로써 정립해나가야 할 대상이다.

그는 자아를 이상화함으로써 개인의 정신세계를 역사현실의 대안으로 제시하고자 했다. 자아를 사회적 관계의 총화로 보지 않고 자연 앞에 선 '관념적 실체'로 보았기에, 그는 개인의 자아 속에서 역사현실의 고통을 '승화'시키고 새로운 에덴을 건설하는 '꿈'을 꿀 수 있었을 것이다. 그것이 그의 '낭만적' 상상력의 중요한 기능일지 모른다. 그러나 그것은 일시적인 '꿈'에 불과하다. 이를테면 "스노우던 비전"에서 그려 보인 정신세계는 언제든 역사현실의 침입으로 '찬탈 당할' 위험 속에 놓여 있다. 또한 워즈워스 개인의 '자기중심적 숭엄'을 인간실존의 구체적 현실을 뛰어넘어 타인에게까지 확산시키는 것도 쉬운 일이 아니다. 이는 역으로 역사현실이 주는 고통을 그러한 방식으로밖에 '승화'시키지 않을 수 없는 그의 더 큰 내면적 고통을 짐작하게 하기도 한다.

그러나 우리는 그 '승화'가 결국은 '도피'일지도 모른다는 의문을 감출 수 없다. 이는 그가 자연에서 배웠다는 인간애가 역사현실 속의 "굶주린 소녀"나 "눈먼 거지"의 구체적 실존으로부터 그를 오히려 돌아서게 하기 때문이다. 워즈워스는 1802년 6월 윌슨(John Wilson)에게 보내는 편지에서 위대한 시인의 역할을 다음과 같이 말한다.

> 그러나 위대한 시인은 이 이상의 일을 해야 합니다. 그는 어느 정도까지 사람들의 감정을 교정하고, 그들에게 감정의 새로운 합성물을 주고, 그들의 감정을 더 건전하고 순수하고 영원하게, 짧게 말해, 자연 즉 외적 자연과 사물들의 위대한 움직이는 정신에 더 일치하게 만들어야 합니다. (*EL* 295-96)

스스로 정의한 "위대한 시인"의 역할을 그는 만족스럽게 해내었으며 전체적으로 볼 때 워즈워스는 위대한 시인이라 할 수 있다. 역사현실 속에서 고통 받는 인간들에 대한 강한 애정이 담긴 시편들은 물론이거니와 자연에 대한 사랑과 인간정신의 힘, 개별적 인간의 존재론적 고통이 담긴 시편들에서 볼 수 있는 그의 시정신의 탄탄함과 긴장미, 그의 감수성의 폭과 깊이에서 우리는 밀(J. S. Mill)처럼 큰 감동을 받지 않을 수 없다. 이 감동은 분명 어두운 역사현실 속의 삶을 견디게 하는 정신적 자양분을 공급해 준다.

이러한 자양분은 『서곡』의 경우에도 적용된다. 우리는 『서곡』의 심미적 감동에 깊이 젖어든다. 또 이 감동이 역사현실과 '이상적 자아' 사이의 '흔들리는 마음의 균형'을 바로잡으려는 시인의 끈질긴 시적 노력이 안겨주는 감동과 맞물려 있다고 본다. 『서곡』은 기본적으로 정신적 상처를 극복해 가는 과정의 이야기이기에 기쁨보다는 고통을, 평정보다는 갈등과 긴장을 보여준다. 이로 인해 워즈워스의 총체적인 시적 정신이 다른 어떤 시편에서보다도

『서곡』에서 더 강렬하게 살아 움직이고 있다.『서곡』의 '회전문'을 끊임없이 들어가고 나오면서 워즈워스는 글 쓰는 자신을 변모시키려고 애썼다.『서곡』에서 그가 되찾으려한 '참된 자아'는 결국『서곡』집필이라는 역사현실의 한 사건 속에 스며들어 있으며 또한 그 속에서 변모되고 있는 그의 자아의 '그림자'에 불과할지 모른다. 고통과 기쁨, 긴장을 벗하며 시를 써나가는 워즈워스의 정신이 닿을 수 있었던 가장 높은 곳이 어디인지를『서곡』이 보여준다.

그러나 두 사람의 워즈워스가 있다든지, 그가 30대에서 바로 70대로 갔다든지 하는 평가(Onorato 15)를 들을 정도로 1807년 이후 그의 시적 창조력이 급격히 쇠퇴한 것은 무엇 때문일까? 혁명 체험으로 인한 '고통'의 세계를 거부하고 자연이라는 '기쁨'의 세계를 선택함으로써 그가 '역사현실'에서 '관념적 자아'로 돌아섰기 때문이 아닐까 하는 것이 이 책의 시각이었다.『서곡』을 비롯하여 우리가 이 책에서 살펴본 모든 시편들은 바로 이 돌아섬의 과정을 보여준다. 워즈워스는 역사적 삶에서 돌아서려 했기에 의도와는 달리『은둔자』를 쓸 수 없었던 것은 아닐까? 인간고통을 역사현실 속에서 탐색한 초기의 시적 자아를 계속 지켜나갔더라면 그는 어떤 시인이 되었을까?

우리는 이 부질없는 질문들에 쉽게 답할 수 없다. 그것은 그의 시편들이 주는 심미적 기쁨에 우리가 너무 깊이 젖어 있기 때문일지도 모른다. 또한 역사현실에서 돌아서는 행위에 대한 자의식의 소산인 정신적 갈등과 긴장이『서곡』을 비롯한 위대한 시들을 낳았음을 인정하지 않을 수 없기 때문인지도 모른다. 그러나 이러한 정신적 갈등과 긴장에서 벗어나 그가 보수주의자로 굳어지고 자연과 기독교적 사랑 속에서 휴식을 취하게 되었을 때 그의 시적 창조력은 급격히 쇠퇴하게 되었다고 생각된다.

워즈워스의 자아성찰 작업을 지켜보기 위해 들어간 우리의 문도 일종의

'회전문'이다. 우리는 그 문을 되돌아 나와 자신의 자아를 보게 된다. 역사현실 속의 삶이 아무리 고통스럽더라도 인간은 역사현실을 거부할 수 없다. 우리의 자아는 우리 내부에 있기보다는 역사현실 속의 무수한 행위와 관계들 속에 흩어져 있기 때문이다. 그러나 우리는 워즈워스처럼 정신세계로 '날아가' 견고하고 안락한 '성'을 짓고 싶은 유혹을 끊임없이 느낀다. 물론 그 '성' 은 단순히 도피의 장소가 아니라 역사현실 속의 삶을 더 풍성하게 해 주는 자양분의 출처이기도 하다. 그러나 그럼에도 그 '성'은 우리의 정신세계에서만 존재하는 관념적인 '성'이 아닌가. '혁명'과 '자연'을 온전히 통합시키지 못하고 그 사이에서 흔들리는 워즈워스의 시적 삶은 인간존재의 근원적인 고통을 깨닫게 한다. 하지만 그 깨달음은 우리의 정신을 항상 깨어 있게 함으로써 우리를 보다 인간답게 만들어주며 아울러 끊임없이 흔들리는 우리의 삶을 그 자체로서 거듭 껴안게 한다.

1) *The Early Letters of William and Dorothy Wordsworth* 35, 이후 *EL*로 약함.
2) *The Prose Works of William Wordsworth*. ed. Alexander B. Grosart. 3vols (New York: AMS Press, 1967) vol I 25. 이후 *Prose*로 약함.
3) 이 글에서 워즈워스는 왓슨을 공격하는 중간 중간에 버크를 "얼빠진 도덕가"라고 비판하면서 그의 보수주의를 공격한다. 르주이(Legouis)는 이 글에서 워즈워스가 왓슨이라는 인물을 통해서 사실상 버크를 공격한다고 본다(227).
4) 그러나 친구 캘버트(Calvert)의 병 간호로 인해 런던으로 가지 않음으로써 워즈워스는 잡지의 발간을 위한 실질적인 논의를 마슈즈와 나누지 못하게 되고 이 잡지는 구상 단계에서 사라지고 만다(*EL* 126-28).
5) 1795년 워즈워스가 레이스다운으로 갔다고 해서 곧바로 그의 정치 사회적 관심이 사라지는 것은 아니지만, 그의 생각은 서서히 방향 전환을 하게 되며, 이 과정에서 그는 자연과 인간정신의 힘을 노래하는 시인이 되기 위한 준비를 해나간다.
6) 워즈워스 시구 인용은 *Wordsworth: Poetical Works*에서 한다. 이후 이 책은 *PW*로 표기하며, 시구 인용은 행이나 연을 표기하고, 필요에 따라 권을 함께 표기한다.
7) 「랜더프 주교께 드리는 공개서한」에서 워즈워스는 혁명군이 사원의 재산을 강제 징수하는 것을 당연한 것으로 받아들인다.
8) 아브릴(Averill)은 그녀가 죽는 장면에서 우리가 "숭엄"을 느낀다고 하지만(70), 그 죽음을 사회적인 맥락 속에서 볼 때 이 장면에서 우리가 버크 식 "숭엄"을 느끼긴 힘들다. 오히려 우리는 화자와 더불어 우울한 분노를 느끼게 된다.
9) 인간에게 적대적이고 비정한 자연의 묘사는 워즈워스의 원숙기의 시편들에는 거의 나오지 않는다. 그것은 시인이 항상 자연의 사랑을 노래해야 했기 때문일 것이다.
10) 개로드(Garrod)는 문맥상 분명하지 않다는 이유와 1790년 혁명에 대해 워즈워스가 별로 관심을 갖지 않았다는 이유를 들면서 위의 시구에 나타난 열정이 혁명에 대한 것이라는 르주이의 주장을 반박한다. 그는 이 열정이 아네뜨(Annette Vallon)에 대한 것이라고 주장하면서 이 시에 나오는 관능적인 어휘들을 거의 무차별적으로 열거하면서 그 증거를 댄다(49). 그러나 1790년 워즈워스는 혁명도 아네뜨도 만나지 못했다. 위의 시구는 1792년의 워즈워스의 체험을 반영하는 것이기에 개로드의 이러한 주장은 설득력이 없다. 그리고 문맥상 "혜택 받은 지역"은 프랑스를 가리키는 것이 분명하기에 위의 시구는 혁명에 대한 시인의 열정을 표현하고 있다고 보는 것이 옳을 것이다.
11) 이 시에는 마거릿의 집이 황폐화되어 가는 과정이 인간이 가꾸지 않아 제멋대로 자라난 집 주변의 식물들이 집을 침범하거나, 바람이나 비가 집으로 들어오는 과정을 통해 묘사된다. 그녀의 고통의 주된 배경으로 제시된 것은 집 주변의 자연이다.
12) 물론 여기에 예외는 있다. 마거릿과 연결되는 '버림받은 여인들' 즉 「루스」("Ruth")의 루스나 「가시나무」("The Thorn")의 마샤 레이(Martha Ray)같은 인물들은 여전히 고통의 희생자로 남아 있다.
13) "솔즈베리 시편"에는 『솔즈베리 평원』, 『솔즈베리 평원의 모험』, 「떠돌이 여인」("Female Vagrant"), 그리고 『죄와 슬픔』(*Guilt and Sorrow*) 등이 속한다.
14) 이에 대한 비평가들의 견해에는 다소의 차이가 있다. 베이트슨은 『솔즈베리 평원』을 쓴 시기가 '도덕적 위기'의 시기라고 보며, 길(Gill)이나 웰즈포드(Weldsford)는 이를 『솔즈베리 평원의 모험』

을 쓴 시기로 본다. 이와는 달리 토드(Todd)는 워즈워스가 1795년 9월 레이스다운으로 가기 전 런던 체류 시 이미 '도덕적 위기'에서 벗어나 있었다고 하면서 윈디 브라우(Windy Brow) 시절 초기에 '도덕적 위기'를 겪고 회복이 시작된 것으로 본다. 그러나 『솔즈베리 평원의 모험』에 나타난 시인의 강한 우울과 비관주의를 보면 이 시기가 정신적 위기의 시기라고 말할 수 있을 것이다.

15) 이 잡지는 애초 워즈워스의 계획과는 달리 이삭 이턴(Daniel Issac Eaton)이 1795년 3월 제 1호를 발간하게 되며 1796년 1월 제 42호까지 계속된다.

16) 솔즈베리 평원에서의 체험의 강열함은『서곡』제 12권과 제 13권에 잘 그려져 있다. 교수대 장면과 스톤헨지(Stonehenge)나 드루이드(Druid) 교도의 종교 제식 장면은 인간 고통의 상황에 대한 시인의 뿌리 깊은 정신적 체험을 그린 것으로서 이는 솔즈베리 체험의 직접적인 반영이다.

17) 솔즈베리 시편의 텍스트로는 Stephen Gill. ed. *The Salisbury Poems of William Wordsworth* (Ithaca, New York: Cornell UP, 1975)를 사용하였다.

18) 어떤 비평가들은 두 사람이 오두막으로 내려가는 장면(46연)을 보고 두 사람의 미래를 다소 낙관적이고 희망적으로 읽기도 하지만, 이러한 분위기는 일시적일 뿐 47연을 보면 시인이 이들의 미래를 결코 낙관적으로 생각하지는 않는 것을 알 수 있다.

19) 시의 결론 부분에 대한 비평가들의 의견은 다양하다. 토드는 개혁의 방법으로 시인이 정치적이고 도덕적인 진리에 대한 정통 고드윈적 분석에 의존한다고 보고(74), 윌리엄즈(Williams)는 시인이 페인(Paine)적이고 프랑스적인 모델을 버리고 고립된 개인들이 주고받을 수 있는 내적 미덕, 사랑이나 공감을 주장한다고 본다(74-77). 쉬츠(Sheats)는 화자가 아직도 혁명적 열정을 가지고 있음이 드러나지만 여행자나 떠돌이 여인은 개인적으로 문제를 해결해버림으로써 혁명에 대한 시인의 태도가 이중적이라고 본다(94). 웰즈포드는 "이성의 태양"인 희망이 절망을 정복하고 시인이 "황금의 미래"를 기대한다는 식으로 무척 낙관적으로 가볍게 읽어 버리기도 한다(20). 터너(Turner)는 시인이 결국 세계와 건강한 관계를 맺지 못하고 시의 결론 부분도 완벽하게 절망을 표현하는 수사 속에 떨어지고 말았다고 주장한다(48).

20) 이러한 면에서 볼 때, 시 속에서 선원의 성격은 발전하지만 떠돌이 여인의 성격은 정적이며 그녀의 주된 역할은 선원의 회환을 강화시키는 것이라고 하면서, 이 일이 끝나자 여인이 시 속에서 사라져 버리는 것은 오래 자기 이야기를 한 여인에 대한 적절한 대접이 못 된다고 한 웰즈포드의 말(29)은 받아들이기 힘들다. 시가 진행됨에 따라 선원의 고통은 깊어지고 마침내 자신의 운명을 받아들이게 된다는 점에서 선원의 성격은 다소 발전하지만, 더 큰 성격의 발전은 여인에게서 일어난다. 선원과의 애정 어린 교류와 말하기 행위를 통해 카타르시스를 겪은 여인은 정신적 건강을 회복하고 인간 고통에 대한 공감의 폭을 확장한다는 점에서 여인의 성격은 진정 발전한다고 볼 수 있다. 여인은 이제 시에서 떠나도 될 만큼 회복되었다고 시인은 생각하는 것이다.

21) 이 시에 대한 기존의 비평들은 관심의 초점을 선원에게만 두고 떠돌이 여인의 이야기는 선원의 이야기를 다루는 과정에서 가볍게 처리하는 경향이 있다. 터너의 말대로 이 시에서 시인이 자신을 구속하는 감정들의 사악한 순환에서 벗어나는 길을 찾았다면(51), 그것은 선원을 통해서가 아니라 여인을 통해서 시적으로 구현된다고 볼 수 있다.

22) 비어(Beer)는 워즈워스의 독일 여행이 당대 영국 저널에 나오는 독일시의 번역에 대한 관심과 당시 독일에서 발전되고 있는 문학 형식들이(장편 발라드를 포함하여) 새로운 종류의 시를 위한 더 바람직한 모델을 제공하리라는 생각에서 비롯된 것이라고 보기도 한다(138).

23) 고슬라에서 워즈워스 남매의 생활에 대해서는 대부분의 평자들이 고립과 소외, 그리고 궁핍과 심

리적 억압을 말하지만, 이와는 달리 비어는 고슬라의 풍경이 영국 못지 않게 아름답기에 워즈워스 남매가 그곳에서 느꼈던 소외와 침울은 자연의 보편적인 혜택의 측면에서는 설명되기 어렵다고 말한다. 다만 어린 시절 알고 있던 자연의 모습이 워즈워스에게 강한 영향을 끼쳐 상대적으로 고슬라에서의 삶이 힘겨웠으리라는 이해가 가능하다고 본다(139).

24) 물론 이에 대한 반대 의견도 있다. 『도로시 워즈워스』(Dorothy Wordsworth)의 저자 기팅즈(Gittings)와 맨턴(Manton)은 워즈워스가 보통 사용한 도로시의 시적 이름은 엠마(Emma)라고 하면서, 루시와 도로시를 연관시키는 것에 반대한다. 이들은 루시가 마거릿 허친슨의 때 이른 죽음과 그 죽음이 몰고 온 슬픔을 상기시킬 수 있으며, 그것이 루시에 대해 이야기될 수 있는 전부라고 말한다(Gittings 91-92).

25) 드 퀸시(De Quincey)에 의하면 루시의 실체에 대해 워즈워스는 항상 신비스런 침묵을 지켰다고 한다(Bateson 151). 이는 언제나 자기 이미지를 철저히 관리하는 시인의 신중한 성품을 반영하는 것이라 볼 수 있다. 시인의 이러한 면모는 프랑스 여인 아네뜨 발롱에 대한 태도에서도 잘 드러난다. 한때 그토록 열렬히 사랑했고 자신의 딸까지 낳은 여인이지만, 『서곡』에서 간접적으로 잠시 자신의 심정을 시적으로 묘사한 것 외에 시인은 그녀에 대한 자료를 전혀 남겨 놓지 않았다. 그래서 루시의 경우와 마찬가지로 아네뜨에 대해서도 비평가들은 추측으로 일관하고 있다.

26) 베이트슨은 「나무열매 줍기」의 미완성 초고에도 루시가 등장하는데 이 경우도 루시는 도로시라고 한다(152).

27) 듀런트(Durrant)는 베이트슨의 이러한 주장이 잘못된 것이라고 하면서 그 증거로서 「인적 없는 길에 그녀는 살았네」("She Dwelt Among the Untrodden Ways")를 제시한다. 듀런트는 이 시 속의 "제비꽃"이 사랑의 감미로움을 표현하는 충분한 시적 이미지를 지니기에 워즈워스가 루시에 대해 성적 사랑을 표현하지 않은 것이 아니라고 본다. 이에 대한 보다 분명한 증거로서 그는 이 시의 초고에 포함된 "그녀의 입술은 장미처럼 붉었네/ 그녀의 머리칼은 인동덩굴 화환이었네"라는 시구를 인용하기도 한다(150).

28) 워즈워스가 사랑하는 여인을 시 속에서 일정 목적에 부합되는 방향으로 변형하여 등장시키는 것의 또 다른 예로서 아네뜨 발롱을 들 수 있겠다. 워즈워스의 시에 종종 등장하는 '버림받은 여인'은 바로 아네뜨 발롱을 버린 것에 대한 시인의 죄의식의 표출이라고 보는 견해가 많다.

29) 워즈워스의 산문전집에서는 이 시가 1799년 독일에서 집필된 것으로 나오는데(Prose I 23) 이것은 정확한 사실이 아닌 것 같다.

30) 이에 대해 비평가들의 견해는 다양하다. 때로는 「덴마크 소년」이 포함되고, 다른 루시 시편과 함께 독일에서 집필되지 않았다는 이유로 「모르는 사람들 사이를 나는 떠다녔네」가 배제되기도 한다. 또한 주제의 유사성으로 인해 「루시 그레이」가 종종 포함되며, 「모든 사랑스런 것들 사이에 내 사랑이 있었네」(일명 「개똥벌레 유충」)가 포함되기도 한다. 때로는 「루이자」("Louisa")와 「자연의 소중한 아이」("Dear Child of Nature")가 포함되기도 한다(Durrant 135).

31) 퍼거슨은 당시 독일에서 일어났던 발라드의 부흥에 영향을 받아 워즈워스가 발라드 연의 형식을 택한 것이 아닌가 추측한다(179).

32) 탐슨(Thomson)과 노이즈는 이러한 시적 정황에 근거해 볼 때 이 시는 도로시에 관련된 시라고 한다(162; 74).

33) 루시(Lucy)의 어원은 라틴어 'Lux'인데 이것이 '빛'을 의미한다는 점에서 달과 연관되기도 한다(이정호 208 참조).

34) 이와 관련하여 비어의 해석도 흥미롭다. 비어는 꽃은 특정 존재에 대한 인간적인 애정과 다정함

의 중심이고 별은 인간의 상상력과 경이로운 지각의 중심이라고 한다. 전자는 루시의 육신의 성장이 꽃의 성장의 유기적 조화를 지닌 것임을 보여주는데 이는 도로시적인 것이며, 후자는 루시의 내면적인 빛으로서 이에 별의 성질이 부여되었고 이는 상상력이 풍부한 코울리지적인 요소라고 한다. 이 두 개의 극을 가진 존재로서 살아 있을 때 루시는 생명세계의 보증인이었다고 한다(96).

35) 이러한 시인의 단호한 마음은 비단 고슬라에서의 쓰라린 경험뿐 아니라, 더 먼 과거에 프랑스 혁명에 마음을 빼앗겨 영국에 대한 사랑을 잠시나마 잃었던, 그리하여 영국의 자연 사랑을 잃었던 시인의 쓰라린 상실의 추억이 깊이 반영되어 있는 것 같다. 시인은 모국과의 괴리가 주는 소외와 상실감을 다시는 겪고 싶지 않았을 것이다.

36) 워즈워스는 1790년과 1792년 프랑스에서 혁명기념 축제를 두 번 체험하였다. 따라서 이 날은 그에게는 혁명과 관련된 특별한 추억의 날이 된다.

37) 1793년 워즈워스는 「랜더프 주교께 드리는 공개서한」을 쓸 정도로 급진적인 정치관을 지닌 열렬한 혁명주의자였으며, 9월 대학살과 프랑스 왕의 투옥 및 처형, 로베스피에르의 정치력의 부상 등 프랑스 혁명의 변질 과정, 영국 국내의 정치적 탄압, 영불전쟁, 프랑스에 남겨진 연인 아네뜨 발롱과 딸 캐롤라인(Caroline)에 대한 걱정과 죄의식, 아네뜨와의 결혼 문제로 인한 삼촌들과의 불화, 경제적 어려움, 실직 상태 등 여러 가지 사회적 개인적 난관들을 겪고 있었다. 1798년 「틴턴 사원」을 쓸 무렵 워즈워스는 혁명사상을 버림으로써 정치적 환멸에서는 벗어났다고 할 수 있지만, 경제적으로는 여전히 궁핍하며 미래에 대한 분명한 비전이 없이 불안정하게 시간을 보내고 있었다(Gill 151).

38) 레빈슨(Levinson)은 이러한 "욕망," "감정," "사랑"을 시인이 느꼈던 곳은 1793년의 틴턴 사원이 아니라 시인이 소년시절 뛰놀았던 퍼니스(Furness) 사원이라고 한다(35).

39) 이와 관련하여 레빈슨은 1798년의 틴턴 사원에 대해서 다음과 같이 말한다.

틴턴―마을과 사원―주변의 숲은 방랑자들, 즉 영국의 비틀거리는 경제와 전시의 이동의 희생자들이 살고 있었다. 이들 중 많은 이들은 석탄 굽기로 살아갔는데 그것은 최저생계였음이 분명하다. … 사원의 뜰은 쫓겨난 자들과 실직자들로 붐볐는데 이들은 심미적 감수성을 발휘하고 싶어하는 여행객들의 동전을 구걸했다(29-30).

무어먼도 틴턴 사원에 대해 위와 유사한 이야기를 하면서 워즈워스가 시의 어디에서도 틴턴 사원 자체에 대해 언급하지 않는 것은 흥미로운 일이라고 말한다(402-3).

40) 이처럼 당시 상황을 마치 그 이전의 것인 양 묘사하는 것을 오너레이토는 일종의 심리적 "퇴행"으로 보았다. 두려운 현실에서 벗어나 그 이전의 평화로운 상태로 돌아가고 싶은 시인의 마음을 여기서 읽을 수 있다(36).

41) 쉬츠(Sheats)는 도로시가 들어옴으로 해서 자연애가 인간애로 확대되며 그녀는 인간애의 구체적한 대상이라고 하지만(239-40), 전후관계에 비추어 볼 때 아직은 인간애를 언급할 정도로 자연애가 탄탄한 상태가 아니며 도로시는 어디까지나 시인의 과거의 자아의 구현체로 그려져 있다.

42) 하트만은 『서곡』을 "성장소설"(Bildungsroman)이라 부르기도 했다(The Unremarkable Wordsworth 16).

43) 1798년 3월 토킨(James Tokin)이나 로쉬(James Losh)에게 보내는 편지에서 워즈워스는 이러한 내용을 밝히고 있다(EL 188, 190).

44) 1839년경에 가서야 워즈워스는 『은둔자』를 포기하고 『서곡』을 그 자체로서 출판할 가치가 있는

작품으로 고려하게 된다(Wenzel 30).

45) 거의 대부분의 비평가들은 이 작품이 '정신적 자서전'이라는 점에 동의하며, 플레이쉬만 (Fleishman)은 온갖 형태의 자서전적 영문학 작품 중에서도 가장 훌륭한 작품이라 한다(99).

46) 이에 대해서는 Wayne Schumaker. *English Autobiography; Its Emergence, Materials and Forms* (Berkeley: U of California P, 1954)를 참조 바람.

47) 올니(Olney)는 극단적인 인간중심적 관점에서 모든 종류의 글, 심지어 신학, 철학, 물리학이나 형이상학조차도 모두 자서전이라고 주장한다(*Metaphors of Self* 5).

48) 스펜지만(Spengemann)이나 올니의 형식주의적 비평이나 브라스(Bruss)와 스타로빈스키(Starobinski) 의 현상학적 비평, 데리다(Derrida)의 해체주의적 비평, 라깡(Lacan)의 정신분석적 비평에 이르기까지 거의 모든 현대의 자서전 비평은 텍스트 속에서 자아가 형성되는 과정을 탐구하고 있다 (Kearns 1-32).

49) 건(Gunn)은 자서전의 "앞으로의 움직임"을 독자의 자서전적 반응과 연결시켜 읽기 행위를 텍스트 의미 산출의 필수적인 부분으로 본다(18).

50) 이 말은 원래 즈네트(Gerard Gennette)가 사용한 은유인데 드 만이 빌은 것으로 드 만은 자서전 작가가 자신의 작품 속으로 들어가는 문을 회전문으로 보았다(de Man 922).

51) 건은 자서전적 상황을 구성하는 것이 작가의 자서전적 충동과 시각, 그리고 독자의 자서전적 반응이라고 하지만(12), 여기서는 독자 관련 부분을 배제한 작가의 충동이나 현재적 시각만을 뜻한다.

52) 다비셔(Darbishire)는 1805년판이 시적으로 더 우수하다고 하지만 (Burton 17에서 재인용), 대부분의 비평가들(Leavis, Havens, Burton, Room, Lindenberger, de Selincourt 등)은 1850년판이 시적으로 더 우수하다고 본다. 1805년판에 비해 1850년판에는 워즈워스의 초기의 생각들이 많이 가리어져 있으나 그 대신 시인의 생각의 변모가 더 잘 드러나 있다. 이러한 이유로 인해 드 셀린코트(de Selincourt)는 『서곡』의 '이상적 텍스트'는 이 두 판의 합으로 이루어진다고 하며 많은 비평가들이 이 견해를 받아들이고 있다. 이 책에서는 표현이 더 압축되어 있고 시인의 생각의 변모가 더 잘 드러나 있다는 이유로 1850년판을 주로 인용하고 필요에 따라 1805년판을 인용하기로 한다. 『서곡』의 텍스트로는 조나단 워즈워스 등이 편집한 *The Prelude: 1799, 1895, 1805*를 사용하였다.

53) 앞 장의 「틴턴 사원」의 분석에서 살펴보았듯이 1798년 워즈워스의 자연애는 확신보다 회의의 상태에 더 가깝다.

54) 개정을 거듭할수록 『서곡』 속의 개인적 요소들, 이를테면 특정 지명이나 인물의 이름 등이 다른 것으로 대체되는 등 점점 더 공적인 작품을 만들어가려는 시인의 의도가 엿보인다.

55) 「불멸송」("Immortality Ode")에 대한 시인의 주석을 보면 외적 사물을 내면의 투사체로 보는 그의 정신적 습성이 잘 설명되어 있다(*Prose* III 195 참조).

56) 귀향 묘사의 첫 장면에서 그는 현재시제와 과거시제를 뒤섞음으로써 이 체험이 단순히 과거의 사실이 아니라 지금 텍스트 속에서 일어나고 있는 현재적 체험임을 드러낸다.

57) 헤이니(Haney)는 인간의 언어가 그 유약함으로 인해 자연 속의 영원한 창조적 정신인 '있음'을 일종의 살아 있는 죽음인 '없음'의 상태로 담을 뿐이지만, '사당'이 성자들의 유골을 보존하듯이 언어가 '없음'의 상태로나마 '있음'과 연결되고 또한 그것을 불러내는 역할을 하기에 '사당'이라는 말로 표현된다고 하면서 언어의 힘을 긍정적으로 설명하려고 애쓴다. 그러나 『서곡』 전체의 맥락 속에서 워즈워스는 인간의 언어를 자연의 '힘'과 대비시키고 있으며 언어를 통해서가 아니더라도 상상력을 통해서 '있음'과 만날 수 있기에 이 같은 이유에서 언어의 가치를 평가하려고

애쓸 필요는 없을 것 같다(Haney 93-94 참조).

58) 셸리의 「워즈워스에게」("To Wordsworth")나 브라우닝(Robert Browning)의 「타락한 지도자」("The Lost Leader")에는 워즈워스의 정치관의 변모를 정치적 변절로 보는 당대 시인들의 유보 없는 비판이 잘 담겨 있다.

59) 많은 비평가들, 예를 들어 에어즈(Aers), 길, 리드(Read), 로우(Roe), 탐슨 등은 워즈워스가 후기에 정치적으로 변절했다고 생각하지만, 바소(Batho), 버튼(Burton), 스페리, 토드 등은 변절이 아니라 오히려 정치적 견해의 성숙이라 옹호하기도 한다.

60) 버크 관련 시구 삽입에 대한 비평가들의 일반적인 견해는 위에서 밝힌 그러한 이유들을 들어 그 것을 워즈워스의 정치적 변절의 예로서 보는 것이지만 토드나 버튼 같은 이는 『서곡』에서의 시인의 주장을 그대로 수용하기도 한다(169: 58-60 참조).

61) 이에 대한 상세한 논의는 James K. Chandler, *Wordsworth's Second Nature: A Study of the Poetry and Politics* (Chicago & London: The U of Chicago P,1984)를 참조 바람.

62) 대부분의 비평가들은 워즈워스가 이미 혁명에 대한 열정을 가득 품고서 프랑스로 갔다고 말하면서 이 점에서 워즈워스 자신의 주장을 반박한다(Chard 57 참조).

63) 워즈워스의 초기의 교육환경이 그를 공화주의자로 만들기에 충분한 것이었는가에 대해서는 반론의 여지가 있다. 차드는 워즈워스가 정치적 보수주의와 종교적 정통주의의 환경에서 자랐으며 프랑스로 가기 전까지 이를 버리지 않았다고 한다. 따라서 그는 워즈워스가 케임브리지에서 자유주의에 경도되었다는 것이 의심스럽다고 한다(32-35). 토드도 워즈워스가 케임브리지를 특권과 권위의 사회로 보았다고 한다(21). 또한 심슨은 케임브리지가 기본적으로 계급사회였다고 한다 (*Wordsworth and the Figurings of the Real* 50).

64) 로우는 여기서 보피가 플라톤 역을, 워즈워스는 디온 역을 맡으며, 이는 디온으로서의 워즈워스가 바다 건너 영국을 해방시키는 데 자신의 책무가 있다고 생각했음을 시사해준다고 본다(63).

65) 이는 여러 비평가들이 지적하듯이 아네뜨와의 사랑 이야기를 담은 것이다. 아네뜨와의 일과 혁명에 대한 견해는 워즈워스에게 불가분 이어져 있으며 그의 죄의식 또한 이 둘과 연결된다(Todd 41). 길이 지적하듯이 워즈워스가 아네뜨와의 사랑을 일인칭으로 다루지 않은 것은 이 일이 시인으로서의 자아발전에 기여한 바가 별로 없다고 그 자신이 여기고 있음을 드러내는 것이기도 하지만, 「보드라쿠르와 쥴리아」의 형태로 변형시켜 시 속에 담은 것은 12년 뒤에도 워즈워스가 자신의 젊은 시절의 열정을 무시할 수 없었음을 드러내기도 한다(Gill 66). 아네뜨와의 일에 대한 구체적인 자료가 없어서(워즈워스는 이 일에 관해서 철저히 자기를 보호하였다) 그 일이 실제 워즈워스의 자아발전에 어느 정도 영향을 끼쳤는지는 알기 힘들지만 『서곡』에서 워즈워스는 실제 이하로 그 일의 영향을 축소시키고 있다. 이 이야기가 1850년판에서 삭제된 것은 그가 후일 그 일의 압박감에서 더 벗어나게 되었음을 보여준다고 할 수 있다.

66) 1805년판에서는 단순히 "기쁘게"라는 표현을 썼으나 1850년판에서는 공화국 탄생에 대한 그의 부정적 시각이 이처럼 강화된다.

67) 워즈워스는 1803년 이미 프랑스를 미워하게 되었고 제10권은 1804년 10-11월 집필되었다.

68) 제10권의 472-80행에서도 워즈워스는 혁명의 변질을 모두 민중의 무지와 죄의 탓으로 돌리면서 민중을 비판한다.

69) 이 부분에서 워즈워스는 1805년판에는 없는 403-10행을 1850년판에 첨가시킴으로써 공포정치의 끔찍함을 한층 강조한다.

70) 테일러는 1782-86년에 혹스헤드 스쿨(Hawkshead School)의 교장이었다. 그는 워즈워스가 시를 쓰

도록 격려한 자로서 보피, 코울리지와 더불어 워즈워스의 지적 삶에 결정적인 영향을 준 사람으로 거론된다. 그의 죽음은 16세의 워즈워스에게 강한 인상을 주었다.

71) 그런데 피트 내각에 대한 비판도 1805년판보다 1850년판에 그 강도가 훨씬 약화되어 있어 그의 정치적 보수화의 단면을 엿보게 한다.

72) 두 명의 기사가 서로 반대 방향에서 오다가 한 면은 금이고 다른 면은 은으로 된 전승기념 방패를 보고 멈추었다. 두 기사들은 방패가 어떤 금속으로 만들어졌는가에 대해 논쟁하다가 싸우게 되었다. 그때 제 3의 기사가 나타나 방패의 한 면은 금으로 다른 면은 은으로 만들어졌음을 알려 주었다. 이 이야기는 보몽(Beaumont)의 『도덕원리』(*Moralities*)에 나온다(Havens 534).

73) 제9권의 331-39행에서 워즈워스는 혁명 초기에 자신이 아직도 '혼란'에 휩쓸리지 않았을 때 과거의 경험을 더 온전하게 보유하고 있었기에 더 건전한 판단력을 지니고 있었다고 하는데, 이는 여기서 자신이 경험 없는 "자연의 아이"여서 과오를 범할 소지가 있었다는 말과 모순된다.

74) 1805년판에서는 신 대신에 코울리지가 거론되어 있다. 그러나 코울리지의 영향은 1797년 6월 이후의 일로서 사실의 지나친 왜곡이기에 1850년판에서는 코울리지 관련 시구가 **빠졌다**.

75) 워즈워스는 1802년 9월 램(Charles Lamb)의 안내로 도로시와 함께 "성 바살로뮤의 장"을 구경했으며 그가 1802년 이전에 그곳에 갔다는 증거는 없다(Havens 447). 따라서 여기서 이 장날을 언급한 것은 도시의 주제를 강화시키려는 분명한 의도에서 나온 것이라 할 수 있다.

76) 하벤스는 자연과 거의 혹은 전혀 관계없는 특질을 자연의 영향으로 돌리기 좋아하는 워즈워스의 성향의 현저한 예로서 제8권을 지적한다(108).

77) 실로 워즈워스의 초기시에 나오는 바, 전쟁이나 사회적 억압으로 고통 받는 하층민들에 대한 시인의 애정은 그들이 고귀한 인간성을 지녔기 때문에 비롯된 것은 아니며 오히려 그들에 대한 애정으로 인해 워즈워스는 그들의 정신적 고귀함에 눈뜨게 된다.

78) 하벤스는 워즈워스가 자아 발전의 연속성을 강조하기 위하여 실제 이상으로 케임브리지를 부정적으로 그리고 있다고 주장한다(469). 실로 제3권이나 제4권에서보다 여기서 케임브리지의 악이나 죄가 더 강하게 표현되고 있다.

79) "시간의 점들"의 기능은 1799년에는 "비옥하게 하는"(fructifing)으로, 1805년의 초고에는 "생기를 주는"(vivifying)으로 되어 있다가, 1850년 판에서는 "회복시켜주는"(renovating)으로 바뀐 것으로서 상상력의 견고함에 대한 암시가 점점 약화되어 왔다(Johnston 105).

80) 실로 그 무렵 워즈워스는 동생 존(John)의 죽음과 코울리지의 부재로 정신적 침체상태에 빠져 있었다.

81) 물론 오너레이토나 샤피로처럼 "시간의 점들" 속의 워즈워스의 정신적 상처를 프로이드 식으로 해석하여 어머니에 대한 그리움이나 아버지에 대한 두려움과 연관시켜 설명하는 이들도 있다.

82) 하벤스는 인간 체험의 항구적 요소를 강조하며 모든 인간을 기본적으로 동일한 것으로 본다는 점에서 워즈워스가 고전적 전통 속에 있다고 한다. 낭만주의자는 개인의 특수성과 성품이나 체험의 색다름, 지방색 등을 강조하기 때문이다(595).

83) 대부분의 비평가들은 시인 자신의 의도를 그대로 받아들여 여기서 시인이 상상력의 작용을 통해 객관세계와 주관세계가 통합되는 것을 체험하고 있다고 본다.

84) 존(Zorn)은 1805년판의 스노우던 비전과 1850년판의 그것을 비교하면서 전자에 나타난 정신의 힘에 대한 절대적인 표현들이 후자에서는 더 평이한 표현으로 바뀌었으며, 전자에 나타난 창조적 정체성에 도달하는 일의 기쁨이나 확신의 표현도 후자에서는 다소 억지로 지속되는 역할이 주는 기쁨 없는 표현으로 바뀌었다고 한다(218-19).

85) 하퍼(Harper)는 제14권이 『서곡』의 '안티클라이막스'라고 하면서 그 이유를 다음과 같이 설명한다. 워즈워스는 제14권에서 1805년 이전에 거의 사용하지 않고 후기시에 자주 사용한 문체를 사용하고 있다. 단순하고 지적인 색채 없는 말들이 거의 모든 문장마다 나오며 감각적 특질은 거의 보이지 않는다. 강요된 열정이 엿보인다. 언어는 "사람들이 실제 사용하는 언어"로부터 가장 멀어져 있다. 조심스러운 이중 부정을 사용하는 등 워즈워스의 재능의 대담함이 사라진다. 인류의 복지에 대한 초기의 갈망이나 고통스런 공감, 대담한 희망 등이 악으로 치부되고 자연의 향기나 확립된 사회질서에 만족한다(469-70).

86) 『서곡』에서의 코울리지의 역할에 대해서는 몇 가지 다른 의견들이 있다. 존스턴은 워즈워스가 마음속의 공포의 지배로부터 자기를 구해줄 철학적 정신으로 코울리지를 부른다고 본다(175). 스피겔먼은 때로는 코울리지가 워즈워스의 '영웅적 계획'의 협력자이며 청자인 동시에 지적인 우월자로서 나오기도 하고, 때로는 병자로서 워즈워스 자신의 우월감을 부추겨주는 자로 나오기도 한다고 한다(160-63).

87) 존스턴은 워즈워스가 『은둔자』를 완성하지 못한 원인을 분석하면서 『은둔자』의 주된 주제인 '인간, 자연, 인간의 삶' 중에서 '인간의 삶' 즉 사회에 대해 쓸 수 있는 능력이 그에게 없었다고 하는데(xiv), 이는 이 책에서의 우리의 논의에 무척 시사적이다.

인용시 원문

제1장

from **Descriptive Sketches**

E'vn now I sigh at hoary Chartreuse' doom
Weeping beneath his chill of mountain gloom.
Where now is fled that Power whose frown severe
Tam'd 'sober Reason' till she crouch'd in fear?
… … … …
The cloister startles at the gleam of arms,
And Blasphemy the shuddering fane alarms; (53-61)

While Slavery, forcing the sunk mind to dwell
On joys that might disgrace the captive's cell,
Her shameless timbrel shakes along thy marge,
And winds between thine isles the vocal barge. (158-61)

Hope, strength, and courage, social suffering brings,
Freshening the waste of sand with shades and springs.
—She solitary through the desert drear

Spontaneous wanders, hand in hand with Fear. (197-200)

'Here Penury oft from misery's mount will guide
Ev'n to the summer door his icy tide,
And here the avalanche of Death destroy
The little cottage of domestic joy. (598-601)

In the wide range of many a weary round,
Still have my pilgrim feet unfailing found,
As despot courts their blaze of gems display,
Ev'n by the secret cottage far away
The lily of domestic joy decay; (719-23)

—And thou ! fair favoured region! which my soul
Shall love, 'till Life has broke her golden bowl,
Till Death's cold touch her cistern-wheel assail,
And vain regret and vain desire shall fail; (740-43)

-Yet hast thou found that Freedom spreads her pow'r
Beyond the cottage hearth, the cottage door:
All nature smiles; and owns beneath her eyes
He fields peculiar, and peculiar skies. (756-59)

Lo! from th' innocuous flames, a lovely birth!
With its own Virtues springs another earth:
Nature, as in her prime, her virgin reign
Begins, and Love and Truth compose her train; (782-85)

To-night, my friend, within this humble cot
Be the dead load of mortal ills forgot,
Renewing, when the rosy summits glow
At morn, our various journey, sad and slow. (810-13)

from **"The Ruined Cottage"**

"My friend, enough to sorrow have you given,
The purposes of Wisdom ask no more:
Be wise and cheerful, and no longer read
The forms of things with an unworthy eye.
She sleeps in the calm earth, and peace is here.
I well remember that those very plumes,
Those weeds, and the high spear grass on that wall,
By mist and silent raindrops silvered o'er,
At once I passed, did to my mind convey
So still an image of tranquillity,
So calm and still, and looked so beautiful
Amid the uneasy thoughts which filled my mind,
That what we feel of sorrow and despair
From ruin and from change, and all the grief
The passing shews of being leave behind,
Appeared an idle dream that could not live
Where meditation was. I turned away,
And walked along my road in happiness." (508-25)

from **"The Old Cumberland Beggar"**

But deem not this Man useless. —Statesman! ye
Who are so restless in your' Wisdom, ye
Who have a broom still ready in your hands
To rid the world of nuisances; ye proud,
Heart-swollen, while in your pride ye contemplate
Your talents, power, or wisdom, deem him not
A burden of the earth! (67-73)

let his blood
Struggle with frosty air and winter snows;
And let the chartered wind that sweeps the heath
Beat his grey locks against his withered face. (173-76)

from **"Simon Lee"**

The tears into his eyes were brought,
And thanks and praises seemed to run
So fast out of his heart, I thought
They never would have done.
—I've heard of hearts unkind, kind deeds
With coldness still returning;
Alas! the gratitude of men
Has oftener left me mourning. (89-96)

from **"Michael"**

> if these fields of ours
> Should pass into a stranger's hand, I think
> That I could not lie quiet in my grave.
> Our lot is a hard lot;   (230-33)

from **"Resolution and Independence"**

> My old remembrances went from me wholly;
> And all the ways of men, so vain and melancholy.   (20-21)

> Far from the world I walk, and from all care;
> But there may come another day to me-
> Solitude, pain of heart, distress, and poverty   (33-35)

> While he was talking thus, the lonely place,
> The old Man's shape, and speech — all troubled me:
> In my mind's eye I seemed to see him pace
> About the weary moors continually,
> Wandering about alone and silently.   (127-31)

> 'God,' said I, 'be my help and stay secure;
> I'll think of the Leech-gatherer on the lonely moor!'   (139-40)

제2장

from *The Prelude*

           demanding formal *proof*,
And seeking it in every thing, I lost
All feeling of conviction, and, in fine,
Sick, wearied out with contrarieties,
Yielded up moral question in despair.   (11: 301-5)

from *Salisbury Plain*

"Oh! dreadful price of being! to resign
All that is dear in being; better far
In Want's most lonely cave till death to pine
Unseen, unheard, unwatched by any star.
Better before proud Fortune's sumptuous car
Obvious our dying bodies to obtrude,
Than dog-like wading at the heels of War
Protract a cursed existence with the brood
That lap, their very nourishment, their brother's blood. (35연)

Adieu ye friendless hope-forsaken pair!
Yet friendless ere ye take your several road,
Enter that lowly cot and ye shall share
Comforts by prouder mansions unbestowed

... ...

And think that life is like this desert broad,
Where all the happiest find is but a shed
And a green spot 'mid wastes interminably spread. (47연)

　　　　　still, reason's of ray,
What does it more than while the tempests rise,
With starless glooms and sounds of loud dismay,
Reveal with still-born glimpse the terrors of our way? (48연)

How weak the solace such fond thoughts afford,
When with untimely stroke the virtuous bleed.
Say, rulers of the nations, from the sword
Can ought but murder, pain, and tears proceed?
Oh! what can war but endless war still breed?
Or whence but from the labours of the sage
Can poor benighted mortals gain the meed
Of happiness and virtue, how assuage
But by his gentle words their self-consuming rage? (57연)

Heroes of Truth pursue your march, uptear
Th'Opressor's dungeon from its deepest base;
High o'er the towers of Pride undaunted rear
Resistless in your might the herculean mace
Of Reason; let foul Error's monster race
Dragged from their dens start at the light with pain
And die; pursue your toils, till not a trace

Be left on earth of Superstition's reign,

Save that eternal pile which frowns on Sarum's plain.　(61연)

from *Adventures on Salisbury Plain*

"'Tis a bad world, and hard is the world's law;

Each frowls to strip his brother of his fleece;

Much need have ye that time more closely draw

The bond of nature, all unkindness cease,

And that among so few there still be peace:

Else can ye hope but with such num'rous foes

Your pains shall ever with your years increase."　(74연)

They left him hung on high in iron case,

And dissolute men, unthinking and untaught,

Planted their festive booths beneath his face;

And to that spot, which idle thousands sought,

Women and children were by fathers brought;

And now some kindred sufferer driven, perchance,

That way when into storm the sky is wrought,

Upon his swinging corpse his eye may glance

And drop, as he once dropp'd, in miserable trance. (92연)

His wither'd cheek was ting'd with ashy hue.

He took and trembled both with grief and fear,

But she felt new delight and solace new,

And, from the opening east, or pensive cheer
Came to her weary thoughts while the lark warbled near. (64연)

제3장

from **"Strange Fits of Passion Have I Known"**

Strange fits of passion have I known:
And I will dare to tell,
But in the Lover's ear alone,
What once to me befel. (1-4)

What fond and wayward thoughts will slide
Into a Lover's head!
"O mercy!" to myself I cried,
"If Lucy should be dead!" (25-28)

I told her this: her laughter light
Is ringing in my ear;
And when I think upon that night
My eyes are dim with tears. (from manuscript)

from **"She Dwelt Among the Untrodden Ways"**

She dwelt among the untrodden ways
    Beside the springs of Dove,

A Maid whom there were none to praise
    And very few to love: (1-4)

A violet by a mossy stone
    Half hidden from the eye!
 --Fair as a star, when only one
    Is shining in the sky. (5-8)

She lived unknown, and few could know
    When Lucy ceased to be;
But she is in her grave, and, oh,
    The difference to me! (9-12)

from **"Three Years She Grew"**

"Myself will to my darling be
Both law and impulse: and with me
The Girl, in rock and plain,
In earth and heaven, in glade and bower,
Shall feel an overseeing power
To kindle and restrain. (7-12)

"And vital feelings of delight
Shall rear her form to stately height,
Her virgin bosom swell;
Such thoughts to Lucy I will give

While she and I together live
here in this happy dell." (31-36)

Thus Nature spake--the work was done--
How soon my Lucy's race was run!
She died, and left to me
This heath, this calm, and quiet scene;
The memory of what has been,
And never more will be. (37-42)

from **"A Slumber Did My Spirit Seal"**

A slumber did my spirit seal;
    I had no human fears:
She seemed a thing that could not feel
    The touch of earthly years.

No motion has she now, no force;
    She neither hears nor sees;
Rolled round in earth's diurnal course,
    With rocks, and stones, and trees.

from **"I Travelled among Unknown Men"**

I travelled among unknown men,

In lands beyond the sea;

Nor, England! did I know till then

What love I bore to thee. (1-4)

Thy mornings showed, thy nights concealed

The bowers where Lucy played;

And thine too is the last green field

That Lucy's eye surveyed. (13-16)

제4장

from **"Tintern Abbey"**

And I have felt

A presence that disturbs me with the joy

Of elevated thoughts; a sense sublime

Of something far more deeply interfused,

Whose dwelling is the light of setting suns.

And the round ocean and the living air,

And the blue sky, and in the mind of man:

A motion and a spirit, that impels

All thinking things, all objects of all thought,

And rolls through all things. (94-102)

Therefore am I still

A lover of the meadows and the woods,

And mountains; and of all that we behold

From this green earth; of all the mighty world
Of eye and ear,—both what they half create,
And what perceive; well pleased to recognize
In nature and the language of the sense,
The anchor of my purest thoughts, the nurse,
The guide, the guardian of my heart, and soul
Of all my moral being.   (102-11)

when like a roe
I bounded o'er the mountains, by the sides
Of the deep rivers, and the lonely streams,
Wherever nature led: more like a man
Flying from something that he dreads than one
Who sought the thing he loved. For nature then
… …

To me all in all.—I cannot paint
What then I was. The sounding cataract
Haunted me like a passion: the tall rock,
The mountain, and the deep and gloomy wood,
Their colors and their forms, were then to me
An appetite; a feeling and a love.   (65-70, 75-80)

and wreaths of smoke
Sent up, in silence, from among the trees!
With some uncertain notice, as might seem
Of vagrant dwellers in the houseless woods,
Or of some Hermit's cave, where by his fire

The Hermit sits alone. (17-22)

While here I stand, not only with the sense
Of present pleasure but with pleasing thoughts
That in this moment there is life and food
For future years. (62-65)

                thou, my dearest Friend,
My dear, dear Friend; and in thy voice I catch
The language of my former heart, and read
My former pleasures in the shooting lights
Of thy wild eyes. Oh! yet a little while
May I behold in thee what I was once,
My dear, dear Sister! and this prayer I make
Knowing that Nature never did betray
The heart that loved her. (116-24)

제5장

from *The Prelude* 1-5권

The earth is all before me. ⋯ ⋯
    ⋯ ⋯
I cannot miss my way. I breathe again!
    ⋯ ⋯
it is shaken off,
That burthen of my own unnatural self,

The heavy weight of many a weary day

Not mine, and such as were not made for me.

Long months of peace...

... ...

Long months of ease and undisturbed delight

Are mine in prospect; (1: 14-27)

but the harp

Was soon defrauded, and the banded host

Of harmony dispersed in straggling sounds,

And lastly utter silence! (1: 96-99)

But I have been discouraged: gleams of light

Flash often from the east, then disappear,

And mock me with a sky that ripens not

Into a steady morning. (1805, 1: 134-37)

but the unsubstantial structure melts

Before the very sun that brightens it,

Mist into air dissolving! (1: 225-27)

Oh! when I have hung

Above the raven's nest, by knots of grass

And half-inch fissures in the slippery rock

But ill-sustained, and almost (so it seemed)

Suspended by the blast that blew amain,

Shouldering the naked crag, oh, at that time

While on the perilous ridge I hung alone,

With what strange utterance did the loud dry wind
Blow through my ear! (1: 330-38)

··· ··· but after I had seen
That spectacle, for many days, my brain
Worked with a dim and undetermined sense
Of unknown modes of being; o'er my thoughts
There hung a darkness, call it solitude
Or blank desertion. ··· ··· ···
··· ··· ···

But huge and mighty forms , that do not live
Like living men, moved slowly through the mind
By day, and were a trouble to my dreams. (1: 390-400)

   Ye Presences of Nature in the sky
And on the earth! Ye Visions of the hills!
And Souls of lonely places! can I think
A vulgar hope was yours when ye employed
Such ministry, (1: 464-68)

A tranquillising spirit presses now
On my corporeal frame, so wide appears
The vacancy between me and those days
Which yet have such self-presence in my mind,
That musing on them, often do I seem
Two consciousnesses, conscious of myself
And of some other Being. (2: 27-33)

—oh, then, the calm
And dead still water lay upon my mind
Even with a weight of pleasure, and the sky,
Never before so beautiful, sank down
Into my heart, and held me like a dream! (2: 170-74)

Create, creator and receiver both,
Working but in alliance with the works
Which it beholds. — Such, verily, is the first
Poetic spirit of our human life, (2: 258-61)

   Yet is a path
More difficult before me; and I fear
That in its broken windings we shall need
The chamois' sinews, and the eagle's wing:
For now a trouble came into my mind
From unknown causes. I was left alone
Seeking the visible world, nor knowing why.
The props of my affections were removed, (2: 272-79)

and I would stand,
If the night blackened with a coming storm,
Beneath some rock, listening to notes that are
The ghostly language of the ancient earth,
Or make their dim abode in distant winds.
Thence did I drink the visionary power;
… … …
… … …

but that the soul,
Remembering how she felt, but what she felt
Remembering not, retains an obscure sense
Of possible sublimity, (2: 306-18)

How shall I seek the origin? where find
Faith in the marvellous things which then I felt?
Oft in these moments such a holy calm
Would overspread my soul, that bodily eyes
Were utterly forgotten, and what I saw
Appeared like something in myself, a dream,
A prospect in the mind. (2: 346-52)

O Heavens! how awful is the might of souls,
And what they do within themselves while yet
The yoke of earth is new to them, the world
Nothing but a wild field where they were sown.
This is, in truth, heroic argument, (3: 180-184)

Caverns there were within my mind which sun
Could never penetrate, yet did there not
Want store of leafy *arbours* where the light
Might enter in at will. (3: 246-49)

As one who hangs down--bending from the side
Of a slow-moving boat, upon the breast
Of a still water, solacing himself

With such discoveries as his eye can make
Beneath him in the bottom of the deep,
Sees many beauteous sights--weeds, fishes, flowers,
Grots, pebbles, roots of trees, and fancies more,
Yet often is perplexed and cannot part
The shadow from the substance, rocks and sky,
Mountains and clouds, reflected in the depth
Of the clear flood, from things which there abide
In their true dwelling; now is crossed by gleam
Of his own image, by a sun-beam now,
And wavering motions sent he knows not whence,
Impediments that make his task more sweet;
Such pleasant office have we long pursued
Incumbent o'er the surface of past time. (4: 256-72)

            but, lo ! an uncouth shape,
Shown by a sudden turning of the road,
So near that, slipping back into the shade
Of a thick hawthorn, I could mark him well,
Myself unseen. He was of stature tall,
A span above man's common measure tall,
Stiff, lank, and upright; a more meagre man
Was never seen before by night or day.
Long were his arms, pallid his hands; his mouth
Looked ghastly in the moonlight: from behind,
A mile-stone propped him; I could also ken
That he was clothed in military garb,

Though faded, yet entire. Companionless,
No dog attending, by no staff sustained,
He stood, and in his very dress appeared
A desolation, a simplicity,
To which the trappings of a gaudy world
Make a strange back-ground. (4: 386-403)

There was a boy: ye knew him well, ye cliffs
And islands of Winander!--many a time
At evening, when the earliest stars began
To move along the edges of the hills,
Rising or setting, would he stand alone
Beneath the trees or by the glimmering lake,
And there with fingers interwoven, both hands
Pressed closely palm to palm, and to his mouth
Uplifted, he, as through as instrument,
Blew mimic hootings to the silent owls,
That they might answer him; and they would shout
Across the watery vale, and shout again,
Responsive to his call. (5: 364-76)

제6장

from *The Prelude* 9-11권

Even as a river,--partly (it might seem)
Yielding to old remembrances, and swayed

In part by fear to shape a way direct,

That would engulph him soon in the ravenous sea —

Turns, and will measure back his course, far back,

Seeking the very regions which he crossed

In his first outset; so have we, my Friend!

Turned and returned with intricate delay. (9: 1-8)

    Genius of Burke! forgive the pen seduced

By specious wonders, and tools slow to tell

Of what the ingenuous, what bewildered men,

Beginning to mistrust their boastful guides,

And wise men, willing to grow wiser, caught,

Rapt auditors! from thy most eloquent tongue —

Now mute, forever mute in the cold grave.

I see him, —old, but vigorous in age, —

Stand like an oak whose stag-horn branches start

Out of its leafy brow, the more to awe

The younger brethren of the grove. But some —

While he forewarns, denounces, launches forth,

Against all systems built on abstract rights,

Keen ridicule; the majesty proclaims

Of Institutes and Laws, hallowed by time;

Declares the vital power of social ties

Endeared by Custom; and with high disdain,

Exploding upstart Theory, insists

Upon the allegiance to which men are born —

Some —say at once a froward multitude —

Murmur (for truth is hated, where not loved)
As the winds fret within AEolian cave,
Galled by their monarch's chain. The times were big
With ominous change, which, night by night, provoked
Keen struggles, and black clouds of passion raised;
… … … …

… … … Could a youth, and one
In ancient story versed, whose breast had heaved
Under the weight of classic eloquence,
Sit, see, and hear, unthankful , uninspired? (7: 512-43)

Where silent zephyrs sported with the dust
Of the Bastile, I sate in the open sun,
And from the rubbish gathered up a stone,
And pocketed the relic, in the guise
Of an enthusiast; yet, in honest truth,
I looked for something that I could not find,
Affecting more emotion than I felt;
For 'tis most certain, that these various sights,
However potent their first shock, with me
Appeared to recompense the traveller's pains
Less than the painted Magdalene of Le Brun,
A beauty exquisitely wrought, with hair
Dishevelled, gleaming eyes, and rueful cheek
Pale and bedropped with ever flowing tears. (9: 67-80)

'Twas in truth an hour

Of universal ferment; mildest men
Were agitated; and commotions, strife
Of passion and opinion, filled the walls
Of peaceful houses with unquiet sounds.
The soil of common life, was, at that time,
Too hot to tread upon. Oft said I then,
And not then only, 'What a mockery this
Of history, the past and that to come!
Now do I feel how all men are deceived,
Reading of nations and their works, in faith,
Faith given to vanity and emptiness;
Oh! laughter for the page that would reflect
To future times the face of what now is!'
The land all swarmed with passion, like a plain
Devoured by locusts, —Carra, Gorcas,—add
A hundred other names, forgotten now, (9: 161-77)

   He through the events
Of that great change wandered in perfect faith,
As through a book, an old romance, or tale
Of Fairy, or some dream of actions wrought
Behind the summer clouds. (9: 298-302)

   Man he loved
As man; and, to the mean and the obscure,
And all the homely in their homely works,
Transferred a courtesy which had no air

Of condescension; but did rather seem
A passion and a gallantry, like that
Which he, a soldier, in his idler day
had paid to woman: (9: 306-13)

And I, who at that time was scarcely dipped
Into the turmoil, bore a sounder judgment
Than later days allowed; carried about me,
With less alloy to its integrity,
The experience of past ages,   (9: 331-35)

And when we chanced
One day to meet a hunger-bitten girl,
Who crept along fitting her languid gait
Unto a heifer's motion, by a cord
Tied to her arm, and picking thus from the lane
Its sustenance, while the girl with pallid hands
Was busy knitting in a heartless mood
Of solitude, and at the sight my friend
In agitation said, 'Tis against *that*
That we are fighting', I with him believed
That a benignant spirit was abroad
Which might not be withstood, that poverty
Abject as this would in a little time
Be found no more,   (9: 509-22)

The State, as if to stamp the final seal

On her security, and to the world

Show what she was, a high and fearless soul,

... ...

... ...   , when the King was crushed,

Spared not the empty throne, and in proud haste

Assumed the body and venerable name

Of a Republic. Lamentable crimes,

'Tis true, had gone before this hour, dire work

Of massacre, in which the senseless sword

Was prayed to as a judge;   (10: 31-44)

　　　　the fear gone by

Pressed on me almost like a fear to come.

I thought of those September massacres,

Divided from me by one little month.

Saw them and touched: ...

... ...

　　　　all things have second birth;

The earthquake is not satisfied at once;

And in this way I wrought upon myself,

Until I seemed to hear a voice that cried,

To the whole city, 'Sleep no more',   (10: 71-87)

But that the virtue of one paramount mind

Would have abashed those impious crests — have quelled

Outrage and bloody power, and, in despite

Of what the People long had been and were

Through ignorance and false teaching, sadder proof
Of immaturity, and in the teeth
Of desperate opposition from without—
Have cleared a passage for just government, (10: 211-18)

Oh, pity and shame! with those confederate Powers!
Not in my single self alone I found,
But in the minds of all ingenuous youth,
Change and subversion from that hour. No shock
Given to my moral nature had I known
Down to that very moment; neither lapse
Nor turn of sentiment that might be named
A revolution, save at this one time; (10: 265-72)

      'My head will soon lie low';
And when I saw the turf that covered him,
After the lapse of full eight years, those words,
With sound of voice and countenance of the Man,
Came back upon me, so that some few tears
Fell from me in my own despite. But now
I thought, still traversing that widespread plain,
With tender pleasure of the verses graven
Upon his tombstone, whispering to myself:
He loved the Poets, and, if now alive,
Would have loved me, as one not destitute
Of promise, nor belying the kind hope
That he had formed, when I, at his command,

Began to spin, with toil, my earliest songs. (10: 539-52)

       I paused,
Longing for skill to paint a scene so bright
And cheerful, but the foremost of the band
As he approached, no salutation given,
In the familiar language of the day,
Cried, 'Robespierre is dead!'–nor was a doubt,
After strict question, left within my mind
That he and his supporters all were fallen. (10: 568-75)

Yet, in me, confidence was unimpaired;
… … …

      in the People was my trust,
And, in the virtues which mine eyes had seen.
I knew that wound external could not take
Life from the young Republic; that new foes
Would only follow, in the path of shame,
Their brethren, and her triumphs be in the end
Great, universal, irresistible. (11: 7-17)

      It hath been told
That I was led to take an eager part
In arguments of civil polity,
Abruptly, and indeed before my time:
I had approached, like other youths, the shield
Of human nature from the golden side,

And would have fought, even to the death, to attest
The quality of the metal which I saw.
What there is best in individual man,
... ...

, I had oft revolved,
Felt deeply, but not thoroughly understood
By reason: nay, far from it;   (11: 75-88)

       I read her doom,
With anger vexed, with disappointment sore,
But not dismayed, nor taking to the shame
Of a false prophet. While resentment rose
Striving to hide, what nought could heal, the wounds
Of mortified presumption, I adhered
More firmly to old tenets, and, to prove
Their temper, strained them more;   (11: 2ll-18)

       So I fared,
Dragging all precepts, judgments, maxims, creeds,
Like culprits to the bar; calling the mind,
Suspiciously, to establish in plain day
Her titles and her honours; now believing,
Now disbelieving; endlessly perplexed
With impulse, motive, right and wrong, the ground
Of obligation, what the rule and whence
The sanction; till, demanding formal proof,
And seeking it in everything, I lost

All feeling of conviction, and, in fine,

Sick, wearied out with contrarieties,

Yielded up moral question in despair. (11: 293-305)

And the errors into which I fell, betrayed

By present objects, and by reasonings false

From their beginnings, inasmuch as drawn

Out of a heart that had been turned aside

From Nature's way by outward accidents,

And which was thus confounded more and more,

Misguided and misguiding. (11: 287-93)

      Then it was —

Thanks to the bounteous Giver of all good! —

That the beloved Sister in whose sight

Those days were passed, now speaking in a voice

Of sudden admonition — ⋯

⋯ ⋯ ⋯

Maintained for me a saving intercourse

With my true self; for though bedimmed and changed

Both as a clouded and a waning moon,

She whispered still that brightness would return,

She, in the midst of all, preserved me still

A Poet, made me seek beneath that name,

And that alone, my office upon earth;

And, lastly, as hereafter will be shown,

If willing audience fail not, Nature's self,

By all varieties of human love

Assisted, led me back through opening day

To those sweet counsels between head and heart

Whence grew that genuine knowledge, fraught with peace,

(11: 333-53)

제7장

1

from ***The Prelude*** 7-8권

How oft, amid those overflowing streets,

Have I gone forward with the crowd, and said

Unto myself. 'The face of every one

That passes by me is a mystery!'

Thus have I looked, nor ceased to look, oppressed

By thoughts of what and whither, when and how,

Until the shapes before my eyes became

A second-sight procession, such as glides

Over still mountains, or appears in dreams;

And once, far-travelled in such mood, beyond

The reach of common indication, lost

Amid the moving pageant, I was smitten

Abruptly, with the view (a sight not rare)

Of a blind Beggar, who, with upright face,

Stood, propped against a wall, upon his chest

Wearing a written paper, to explain

His story, whence he came, and who he was.
Caught by the spectacle my mind turned round
As with the might of waters; an apt type
This label seemed of the utmost we can know,
Both of ourselves and of the universe;
And, on the shape of that unmoving man,
His steadfast face and sightless eyes, I gazed,
As if admonished from another world   (7: 626-49)

The Wax-work, Clock-work, all the marvellous craft
Of modern Merlins, Wild Beasts, Puppet-shows,
All out-o'-the-way, far-fetched, perverted things,
All freaks of nature, all Promethean thoughts
Of man, his dullness, madness, and their feats
All jumbled up together, to compose
A Parliament of Monsters, Tents and Booths   (7: 712-18)

                what a change is here!
How different ritual for this after-worship,
What countenance to promote this second love!
The first was service paid to things which lie
Guarded within the bosom of Thy will.   (10: 428-32)

When up the lonely brooks on rainy days
Angling I went, or trod the trackless hills
By mists bewildered, suddenly mine eyes
Have glanced upon him distant a few steps,

In size a giant, stalking through thick fog,

His sheep like Greenland bears; or as he stepped

Beyond the boundary line of some hill-shadow,

His form hath flashed upon me, glorified

By the deep radiance of the setting sun:

Or him have I descried in distant sky,

A solitary object and sublime,

Above all height! like an aerial cross

Stationed alone upon a spiry rock

Of the Chartreuse, for worship. Thus was man

Ennobled outwardly before my sight,

And thus my heart was early introduced

To an unconscious love and reverence

Of human nature; hence the human form

To me became an index of delight,

Of grace and honour, power and worthiness. (8: 262-81)

Meanwhile this creature

··· ··· ···

Was, for the purpose of kind, a man

With the most common; husband, father; learned,

Could teach, admonish; suffered with the rest

From vice and folly, wretchedness and fear;

Of this I little saw, cared less for it,

But something must have felt. (8: 282-93)

Call ye these appearances —

Which I beheld of shepherds in my youth,
This sanctity of Nature given to man —
A shadow, a delusion, ye who pore
On the dead letter, miss the spirit of things;   (8: 293-97)

The threshold now is overpast (how strange
That aught external to the living mind
Should have such mighty sway! yet so it was),
A weight of ages did at once descend
Upon my heart; no thought embodied, no
Distinct remembrances, but weight and power, —
Power growing under weight: (8: 549-55)

　　　　　but no,
The world of human-kind outweighed not hers
In my habitual thoughts; the scale of love,
Though filling daily, still was light, compared
With that in which *her* mighty objects lay.   (8: 682-86)

제8장

1

from ***The Prelude*** 12-14권

There are in our existence spots of time,
That with distinct pre-eminence retain
A renovating virtue, whence, depressed

By false opinion and contentious thought,

Or aught of heavier or more deadly weight,

In trivial occupations, and the round

Of ordinary intercourse, our minds

Are nourished and invisibly repaired;

A virtue, by which pleasure is enhanced,

That penetrates, enables us to mount,

When high, more high, and lifts us up when fallen-

This efficacious spirit chiefly lurks

Among those passages of life that give

Profoundest knowledge to what point, and how,

The mind is lord and master – outward sense

The obedient servant of her will. (12: 208-23)

The gibbet-mast had mouldered down, the bones

And iron case were gone; but on the turf,

Hard by, soon after that fell deed was wrought,

Some unknown hand had carved the murderer's name.

The monumental letters were inscribed

In times long past; but still, from year to year,

By superstition of the neighbourhood,

The grass is cleared away, and to that hour

The characters were fresh and visible,

A casual glance had shown them, and I fled,

Faltering and faint, and ignorant of the road:

Then, reascending the bare common, saw

A naked pool that lay beneath the hills,

The beacon on its summit, and, more near,
A girl, who bore a pitcher on her head,
And seemed with difficult steps to force her way
Against the blowing wind. (12: 237-53)

The days gone by
Return upon me almost from the dawn
Of life: the hiding-places of man's power
Open; I would approach them, but they close.
I see by glimpses now; when age comes on,
May scarcely see at all; (12: 277-82)

One Christmas-time,
On the glad eve of its dear holidays,
Feverish and tired, and restless, I went forth
Into the fields, impatient for the sight
Of those led palfreys that should bear us home;
My brothers and myself. There rose a crag,
That, from the meeting-point of two highways
Ascending, overlooked them both, far stretched;
Thither, uncertain on which road to fix
My expectation, thither I repaired,
Scout-like, and gained the summit; 'twas a day
Tempestuous, dark, and wild, and on the grass
I sate half-sheltered by a naked wall;
Upon my right hand couched a single sheep,
Upon my left a blasted hawthorn stood; (12: 287-301)

                    I saw
Our dim ancestral Past in vision clear;
Saw multitudes of men, and, here and there,
A single Briton clothed in wolf-skin vest,
With shield and stone-axe, stride across the wold;
The voice of spears was heard, the rattling spear
Shaken by arms of mighty bone, in strength,
Long mouldered, of barbaric majesty.
I called on Darkness-but before the word
Was uttered, midnight darkness seemed to take
All objects from my sight; and lo! again
The Desert visible by dismal flames;
It is the sacrificial altar, fed
With living men-how deep the groans! the voice
Of those that crowd the giant wicker thrills
The monumental hillocks, and the pomp
Is for both worlds, the living and the dead. (13: 319-35)

Moreover, each man's Mind is to herself
Witness and judge; and I remember well
That in life's every day appearances
I seemed about this time to gain clear sight
Of a new world. (13: 366-70)

    For instantly alight upon the turf
Fell like a flash, and lo! as I looked up,
The Moon hung naked in a firmament

Of azure without cloud, and at my feet
Rested a silent sea of hoary mist
A hundred hills their dusky backs upheaved
All over this still ocean; and beyond,
Far, far beyond, the solid vapours stretched,
In headlands, tongues, and promontory shapes,
Into the main Atlantic, that appeared
To dwindle, and give up his majesty,
Usurped upon far as the sight could reach.
Not so the ethereal vault; encroachment none
Was there, nor loss; only the inferior stars
Had disappeared, or shed a fainter light
In the clear presence of the full—orbed Moon,
Who, from her sovereign elevation, gazed
Upon the billowy ocean, as it lay
All meek and silent, save that through a rift
Not distant from the shore whereon we stood,
A fixed, abysmal, gloomy, breathing-place—
Mounted the roar of waters, torrents, streams
Innumerable, roaring with one voice
Heard over earth and sea, and, in that hour,
For it seems, felt by the starry heavens. (14: 38-62)

The universal spectacle throughout
Was shaped for admiration and delight,
Grand in itself alone, but in that breach
Through which the homeless voice of water rose,

That dark deep thoroughfare, had Nature lodged
The soul, the imagination of the whole. (1805, 13: 60-65)

Whether to me shall be allotted life,
And, with life, power to accomplish aught of worth,
That will be deemed no insufficient plea
For having given this story of myself,
Is all uncertain   (14: 390-94)

●●● 참고문헌

I. 일차문헌

Wordsworth, William. *The Early Letters of William and Dorothy Wordsworth.* ed. E. de. Selincourt. Oxford: Clarendon Press, 1935.

_____. *Letters of William Wordsworth: A New Selection.* ed. Alan G. Hill. Oxford: Oxford UP, 1984

_____. *The Salisbury Plain Poems of Wordsworth.* ed. Stephen Gill. Ithaca: Cornell UP, 1975.

_____. *The Prelude: 1799, 1895, 1805.* eds. Jonathan Wordsworth, M. H. Abrams, Stephen Gill. New York: W. W. Norton & Company, 1979.

_____. *The Prose Works of William Wordsworth.* ed. Alexander B. Grosart. 3vols. New York: AMS Press, Inc., 1967.

_____. *Wordsworth: Poetical Works.* ed. Thomas Hutchinson. 2nd ed. rev. E. de. Selincourt. Oxford: Oxford UP, 1981.

II. 이차문헌

Abrams, M. H. *Natural Supernaturalism: Tradition and Revolution in Romantic Literature.* New York: W. W. Norton and Company, 1971.

Aers, David & Jonathan Cook & David Punter. eds. *Romanticism and Ideology: Studies in English Writing 1765-1830.* London: Routledge & Kegan Paul, 1981.

Augustine. *The Confessions*. trans. John K. Ryan. New York: Doubleday and Co.,1960.

Averill, James H. Wordsworth *and the Poetry of Human Suffering*. Ithaca & London: Cornell UP, 1980.

Baker, Jeffrey. *Time and Mind in Wordsworth's Poetry*. Detroit: Wayne State UP, 1980.

Baker, Jeffrey. *Time and Mind in Wordsworth's Poetry*. Detroit: Wayne State UP, 1980.

Bateson, F. W. Wordsworth: *A Reinterpretation*. London & Harlow: Longmans, 1968.

Batho, Edith C. *The Later Wordsworth*. Cambridge: Cambridge UP, 1933.

Beatty, Arthur. *William Wordsworth: His Doctrine and Art in Their Historical Relations*. Madison: The U of Wisconsin P, 1960.

Beer, John. *Wordsworth and the Human Heart*. London: Macmillan, 1978.

Bishop, Jonathan. "Wordsworth and the 'Spots of Time'," *ELH*, XXVI (1959), 45-65.

Bloom, Harold. *Romanticism and Consciousness: Essays in Criticism*. New York: W. W. Norton & Company, Inc., 1970.

_____. ed. *William Wordsworth's The Prelude*. New York: Chelsea House Publishers. 1986.

Brisman, Leslie. *Romantic Origins*. Ithaca and London: Cornell UP, 1978.

Burke, Edmond. *A Philosophical Enquiry into the origin of our Ideas of the Sublime and Beautiful*. Glasgow: Glasgow UP, 1818.

Burton, Mary E. *The One Wordsworth*. Chapel Hill: The U of North Carolina P, 1942.

Chandler, James K. *Wordsworth's Second Nature: A Study of the Poetry and Politics*. Chicago & London: The U of Chicago P, 1984.

Chard, Leslie F. II. *Dissenting Republican: Wordsworth's Early Life and Thought in Their Political Context*. The Huge, Paris: Mouton, 1972.

Clarke, C. C. *Romantic Paradox: An Essay on the Poetry of Wordsworth*. New York: Barnes & Noble, Inc., 1963.

Cosgrove, Brian. "Wordsworth, Reality, and the 'Absolute Self'." *Studies*, LXIV(1975),

49-56.

Danby, John F. *The Simple Wordsworth: Studies in the Poems (1797-1807)*. London: Routledge & Kegan Paul, 1971.

Delvin, D. D. *Wordsworth and the Poetry of Epitaphs*. London & Basingstoke: The Macmillan Press Ltd., 1980.

de Man, Paul. "Autobiography as De-facement," *MLN*, 94 (Dec.,1979), 919-930.

Donato, Eugenio. "The Ruins of Memory: Archeological Fragments and Textual Artifacts," *MLN*, 93 (May, 1978), 575-596.

Durrant, Geoffrey. *Wordsworth and the Great System: A Study of Wordsworth's Poetic Universe*. Cambridge: Cambridge UP, 1970.

Egan, Susanna. *Patterns of Experience in Autobiography*. Chapel Hill: The U of North Carolina P, 1984.

Ellis, David. *Wordsworth, Freud and the Spots of Time: Interpretation in The Prelude*. Cambridge: Cambridge UP, 1985.

Ferguson, Frances. *Wordsworth: Language as Counter-Spirit*. New Haven & London: Yale UP, 1977.

Ferry, David. *The Limits of Mortality: An Essay on Wordsworth's Major Poems*. Middletown: Wesleyan UP, 1959.

Fleishman, Avrom. *Figures of Autobiography: The Language of Self-Writing in Victorian and Modern England*. Berkeley: U of California P, 1983.

Freud, Sigmund. *An Autobiographical Study*. trans. James Strachy. New York: W. W. Norton & Company, 1963.

_____. *Totem and Taboo*. Trans. A. A. Brill. New York: Vintage Books, 1946.

_____. "The Ego and the Id," *The Standard Edition of the Complete Psychological Works of Sigmund Freud*. Trans. James Strachey. London: The Hogarth Press, 1953. XIX, 1-66.

_____. "The Unconscious," XIV, 159-215.

_____. "Remembering, Repeating and Working-Through," 147-156.

Garrod, H. W. *Wordsworth: Lectures and Essays*. Oxford: Clarendon Press, 1939.

Gates, Barbara. "*The Prelude and the Development of Wordsworth's Historical Imagination*," *Etudes Anglaises*, XXX (1977), 169-178.

Gill, Stephen. *William Wordsworth: A Life*. Oxford: Clarendon Press, 1989.

_____. "Adventures on *Salisbury Plain* and Wordsworth's Poetry of Social Protest 1795-97." *SIR*, vol. II, winter 1972, 48-66.

_____. ed. *The Salisbury Plain Poems of William Wordsworth*. Ithaca, New York: Cornell UP, 1975

Gittings, Robert & Manton, Jo. *Dorothy Wordsworth*. Oxford: Oxford UP, 1988.

Grob, Allan. *The Philosophic Mind: A Study of Wordsworth's Poetry & Thought 1797-1805*. Columbus: Ohio UP, 1973.

Gunn, Janet Varner. *Autobiography: Toward a Poetics of Experience*. Philadelphia: U of Pennsylvania P, l982.

Haney, David Pierson. *The Rhetoric of Wordsworth's Prelude: Figural Aspects of Poetic Autobiography*. Ph.D. Diss. State U of New York at Buffalo, 1980.

Hanley, Keith & Selden, Roman, eds. *Revolution and English Romanticism*. New York: St Martins P, 1990.

Harper, George Mclean. *William Wordsworth: His Life, Works, and Influence*. New York: Charles Scribner's Sons, 1929.

Hartman, Geoffrey H. *The Unmediated Vision: An Interpretation of Wordsworth, Hopkins, Rilke, and Valery*. New York: Harcourt, Brace & World, Inc., 1966.

_____. *The Unremarkable Wordsworth*. Minneapolis: U of Minnesota P, 1987.

_____. *Wordsworth's Poetry 1787-1814*, New Haven: Yale UP, 1964.

Havens, R. D. *The Mind of A Poet*. 2 vols. Baltimore: The Johns Hopkins UP, 1941.

Hefferman, James A. W. *Wordsworth's Theory of Poetry: The Transforming Imagination*. Ithaca & London: Cornell UP, 1969.

Hopkins, Roger Brooke. Wordsworth *and the Rise of Literary Autobiography*. Ph.D. Diss. Harvard U, 1970.

Howarth, William L. "Some Principles of Autobiography." *NLH*, V (Winter, 1974), 363-381.

Huckley, Jerome Hamilton. *The Turning Key: Autobiography and the Subjective Impulse since 1800*. Cambridge: Harvard UP, 1984.

Jay, Paul. *Being in th text: Self-Representation from Wordsworth to Roland Barthes*. Ithaca & London: Cornell UP, 1984.

_____. *The Recollected Self: Figuration and Transformation in Creative Autobiography*. Ph.D. Diss. U of California, Santa Cruz, 1981.

Johnston, Kenneth R. Wordsworth *and The Recluse*. New Haven: Yale UP, 1984.

Jones, John. *The Egotistical Sublime: A History of Wordsworth's Imagination*. London: Chatto and Windus, 1954.

Kearns, Shiela M. *Writing the Self: A Study of Romantic Autobiography*. Ph.D. Diss. U of California, Irvine, 1984.

Kiernan, V. G. "Wordsworth and the People," *Marxists on Literature: An Anthology*. ed. Craig David. Baltimore: Penguin Books, 1975. 161-206.

Lacan, Jacques. *Speech and Language in Psychoanalysis*. trans. with notes and commentary, by Anthony Wilden. Baltimore and London: The Johns Hopkins UP, 1984.

Layton, Lynne and Brabara Ann Schapiro. eds. *Narcissism and the Text: Studies in Literature and the Psychology of Self*. New York: New York UP, 1986.

Lee, Sung-Won. "Presence of the People in Wordsworth's Poetry," 『우보 장왕록 박사회갑기념 논문집』. 서울: 탑 출판사, 1984. 84-103.

Legouis, Emile. *The Early Life of William Wordsworth: A Study of "The Prelude"*. London:

J . M. Dent & Sons Ltd., 1932.

Levinson, Marjorie. Wordsworth's *Great Period Poems: Four Essays*. Cambridge: Cambridge UP, 1986.

Lindenberger, Herbert. *On Wordsworth's Prelude*. Westport: Greenwood Press, 1976.

Liu, Alan. Wordsworth: *The sense of History*. Stanford: Stanford UP, 1989.

Mandel, Barrett John. "The Autobiographer's Art," *Journal of Aesthetics and Art Criticism*, 27 (1968), 215-226.

Marin, Louis. "The Autobiographical Interpretation: About Stendhal's Life of Henry Brulard," *MLN*, 93 (May, 1978), 597-615.

Mcconnell, Frank D. *The Confessional Imagination: A Reading of Wordsworth's Prelude*. Baltimore: The Johns Hopkins UP, 1974.

McGann, Jerome J. *The Romantic Ideology: A Critical Investigation*. Chicago & London: The U of Chicago P, 1983.

Miller, J. Hillis. *The Linguistic Moment: from Wordsworth to Stevens*. Princeton: Princeton UP, 1985.

Moorman, Mary. *William Wordsworth: A Biography: The Early Years*. Oxford: Clarendon Press, 1957.

_____. *William Wordsworth: A Biography: The Later Years*. Oxford: Clarendon Press, 1965.

Murray, Roger N. *Wordsworth's Style: Figures and Themes in the Lyrical Ballads of 1800*. Lincoln: U of Nebraska P, 1967.

Noyes, Russel. *William Wordsworth*. Boston: Twayne Publishers, Inc., 1971.

O'Dea, Michael Alfred ST. *Language and the Problem of the Self in Rousseau, Wordsworth and Holderlin*. Ph.D. Diss. Brown U, 1978.

Olney, James. *Metaphors of Self: the Meaning of Autobiography*. Princeton: Princeton UP, 1972.

_____. ed. *Autobiography: Essays Theoretical and Critical.* Princeton: Princeton UP, 1980.

Onorato, Richard J. *The Character of the Poet: Wordsworth in the Prelude.* Princeton: Princeton UP, 1971.

Pascal, Roy. *Design and Truth in Autobiography.* Cambridge: Harvard UP, 1960.

Perkins, David. *The Quest for Permanence: The Symbolism of Wordsworth, Shelley and Keats.* Cambridge: Harvard UP, 1969.

Pilling, John. *Autobiography and Imagination.* London: Routledge & Kegan Paul, 1981.

Pirie, David B. *William Wordsworth: The Poetry of Grandeur and of Tenderness.* London & New York: Methuen, 1982.

Poulet, Georges. *Studies in Human Time.* trans. Elliott Coleman. Westport; Greenwood press, 1979.

Prickett, Stephen. *Coleridge and Wordsworth: the Poetry of Growth.* Cambridge: Cambridge UP, 1980.

Purkis, John. *A Preface to Wordsworth.* Harlow: Longman House, 1970.

Read, Herbert. *Wordsworth.* London: Faber and Faber Ltd., 1930.

Reed, Arden, ed. *Romanticism and Language.* Ithaca: Cornell UP, 1984.

Regueiro, Helen. *The Limits of Imagination: Wordsworth, Yeats, and Stevens.* Ithaca & London: Cornell UP, 1976.

Roe, Nicholas. *Wordsworth and Coleridge: The Radical Years.* Oxford: Clarendon Press, 1988.

Salvesen, Christopher. *The Landscape of Memory: A Study of Wordsworth's Poetry.* London: The Macmillan Press Ltd., 1986.

Sartre, Jean-Paul. *The Words.* New York: Vintage Books, 1981.

Schapiro, Barbara A. *The Romantic Mother: Narcissistic Patterns in Romantic Poetry.* Baltimore: The Johns Hopkins UP, 1983.

Schumaker, Wayne. *English Autobiography: Its Emergence, Materials and Forms.* Berkeley: U of California P, 1954.

Sheats, Paul D. *The Making of Wordsworth's Poetry, 1785-1798.* Cambridge: Harvard UP, 1973.

Simpson, David. *Wordsworth and the Figurings of the Real.* London: The Macmillan Press Ltd., 1982.

_____. *Wordsworth's Historical Imagination: A Poetry of Displacement.* New York: Methuen, 1987.

Spengeman, William C. *The Forms of Autobiography.* New Haven: Yale UP, 1980.

Sperry, Willard A. *Wordsworth's Anti-Climax.* Cambridge: Harvard UP, 1935.

Spiegelman, Willard. *Wordsworth's Heroes.* Berkeley: U of California P, 1985.

Stallknecht, Newton P. *Strange Seas of Thought: Studies in Wordsworth's Philosophy of Man and Nature.* Bloomington: Indiana UP, 1958.

Stelzig, Eugene L. *All Shades of Consciousness: Wordsworth's Poetry and the Self in Time.* The Hague & Paris: Mouton, 1975.

_____. "Presence, Absence, and the Difference: Wordsworth's Autobiographical Construction of the Romantic Ego," *WC*, 16 (Summer, 1985), 142-146.

Thompson, E. P. "Disenchantment or Default: A Lay Sermon," *Power & Consciousness.* eds. Conor Cruise O'Brien, William Dean Vanech. London U of London P Ltd., 1969. 149-181.

Thomson, A. W. *Wordsworth's Mind and Art.* Edinburgh: Oliver & Boyd, 1969.

Todd, F. M. *Politics and the Poet: A Study of Wordsworth.* London: Methuen, 1957.

Turner, John. *Wordsworth: Play and Politics.* London: The Macmillan Press Ltd. 1986.

Weaver, Bennett. *Wordsworth: Poet of the Unconquerable Mind.* Ann Arbor: The George Wahr Publishing Co., 1965.

Weiskel, Thomas. *The Romantic Sumlime: Studies in the Structure and Psychology of Transcendence.* Baltimore: The Johns Hopkins UP, 1986.

Weldsford, Enid. *salisbury Plain: A Study of Wordsworth.* London: Methuen, 1957.

Wenzel, Elizabeth Brown. *The Prelude as Spiritual Autobiography*. Ph.D. Diss. The Ohio State U, 1961.

Wlecke, Albert O. *Wordsworth and the Sublime*. Berkeley: U of California P, 1973.

Wordsworth, Jonathan. *William Wordsworth: The Borders of Vision*. Oxford: Oxford UP, 1984.

Zorn, Theodore Manthey. *The Structure of Wordsworth's "Prelude"*. Ph.D. Diss. Washington U, 1967.

이정호. 『포스트모던 시대에서의 영미문학의 이해』. 서울: 서울대학교 출판부, 1991.

••• 찾아보기

ㄱ

ㄴ

ㅎ

- **윌리엄 워즈워스(William Wordsworth, 1770-1850)**

영국 호수지방의 코커마우스에서 태어나 혹스헤드 문법학교와 케임브리지 대학의 세인트 존스 칼리지에서 공부했다. 대학 졸업 직후 1791-92년에 걸쳐 일년 정도 프랑스에 머물면서 영국 낭만주의 시인으로서는 유일하게 프랑스 혁명을 체험했고, 프랑스 여인 아네뜨 발롱을 만나 딸을 얻었다. 1795년 친구 캘버트의 유산의 도움으로 개인적 위기를 넘기면서 누이동생 도로시와 함께 레이스다운에 정착했다. 1797년 알폭스덴 하우스로 이주하면서 문학 동료 코울리지와의 교류가 깊어졌고, 그 결과 1798년 영국 낭만주의 문학의 효시로 알려진 『서정 민요집』을 코울리지와 공저로 출간했다. 1798-99년 몇 달간 독일 고슬라 체류 중 "루시 시편"을 비롯하여 여러 편의 아름다운 서정시들을 썼고, 1799년 12월 도로시와 함께 그라스미어의 도브 코티지 시절을 열면서 호수지방의 아름다운 자연에 영구 정착했다. 1802년 어린 시절 친구인 메리 허친슨과 결혼하여 가정을 이루고 다섯 자녀를 두었다. 1807년 『합본 시집』 출판 후 대부분의 훌륭한 시편들이 집필된 이른바 워즈워스의 '위대한 십 년'이 끝났다. 1813년 웨스트모아랜드의 인지 배급관에 임명되었고, 1843년 영국 계관시인이 되었다. 1850년 시인의 사후 정신적 자서전 『서곡』이 출간되었다.

- **박령**

부산대학교 영어영문학과를 졸업하고 서울대학교 대학원에서 석사 및 박사학위를 받았다. 영국 케임브리지 대학과 켄트 대학에서 연구 활동을 하였다. 현재 신라대학교 영어교육과 교수로 재직 중이다. 주요 논문으로 「텍스트 속의 삶: 서구 자서전 문학이론 연구」, 「생태주의 담론과 낭만시 교육: 워즈워스 학습활동을 중심으로」, 「크리스티나 로제티의 시에 나타난 죽음의 마스크」 등이 있다.

혁명과 자연: 윌리엄 워즈워스

초판 1쇄 발행일 2008. 11. 10

지은이   박 령
펴낸곳   도서출판 동인
펴낸이   이성모
주 소   서울시 종로구 명륜동 아남주상복합빌딩 118호
전 화   (02)765-7145, 55
팩 스   (02)765-7165
HomePage   www.donginbook.co.kr
E-mail   dongin60@chol.com

등록번호   제 1-1599호
ISBN   978-89-5506-373-8
정 가   16,000원

※잘못 만들어진 책은 바꾸어 드립니다.